Mosaik bei
GOLDMANN

Buch

Schon Pythagoras erkannte, dass Zahlen die Grundlage des Universums bilden, und nur wer diese grundlegenden Bausteine des Lebens versteht, kann das Leben selbst verstehen. So können wir mithilfe der Wissenschaft der Numerologie viel über uns selbst, unser Schicksal und unseren Charakter erfahren und unseren Lebensweg aktiv selbst bestimmen. Glynis McCants ist seit über neunzehn Jahren als Numerologin tätig und hat ein System entwickelt, das die Wissenschaft der Numerologie für das moderne Lesepublikum vereinfacht, ohne jedoch auf die uralten Wahrheiten der Zahlen zu verzichten. Allein im Namen und Geburtsdatum liegt der Schlüssel, mit dem jeder mehr über sich und die Menschen, die er liebt, erfahren kann.

Autorin

Als die junge Schauspielerin und Autorin Glynis McCants vor neunzehn Jahren wegen Liebeskummer das erste Mal eine Numerologin aufsuchte, ahnte sie nicht, dass sie damit den wahren Sinn ihres Lebens finden würde. Seit dieser Zeit beschäftigt sie sich mit der Wissenschaft der Zahlen. Sie ist in zahlreichen Fernseh- und Radioshows aufgetreten und ist Hollywoods bekannteste Numerologin.

Glynis McCants

Kleines Handbuch der Numerologie

Was Ihre Zahlen über Sie und
Ihr Schicksal verraten

Aus dem Amerikanischen
von Tatjana Kruse

Die Ratschläge in diesem Buch wurden von der Autorin und vom Verlag sorgfältig erwogen und geprüft, dennoch kann eine Garantie nicht übernommen werden. Eine Haftung der Autorin bzw. des Verlags und seiner Beauftragten für Personen-, Sach- und Vermögensschäden ist ausgeschlossen.

FSC
Mix
Produktgruppe aus vorbildlich
bewirtschafteten Wäldern und
anderen kontrollierten Herkünften

Zert.-Nr. SGS-COC-1940
www.fsc.org
© 1996 Forest Stewardship Council

Verlagsgruppe Random House FSC-DEU-0100
Das FSC-zertifizierte Papier *Pamo Sky* für dieses Buch
liefert Arctic Paper Mochenwangen GmbH.

4. Auflage
Deutsche Erstausgabe November 2005
© 2005 der deutschsprachigen Ausgabe
Wilhelm Goldmann Verlag, München,
in der Verlagsgruppe Random House GmbH, München
© 2005 Glynis McCants
Originally published in the United States and Canada by Hyperion
as GLYNIS HAS YOUR NUMBER. This translated edition
published by arrangement with Hyperion.
Umschlaggestaltung: Design Team München
Umschlagfoto: corbis/Stapleton Collection/Goerges Barbier
Redaktion: Gisela Fichtl
Satz: Buch-Werkstatt GmbH, Bad Aibling
Druck und Bindung: GGP Media GmbH, Pößneck
WR · Herstellung: Han
Printed in Germany
ISBN 978-3-442-16734-0

www.mosaik-goldmann.de

Widmung

Ich möchte dieses Buch meiner Mutter Gwen McCants widmen. Wie oft habe ich schon gedacht, welch ein Glück es ist, sie Mom nennen zu dürfen. Es wäre schon eine Ehre gewesen, sie nur zu kennen. Mir ist noch nie eine andere Frau begegnet, die so viele Menschen aufrichtig lieben kann. Ihre Liebe zu ihren elf Kindern und deren Nachkommen ist absolut bedingungslos. Und doch liebt sie die Schülerinnen und Schüler, die sie in Kunst und Englisch unterrichtet, ebenso innig. Ich danke ihr auch für die Hilfe, die sie mir bei diesem Buch angedeihen ließ. Danke, Mutter – möge Gott dich immer beschützen!

Ich möchte dieses Buch auch Lynn Aase widmen. Er war mein Lehrer und Mentor und brachte mir bei, dass ich mit Konzentration und Entschlossenheit alles erreichen kann. Ich danke Ihnen, Mr Aase, für den nachhaltigen Einfluss, den Sie auf mein Leben ausgeübt haben.

Inhalt

Einführung in die Numerologie 9

Entdecken Sie Ihre Zahlen 21

Die Lebensaufgabenzahl 30

Heilen mit Zahlen 81

Die Seelenzahl 105

Die Persönlichkeitszahl 111

Die Powernamenzahl 116

Die Geburtstagszahl 129

Die Einstellungszahl 139

Sich wiederholende Zahlen 147

Die Intensitätszahl 156

Wie Sie den perfekten Partner finden 161

Die Weltzahl 218

Jetzt wird es persönlich: Individuelle Jahres-,
   Monats- und Tageszahlen 224

Namensgebung nach Zahlen 252

Wie Sie den richtigen Wohnort wählen und
   nach Zahlen reisen 278

Wichtige Zahlen im Leben 298

Wenn Zahlen uns verfolgen 305

Sonderzahlen und Zahlenmuster 310

Wie man mit Hilfe von Zahlen positive
   Energien anzieht 323

Die Lebensphilosophie einer Numerologin 326

Anhang
   Die Lebensaufgabenzahlen berühmter Menschen 333
   Die Einstellungszahlen berühmter Menschen 338
   Danksagung 342
   Lektüreempfehlungen 343
   Bibliographie 344
   Register 346

Einführung in die Numerologie

Das Wesen des Entzückens, das Außersichsein, das Gefühl, mehr zu sein als ein Mensch, was ja ein Prüfstein höchster Leistung ist, ist in der Mathematik ebenso sicher zu finden wie in der Dichtkunst. *Bertrand Russell (1872–1970)*

Sie lesen dieses Buch sicherlich deshalb, weil Sie mit Hilfe der Numerologie Ihr Leben verbessern wollen. Wahrscheinlich sind Sie, wie die meisten von uns, auf der Suche nach Seelenfrieden und Gelassenheit.

Ich habe eine gute Nachricht für Sie, denn Sie haben sich an die richtige Adresse gewandt. Die Numerologie wird Sie von den Fesseln Ihrer Vergangenheit befreien und Ihnen helfen, Ihre Zukunft aktiv zu gestalten. Sie beantwortet Fragen wie »Was kann ich leisten? Was macht mich glücklich? Wie sehen meine natürlichen Gaben aus?«

Seit neunzehn Jahren beschäftige ich mich mit Numerologie und habe weit über 9000 Sitzungen gehalten, daher weiß ich, dass Sie mit Hilfe von Zahlen emotionale und körperliche Heilung finden können. Jedes Mal, wenn ich Zahlen deute, stoße ich auf eine Geschichte. Ich sehe mir die Zahlentabelle meiner Klienten an und erkenne sofort den Ursprung der Konflikte in ihrem Leben. Ich kann ihnen ihre Stärken und Schwächen nennen und ihnen zeigen, wie diese Eigenschaften interagieren und zu Freude und Schmerz führen – und was die Klienten tun können, um ihre Lebenserfahrungen zu verbessern. Die Numerologie hat eine heilende Wirkung. Anhand der Numerologie können Sie erkennen, was Sie wirklich wollen; mit ihrer Hilfe finden Sie den Weg zum Erfolg. Dieses Buch will Ihnen helfen, sich selbst zu erkennen. Wie lautet Ihre Lebensaufgabenzahl? Ihre Seelenzahl? Ihre Persönlichkeitszahl? Ihre Powernamenzahl? Ihre Geburtstagszahl? Und schließlich Ihre Schicksalszahl? Wenn Sie verstehen, was diese Zahlen bedeuten, erhalten Sie die Informationen, die nötig sind, um das Beste aus Ihrem Leben zu machen und unnötige Konflikte mit anderen zu vermeiden. Ich verwende in diesem Buch zwar das pythagoreische Zahlensystem, jedoch mit meinen ganz persönlichen Schlussfolgerungen. Ich hatte viele einzigartige Erkenntnisse in dieser Wissenschaft, die ich Ihnen gern weitergeben möchte. Dieses Buch ist mit meinen persönlichen Einsichten durchsetzt und wurde mit der Absicht verfasst, die Numerologie für Sie so einfach wie möglich zu machen, damit Sie mit ihrer Hilfe Ihr eigenes Leben entschlüsseln können. Es vereinfacht die Wissenschaft der Numerologie für den Alltagsgebrauch und ist somit der ultimative Selbsthilferatgeber.

Pythagoras und die Geburt der Numerologie

Die Numerologie ist nicht neu, und es handelt sich mitnichten um eine Modeerscheinung. Von Beginn menschlicher Geschichte an bilden Zahlen eine Informationsquelle über die Menschen und ihre Welt. Die Numerologie – die Wissenschaft, aus Zahlen Kenntnisse über das Leben zu gewinnen – existiert seit mindestens 2500 Jahren. Damals schuf Pythagoras, ein grie-

Die Geburt der Numerologie

chischer Mathematiker, der im sechsten vorchristlichen Jahrhundert geboren wurde, das pythagoreische Zahlensystem.

Pythagoras war nicht nur Mathematiker, sondern auch Philosoph und Theoretiker, und seine Zahlenforschung hob die Wissenschaft der Numerologie aus der Taufe. Er übte einen großen Einfluss auf die westliche Gedankenwelt aus und gilt als Begründer der Geometrie, nicht zuletzt aufgrund des pythagoreischen Lehrsatzes, der Formel für rechtwinklige Dreiecke. Aber vor allem war Pythagoras der erste Mensch, der erkannte, dass Zahlen die Grundlage des Universums bilden – etwas, das moderne Physiker für selbstverständlich erachten.

Obwohl Pythagoras eine historische Gestalt ist und tatsächlich gelebt hat, liegen viele Aspekte seines Lebens im Dunkel von Mythos und Legende.

Sicher ist, dass Pythagoras im sechsten Jahrhundert vor Christus im griechischen Samos geboren wurde. Meist wird berichtet, dass er volle einhundert Jahre lebte. Zu Beginn seines Lebens führte ihn die Suche nach Wahrheit nach Ägypten, wo er bei den Chaldäern studierte. Man nimmt an, dass er ungefähr zweiundzwanzig Jahre in Ägypten blieb und dort seine maßgeblichen mathematischen Theorien entwickelte.

Pythagoras gründete im Jahr 525 vor Christus im unteritalienischen Croton seine eigene philosophische Schule. Das wichtigste Dogma der pythagoreischen Gesellschaft lautete, dass die Wirklichkeit auf ihrer tiefsten Ebene mathematischer Natur ist. Pythagoras glaubte, dass die Welt auf der Macht der Zahlen aufbaut; alles Sichtbare und Unsichtbare kann auf ganz bestimmte Zahlen zurückgeführt werden.

Zu seiner Zeit war es Allgemeinwissen, dass das Universum aus schwingender Energie erschaffen wurde; moderne Wissenschaftler würden wohl von Wellenlängen oder elektromagnetischer Energie sprechen. Die Eigenschaften dieser Energie ließen sich durch Zahlen verständlich machen: Jede Zahl schwingt auf ihre eigene Weise, und in ihrem Kern besteht Materie stets aus dieser schwingenden, numerologischen Energie. Da Pythagoras lehrte, dass jede Zahl eine einzigartige numerische Eigenschaft aufweist, muss man – um die Eigenschaften eines Menschen, eines Ortes oder eines Sachverhalts zu verstehen – nur herausfinden, aus welchen Zahlen seine schwingende Energie besteht.

Reste der pythagoreischen Theorie sind uns im Laufe der Jahrhunderte nicht nur in der Numerologie überliefert worden, sondern beispielsweise auch in den Werken eines so großen Denkers wie Plato, der über der Tür seiner Schule die Worte eingemeißelt hatte: *Tritt nicht ein, wenn du von Geometrie nichts weißt.* Plato, der ein Jahrhundert nach Pythagoras auf die Welt kam und gemeinhin als der bedeutendste Philosoph des antiken Griechenland gilt, gestand offen ein, wie viel er Pythagoras zu verdanken hatte.

Der Astronom Johannes Kepler (1571–1630) verkündete: *Gott ist Geometrie.* Mehrere hundert Jahre später erklärte der Maler Paul Klee (1879–1940) all jenen, die seine moderne Kunst verwarfen, dass wir *in der Kunst nicht auf die Form reagieren, sondern auf die geometrische Konstruktion hinter der Form.* Während ich diese Worte schreibe, findet im Los Angeles County Museum eine Ausstellung mit den Werken von Jasper Johns statt, der mehrere Jahre lang nichts anderes malte als Zahlen. Ihn faszinierte die Vorstellung, dass man als Künstler zwar alles andere darstellen kann, aber eine Zahl immer nur durch eine Zahl: Sie ist das nicht weiter zu vereinfachende Element, der grundlegende Baustein. Wer die unsichtbaren Muster – oder Zahlen – des Lebens begreift, versteht das Leben selbst.

Pythagoras glaubte, dass sich die Schwingung beziehungsweise der »Ton« des Universums exakt im Augenblick der Geburt sowohl auf den Charakter eines Menschen als auch auf sein Schicksal auswirkt. Diese numerologische »Blaupause« stellt jeden Menschen in ein System, das von Ebene 1 (in erster Linie charakterisiert durch Selbstfindung) bis Ebene 9 (in erster Linie charakterisiert durch Selbstlosigkeit) reicht. Das pythagoreische Verständnis der numerischen Schwingungen und ihrer Auswirkung auf den Menschen wird erst allmählich als Wissenschaft anerkannt. Pythagoras hatte sich zum Ziel gesetzt, der Welt zu zeigen, dass Zahlen die Macht haben, dem ganzen Leben Einheit und Harmonie zu bringen. Ich habe das Privileg, diese Wissenschaft nun mit Ihnen teilen zu dürfen, und ich hoffe, dass das große Ziel von Pythagoras in Ihrem Leben verwirklicht wird.

Wie die Numerologie funktioniert

Bevor wir weitermachen, möchte ich betonen, dass die Numerologie nicht von medialen Fähigkeiten abhängt. Sie hat auch nichts mit Hellseherei zu tun. Ich glaube zwar, dass jeder auf irgendeine Weise medial veranlagt ist und wir alle Intuitionsvermögen haben, aber die Macht der Numerologie hängt von diesen Eigenschaften in keiner Weise ab.

Die Wissenschaft der Numerologie beginnt mit den fünf primären Zahlen: Zwei lassen sich aus Ihrem Geburtsdatum erschließen und die drei anderen ergeben sich aus Ihrem Namen. Diese fünf Zahlen – zusammen mit einer sechsten Zahl, der so genannten Einstellungszahl – liefern uns Erkenntnisse darüber, wer wir sind und wie wir unser Leben verbessern können.

Wie schon gesagt arbeiten wir in diesem Buch also mit fünf primären Zahlen und einer sekundären Zahl. Diese Zahlen lauten wie folgt:

Seelenzahl
Beschreibt Ihre inneren Gefühle. Nach außen mag dieser Teil Ihres Charakters verborgen sein, aber Sie selbst spüren ihn in sich.

Persönlichkeitszahl
Beschreibt, wie andere Sie wahrnehmen. Diese Zahl gibt an, was Sie der Welt von sich zeigen.

Powernamenzahl
Beschreibt die Kraft Ihres Namens.

Geburtstagszahl
Beschreibt, wie andere Sie sehen.

Lebensaufgabenzahl
Beschreibt, welchen Weg Ihr Leben nehmen muss, damit Sie glücklich sein können; diese Zahl ist mit Abstand die Wichtigste!

Einstellungszahl
(Eine Sekundärzahl, aber dennoch bedeutsam)
Beschreibt Ihre generelle Einstellung gegenüber dem Leben.

Achtung: Wenn Ihre Einstellungszahl eine toxische Problemzahl zu Ihrer Lebensaufgabenzahl ist, dann senden Sie den Menschen in Ihrem Leben widersprüchliche Signale. Weisen Sie Ihre Mitmenschen von Anfang an auf diese innere Dualität hin.

> **Toxische Zahlen**
>
> Die im Buch verwendeten Begriffe Toxische Zahlen und Problemzahlen sind gleichbedeutend.

Die wichtigste Zahl ist die Lebensaufgabenzahl. Sollten Sie einmal nicht viel Zeit haben, jemand anderen besser kennen zu lernen, brauchen Sie nur diese eine Zahl, damit Sie sich ein Bild machen können. Wenn ich im Folgenden die Zahlen eines bestimmten Menschen auflíste, werden sie immer in derselben Reihenfolge angegeben. Die **Lebensaufgabenzahl** ist dabei stets fett gedruckt. Die Zahlenfolge sieht dann so aus:

334**9**8, Einstellungszahl 6

Die Reihenfolge der Zahlen in dieser Darstellung ist also stets dieselbe, gleichgültig wo Sie dieses Buch aufschlagen. Die Zahlen stehen von links nach rechts immer in dieser Reihenfolge:

Seelenzahl
Persönlichkeitszahl
Powernamenzahl
Geburtstagszahl
Lebensaufgabenzahl
Einstellungszahl

Legen Sie einfach ein Lesezeichen in diese Seite, dann können Sie die Reihenfolge stets nachlesen, wenn Sie sie vergessen haben. Aber denken Sie daran: Die **Lebensaufgabenzahl** ist die wichtigste Zahl in der Reihe, und sie ist **immer fett gedruckt.**

Positive und negative Energie

Eine der ersten Fragen, die mir in der Regel gestellt werden, lautet, ob ich sagen kann, inwieweit man zu einem geliebten Menschen, einem Kollegen oder anderen Personen passt. Meine Antwort lautet: Ja, das kann ich. Dennoch werden Sie feststellen, das Sie mit manchen Menschen nicht auskommen, obwohl Ihre Lebensaufgabenzahlen scheinbar kompatibel sind. Das liegt daran, dass jede Zahl eine positive und eine negative Energie besitzt. Möglicherweise rufen Sie die negative Energie in der Zahl eines bestimmten Menschen einfach deshalb hervor, weil Sie genau das von diesem Menschen *erwarten* – weil Sie es nicht anders gewohnt sind. Ein Anreiz mehr, wie Ihnen das Wissen um die Zahlen helfen kann, Ihr Leben zum Besseren zu ändern. Sobald Sie wissen, mit wem Sie kompatibel sind, können Sie anfangen, Ihre festgefahrene Erwartungshaltung aufzubrechen. Aus diesem Grund möchte ich, dass Sie die Zahlen aller Menschen in Ihrem Leben errechnen. Wenn Sie die positive und negative Seite der Zahlen verstehen, werden Beziehungen, die für Sie bis dahin rätselhaft waren, plötzlich einen Sinn ergeben. Und glauben Sie mir, wenn Sie dieses System anwenden, werden Sie feststellen, wie zutreffend es ist.

Zahlen überall

Die Numerologie bietet eine völlig neue Möglichkeit, das Leben zu betrachten. So bereitete mir vor kurzem eine Reise ganz besonders viel Freude. Sowohl meine Geburtstagszahl als auch meine Lebensaufgabenzahl sind eine Dreier-Schwingung, was mich zu einer doppelten 3 macht. Auf dieser Reise nahm ich Flug Nummer 33. Interessant, dachte ich. Dann setzte man mich in die 12. Reihe – Sie werden bald lernen, dass diese Zahl ebenfalls auf eine 3 reduziert wird. Als ich in meinem Hotel ankam, wurde ich in einem Zimmer im 21. Stockwerk untergebracht. Können Sie es erraten? Wieder eine 3. Auf dem Heimflug bekam ich im Flugzeug Sitz 30 – erneut eine 3 – und ich fragte mich, was nur los sei. Und dann verkündete der Pilot auch noch, dass wir in einer Höhe von 33 000 Fuß flogen. Ich musste laut lachen! Es ist wirklich faszinierend, wie oft die Energie der Zahlen mit uns spricht.

Meine Geschichte

Seit neunzehn Jahren beschäftige ich mich mit Numerologie. Besonders häufig werde ich gefragt, was mich eigentlich zur Numerologie gebracht hat. Die Antwort lautet: Herzschmerz. Was sonst.

Er war nicht vollkommen, aber er war meine erste große Liebe. Obwohl ich in dieser Beziehung nicht unbedingt glücklich gewesen war, fühlte ich mich am Boden zerstört, als sie endete.

> ### Zahl, Schwingung, Energie
>
> In der Numerologie gibt es drei austauschbare Begriffe. Sie lauten Zahl, Schwingung und Energie. In diesem Buch verwende ich abwechselnd alle drei Begriffe, wenn ich auf die Eigenschaften eines Menschen eingehe.

Zwei Jahre lang trug ich ein gebrochenes Herz mit mir herum. Ich konnte das Gefühl nicht abschütteln, dass ich im Grunde doch zu ihm gehörte. Eines Tages suchte ich eine Numerologin auf. Sie betrachtete meine Zahlen und die meiner verlorenen Liebe. Fast sofort konzentrierte sie sich auf seine Familie. Sie fragte mich, ob ich mich in seiner Familie besonders wohl gefühlt hätte. Das konnte ich nur bejahen – eins der Dinge, die ich an meiner Beziehung zu diesem Mann am meisten geliebt hatte, war die Zeit, die ich in der Gesellschaft seiner Mutter und seiner Schwester verbringen durfte. Die Numerologin nickte. Als doppelte 3, so erläuterte sie, fühle ich mich selbstverständlich von anderen 3er-Persönlichkeiten angezogen. Sowohl seine Mutter als auch seine Schwester hatten mehrere Dreien in ihrer Zahlentabelle und in der Nähe dieser Energien fühlte ich mich gut aufgehoben, geborgen und geliebt. Die Numerologin führte mir vor Augen, dass sich mein Herz nicht nach diesem bestimmten Mann sehnte, sondern nach dem Wohlbehagen kompatibler Schwingungen.

Dieser Tag war ein Wendepunkt für mich. Nach zwei Jahren, in denen ich über diesen Mann einfach nicht hinwegkommen konnte, fing mein gebrochenes Herz nun an zu heilen. Die Worte der Numerologin ergaben für mich Sinn, und endlich war ich nicht länger wie besessen von meinem Verlust. Stattdessen erforschte ich mit Hilfe der Numerologie die Menschen in meinem Umfeld. Meine Freunde, meine Familienangehörigen und sogar weitläufige Bekannte wurden für mich zu Fallstudien. Es ging so weit, dass ich die Geburtstagszahl fremder Menschen zutreffend erraten konnte, auch wenn ich sie erst wenige Minuten kannte. Sobald ich rudimentäre Informationen hatte, sprangen mir ihre Zahlen förmlich ins Auge. Ich konnte akkurate Aussagen zu ihrem Verhalten, ihren Zielen und Stärken machen.

Ich bot sogar Berufsberatung auf der Basis von Numerologie an, was blanke Ironie war, da ich damals keine Ahnung hatte, welcher Beruf für mich selbst der Richtige war. Einen Großteil meines Erwachsenenlebens hatte ich mit der Suche nach meiner wahren Berufung verbracht. Ich hatte Fernsehen, Comedy und Gesang gemacht – alles großartige Karrierewege für einen Menschen mit der Lebensaufgabenzahl 3, aber nichts davon schenkte mir wirklich Erfüllung. Meine Mutter sagte einmal zu mir: »Glynis, egal, wie erfolgreich du sein magst, du wirst nie zufrieden sein.« Worauf ich erwiderte: »Das stimmt nicht, Mom. Ich weiß, dass ich etwas ganz Bestimmtes zu geben habe, und wenn es in mein Leben tritt, werde ich es erkennen.«

Ungefähr zu dieser Zeit bat mich ein Freund, als Gast einer Radiosendung über Numerologie zu sprechen. Kaum hatte die Sendung begonnen, liefen die Telefone heiß und hörten nicht wieder auf zu klingeln. Ich sollte ursprünglich nur zwanzig Minuten auftreten, doch es wurden drei Stunden daraus.

Die Show endete um vier Uhr morgens, aber ich blieb bis gegen fünf Uhr im Sender, weil alle mich baten – einschließlich des Moderators und der Techniker –, ihnen die Zahlen zu lesen. Ich weiß noch, dass bereits die Vögel zwitscherten, als ich das Gebäude verließ. Und eine Stimme in mir sagte: »Das ist es.« Es war ein herrliches Gefühl!

Von diesem Moment an fand ich wahren Seelenfrieden. Ich erinnere mich noch heute an all die Jahre voller Sehnsucht nach etwas, das sich für mich einfach nicht zu verwirklichen schien. Wie oft hatte ich mir vorgestellt, wie ich zu Millionen von Menschen sage: »Egal, was Sie erreichen wollen, keiner kann Sie aufhalten, außer Ihnen selbst.« Es gibt ein Sprichwort: Niemand hat einen Traum, ohne nicht auch die Mittel zu seiner Erfüllung zu bekommen. Ich bin der lebende Beweis.

Ich fing als Standup-Comedian an, weil ich in der kurzen Zeit, in der ich auf der Bühne stand, die Macht hatte, Menschen glücklich zu machen. Doch als ich mit dem Studium der Numerologie begann, stellte ich fest, dass ich die Menschen nun nicht nur einen Augenblick, sondern ein Leben lang glücklich machen konnte. Das war unbeschreiblich für mich.

Die Numerologie ist zwar keine Religion und Menschen aller Glaubensrichtungen können von ihrer Macht profitieren, aber ich möchte Sie dennoch wissen lassen, wie es um mich bestellt ist. Ich bin ein spiritueller Mensch; ich glaube an Gott und bete täglich. Wir Menschen brennen leicht aus, wenn wir davon überzeugt sind, dass es niemanden außer uns gibt, auf den wir uns verlassen können. In diesem Moment übernimmt das Ego. (Meine Lieblingsdefinition von EGO lautet: Einsam-Gottlos-Orientierungslos.) Mein Glaube an Gott ist ein Geschenk, durch das ich die Macht der Numerologie mit anderen teilen kann, ohne dessen jemals müde zu werden. Nachdem ich über 9000 Beratungsgespräche gehalten habe, bin ich noch lange nicht erschöpft. Im Gegenteil, es wirkt auf mich belebend, weil ich glaube, dass diese Gabe ein Geschenk Gottes ist. Er benutzt mich als Mittlerin und gibt mir die Kraft, die ich brauche.

Dank der Numerologie konnte ich Menschen helfen, ihre Zahlen zu berechnen, ihre Gaben zu erkennen und ihre Träume zu erfüllen. Ich helfe meinen Klienten, ihre Denkweise zu ändern, damit sie in ihrem Leben das Beste aus sich machen können. Ich freue mich sehr, dass ich dieses Wissen nun auch mit Ihnen teilen darf. Wenn Sie sich Ihre Offenheit bewahren, werden Sie feststellen, dass die Numerologie leicht zu verstehen und leicht anzuwenden ist und dass sie Ihr Leben tatsächlich verwandeln kann.

Entdecken Sie Ihre Zahlen

Zahlenmagie

Zahlen sind fester Bestandteil unserer Welt. Es ist daher keine Überraschung, dass wir sie in unsere Alltagssprache integriert haben. Wer glücklich ist, der »schwebt auf Wolke 7«. Wenn wir etwas locker angehen, lassen wir »5 gerade sein«. Wer sich mit einer Sache nicht auskennt, für den ist sie »ein Buch mit 7 Siegeln«. Ein unlösbares Dilemma bezeichnen wir neudeutsch als »Catch-22«. Für jede dieser Redensarten gibt es eine profunde numerologische Grundlage.

Scheinbar habe ich das offensichtlichste Beispiel ausgelassen – die 13. Für alle Abergläubischen unter Ihnen habe ich eine gute Nachricht: In der Numerologie ist die 13 in Wirklichkeit eine 4 und die steht nicht unbedingt für Pech. Diese Zahl soll uns nur daran erinnern, den Einzelheiten mehr Beachtung zu schenken, um Pannen zu vermeiden. Sie sehen also, wir setzen Zahlen ganz selbstverständlich in unserer Kommunikation ein. Je intensiver Sie sich mit der Numerologie beschäftigen, desto bewusster werden Sie die Macht der Zahlen in unserer Welt wahrnehmen.

Die Grundlagen der Numerologie

Die numerologische Reihe eines jeden Menschen ist die Blaupause seiner Persönlichkeit. Die Zahlen in Ihrer Reihe beschreiben Ihr Wesen – wie Sie sich in bestimmten Situationen verhalten, wo Ihre Stärken beziehungsweise Ihre Schwächen liegen, welche Hürden Sie auf dem Weg zum Glück überwinden müssen und wie Sie Ihre Lebensqualität verbessern können. Sobald Sie die grundlegenden Prinzipien verstanden haben und Ihre Reihe lesen können, halten Sie die Macht der Zahlen in Händen.

Das Reduzieren auf einstellige Zahlen

In der Numerologie hat jede Zahl ihre ganz eigene, charakteristische Definition. Gleichgültig, wo Sie eine bestimmte Zahl in Ihrer Tabelle finden, *die Definition einer Zahl ändert sich nie.* Am Ende dieses Buches werden Sie sich die Eigenschaften jeder Zahl ins Gedächtnis eingeprägt haben.

Scheint es Ihnen unmöglich, sich die Bedeutung jeder einzelnen Zahl im Universum zu merken? Nun, das müssen Sie gar nicht. Denn in der Numerologie lässt sich jede Zahl – von Ihrem Alter über Ihr Geburtsdatum bis hin zu der längsten Zahl, die Sie sich nur vorstellen können – mühelos auf eine einstellige Zahl reduzieren. Daher müssen wir uns nur die einstelligen Zahlen merken: 1, 2, 3, 4, 5, 6, 7, 8 und 9. (Na gut, es gibt zwei weitere wichtige Zahlen, die 11 und die 22, aber dazu später.)

Es ist ein Kinderspiel, eine Zahl auf eine einstellige Ziffer zu reduzieren – addieren Sie einfach die einzelnen Ziffern der entsprechenden Zahl. Hier ein Beispiel anhand der 19:

1. Addieren Sie die Ziffern der Zahl: 1 + 9 = 10
2. Das Ergebnis ist zweistellig, darum wiederholen wir den Vorgang, indem wir die beiden Ziffern der Antwortzahl addieren: 1 + 0 = 1

In der Numerologie reduziert sich die Zahl 19 also auf die 1.

Das pythagoreische System

Jetzt haben Sie gelernt, wie man reduziert; Sie können also bereits die Zahlen Ihres Geburtsdatums zusammenziehen. Aber in der Numerologie müssen wir auch wissen, wie man die Zahlen eines Namens auflöst. Zu diesem Zweck begeben wir uns 2500 Jahre zurück in die Vergangenheit und verwenden das System, das Pythagoras für jeden Buchstaben des Alphabets entwickelt hat. Hier folgt die Tabelle.

Das pythagoreische Zahlensystem

1	2	3	4	5	6	7	8	9
A	B	C	D	E	F	G	H	I
J	K	L	M	N	O	P	Q	R
S	T	U	V	W	X	Y	Z	

Merke:
Wenn Y einem Konsonanten folgt (oder vor einem Konsonanten steht), gilt es als Vokal.

Wenn Y einem Vokal folgt (oder vor einem Vokal steht), gilt es als Konsonant.

Beispiel:
Joyce: Das Y ist ein Konsonant, weil es neben dem Vokal O steht.

Gwyneth: Das Y ist ein Vokal, weil es zwischen den Konsonanten W und N steht.

Die Primärzahlen

Wie schon gesagt konzentriere ich mich bei meinen numerologischen Sitzungen auf die fünf Zahlen, die unsere wichtigsten Charaktereigenschaften bestimmen – ich nenne sie die Primärzahlen – sowie auf eine sechste Zahl, die »Einstellungszahl«. Diese Zahlen ergeben sich aus zwei Quellen: aus Ihrem Namen und aus Ihrem Geburtsdatum. Man errechnet sie wie folgt:

1. Die **Seelenzahl**: Der Nummernwert aller Vokale in Ihrem Namen.
2. Die **Persönlichkeitszahl**: Der Zahlenwert aller Konsonanten in Ihrem Namen.
3. Die **Powernamenzahl**: Die Summe der Seelenzahl und der Persönlichkeitszahl, auf eine einstellige Zahl reduziert.
4. Die **Geburtstagszahl**: Die Zahl, die sich aus dem Tag Ihrer Geburt ergibt.
5. **Die LEBENSAUFGABENZAHL: Die Summe der Ziffern aus Ihrem Geburtsdatum, einschließlich Tag, Monat und ausgeschriebener Jahreszahl.**
6. Die **Einstellungszahl**: Die Summe der Ziffern aus Tag und Monat Ihres Geburtstages.

Bevor ich näher ausführe, was jede dieser Zahlen über Sie aussagt, lassen Sie uns gemeinsam ein paar Zahlen errechnen. Warum nicht anhand einer Person, die wir alle kennen – Tom Cruise. Sie können natürlich ruhig Ihre eigenen Zahlen errechnen. Am besten legen Sie sich für die Lektüre dieses Buches einen Notizblock und einen Stift zur Hand.

Lebensaufgabenzahl: Wir errechnen als Erstes die Lebensaufgabenzahl, denn sie ist die wichtigste Zahl in unserem Leben. Die Lebensaufgabe ergibt sich aus der Summe der Ziffern des Geburtsdatums eines Menschen, einschließlich Tag, Monat und Jahr.

Tom Cruise kam am 3.7.1962 zur Welt:
3 + 7 + 1 + 9 + 6 + 2
= 28
= 2 + 8
= 10
= 1 + 0
= 1
Die Lebensaufgabenzahl von Tom Cruise ist die 1.

Geburtstagszahl: Die Geburtstagszahl ergibt sich aus dem Tag Ihrer Geburt. Tom Cruise kam am 3. Juli zur Welt. Die 3 ist bereits einstellig, daher müssen wir nicht weiter reduzieren.

Die Geburtstagszahl von Tom Cruise ist die 3.

Seelenzahl: Die Seelenzahl ist der numerische Wert der Vokale in unserem Namen. Wenn Sie sich die pythagoreische Tabelle noch einmal ansehen, können Sie den Vokalen im Namen von Tom Cruise die folgenden Werte zuordnen:

```
  6       3 9 5
  |       | | |
T O M   C R U I S E
```

Die Seelenzahl ergibt sich aus der Summe der Zahlenwerte der Vokale, die Sie dann auf eine einstellige Zahl reduzieren:

6 + 3 + 9 +5 = 23
2 + 3 = 5

Die Seelenzahl von Tom Cruise ist die 5.

Persönlichkeitszahl: Um unsere Persönlichkeitszahl zu errechnen, müssen wir die numerischen Werte der Konsonanten in unserem Namen addieren.

```
T O M   C R U I S E
|   |   | |   | |
2   4   3 9   1
```

2 + 4 + 3 + 9 + 1 = 19
1 + 9 = 10
1 + 0 = 1

Die Persönlichkeitszahl von Tom Cruise ist die 1.

Powernamenzahl: Für die Powernamenzahl müssen Sie die Seelenzahl und die Persönlichkeitszahl addieren. Im Fall von Tom Cruise hat die Seelenzahl die Ziffer 5 und die Persönlichkeitszahl die Ziffer 1.

5 + 1 = 6

Die Powernamenzahl von Tom Cruise ist die 6.

Einstellungszahl: Für Ihre Einstellungszahl addieren Sie einfach die Zahlen aus Tag und Monat Ihrer Geburt. Tom Cruise kam am 3. Juli zur Welt.

3 + 7 = 10
1 + 0 = 1
Die Einstellungszahl von Tom Cruise ist die 1.

Mit Hilfe dieser Formeln konnten wir herausfinden, dass Toms Primärzahlen wie folgt lauten: 51631. Zuzüglich der Einstellungszahl 1. Hier eine kurze Deutung für Tom Cruise:

Die 5 in seiner Seelenzahl sagt uns, dass Tom Abenteuer, Schönheit und Nervenkitzel liebt. Das würde auch seine Vorliebe für Autorennen erklären.

Seine Persönlichkeitszahl ist die 1, das bedeutet, er ist ehrgeizig und verliert nicht gern. Er arbeitet schwer, aber er ist sich nie ganz sicher, wie gut er wirklich ist.

Seine Powernamenzahl ist die 6, die Vaterzahl. Er kümmert sich unablässig um andere. Das erklärt, warum er Kinder adoptiert hat. Die 6 muss selbständig sein oder ein eigenes Unternehmen leiten, sonst wird sie nicht glücklich. Tom führt eine unglaublich erfolgreiche Filmproduktionsfirma.

Seine Geburtstagszahl ist die 3. Die 3 ist kommunikativ und extrovertiert. Ob als Schauspieler, Sänger, Therapeut oder Moderator, die 3 muss sich stets mit ihrer Stimme ausdrücken.

Die 1 als Lebensaufgabenzahl weist auf seinen Drang zur Unabhängigkeit hin. Er braucht viel positives Feedback. Er ist immer in Bewegung. Wenn die 1 eine Aufgabe beendet, geht sie sofort zur nächsten über. Eine 1 ruht sich nie auf ihren Lorbeeren aus. Ihre Mission – wenn sie sie akzeptiert – besteht darin, in allem die Nummer eins zu sein. (Das ist eine kleine Anspie-

> **Welchen Namen nehme ich?**
>
> Wie gehen Sie vor, wenn auf Ihrer Geburtsurkunde ein anderer Name steht, als der, den Sie im Alltag verwenden? Nehmen wir an, in Ihrer Geburtsurkunde sind Sie als Jonathan Stanley Morris ausgewiesen, aber alle Welt kennt Sie nur als Jon Morris. Der Name, den Sie sich als Erstes vornehmen sollten, ist stets der, den Sie im Alltag verwenden. Wenn Sie eine verheiratete Frau sind und den Namen Ihres Mannes angenommen haben, dann führen Sie Ihre Berechnungen anhand dieses Namens durch – falls Sie ihn am häufigsten verwenden. Wir sprechen über den Namen in Ihrer Geburtsurkunde, wenn wir im Kapitel »Die Powernamenzahl (Seite 116) die Schicksalszahlen behandeln.

lung auf *Mission Impossible,* falls Sie es nicht bemerkt haben. Ich konnte einfach nicht widerstehen!) Wenn man nun noch berücksichtigt, dass Tom auch als Einstellungszahl die 1 hat, dann ist es kein Rätsel mehr, warum er seit so vielen Jahren in Hollywood ganz oben steht. Aus Toms Tabelle zu schließen, wird er auch weiterhin in allem, was er sich vornimmt, die Nummer eins sein.

Die Charakteristiken der Zahlen

Also gut, genug von Tom Cruise – es ist an der Zeit, dass wir einen Blick auf *Sie* werfen! Mittlerweile haben Sie hoffentlich Ihre Zahlen errechnet und kennen nun Ihre fünf Primärzahlen sowie Ihre Einstellungszahl. In den nächsten Kapiteln nehmen wir uns jede dieser sechs Zahlen vor und erfahren, wie sie sich auf Ihr Leben auswirken. Doch zuvor möchte ich Sie daran erinnern, dass die Eigenschaften einer Zahl immer gleich bleiben, ungeachtet, an welcher Stelle Ihrer Reihe sie sich befindet. Die Eigenschaften einer 3 sind stets gleich, ob wir nun über Ihre Seelenzahl, Ihre Einstellungszahl oder auch nur über Ihre Hausnummer sprechen. Es folgt eine kurze Beschreibung für jede der neun Zahlen, die auf sehr weit gefassten Charakteristika basiert. In den nachfolgenden Kapiteln finden Sie längere Beschreibungen, die die jeweilige Rolle der Zahl in Ihrem Leben erläutern – das heißt, was es bedeutet, eine Lebensaufgabenzahl 8 oder eine Powernamenzahl 5 zu haben.

Allgemeine Charakteristika der Zahlenschwingungen

1 Diese Schwingung weist auf Unabhängigkeit und Selbstmotivation hin sowie auf das Bedürfnis, die Kontrolle auszuüben.
2 Diese Schwingung ist sensibel und meidet Konflikte.
3 Diese Schwingung schätzt Kommunikation und kreative Energie.
4 Diese Schwingung ist solide, verantwortungsbewusst und strebt nach Sicherheit.
5 Diese Schwingung strebt nach Freiheit und Abenteuer.
6 Diese Schwingung ist fürsorglich und kümmert sich um andere.
7 Diese Schwingung sucht nach der Wahrheit und stellt immer die große Frage »Wer bin ich?«
8 Diese Schwingung braucht finanzielle und spirituelle Freiheit.
9 Diese Schwingung hat Führungsqualitäten und humanitäre Instinkte.

Die Lebensaufgabenzahl

Sie können alles haben, was Sie wollen, wenn Sie es nur verzweifelt genug wollen. Sie müssen es mit einem inneren Überschwang wollen, der vulkangleich durch Ihre Haut bricht und sich mit der Energie vereinigt, die die Welt erschaffen hat.
Sheilah Graham

Die wichtigste Schwingung ist Ihre Lebensaufgabenzahl und diese sollten Sie als Erstes prüfen. Die Lebensaufgabenzahl ist schlicht und einfach die Zahl, mit der Sie in Übereinstimmung leben müssen, um wahrhaft glücklich zu sein.

»In Übereinstimmung leben« heißt, Sie müssen zulassen, dass sich die Eigenschaften dieser Zahl in Ihrem Leben zum Ausdruck bringen. Menschen mit der Lebensaufgabenzahl 5 sind beispielsweise Abenteurer und streben nach Freiheit. Wenn diese Menschen sehr jung heiraten, ist die Chance groß, dass sie sich irgendwann gefesselt fühlen und ihre Ehe nicht von Dauer ist. Menschen mit der Lebensaufgabenzahl 8 – Führungspersönlichkeiten – werden sich erst dann glücklich und erfüllt fühlen, wenn sie eine gewisse finanzielle Sicherheit erlangt haben.

Da die Lebensaufgabenzahl den Weg ebnet, auf dem sich der Rest unseres Lebens entfalten kann, verdient sie besonders viel Aufmerksamkeit. Die anderen fünf Primärzahlen werden in den nachfolgenden Kapiteln relativ kurz abgehandelt, aber die

Lebensaufgabenzahl liefert mehr Informationen über einen Menschen als jede andere Zahl.

Zahlengruppen

Jede der neun Lebensaufgabenzahlen lässt sich einer Verstandeszahl, einer Kreativzahl oder einer Geschäftszahl zuordnen. Diese Kategorien nennt man die Natürlichen Partnerzahlen.

1 – 5 – 7 sind die Verstandeszahlen: ständig am Denken.
3 – 6 – 9 sind die Kreativzahlen: ständig kreativ.
2 – 4 – 8 sind die Geschäftszahlen: ständig bei der Arbeit.

Die Verstandeszahlen: 1 – 5 – 7

Menschen aus der 1–5–7-Gruppe denken unablässig nach. Häufig sind sie gebildet, reisen gern und müssen ihre immense Energie auf gesunde Weise austoben, da diese Energie sonst destruktiv wird. Diese Menschen sollten in die Natur gehen oder sich körperlich anstrengen, denn das verlagert den Schwerpunkt aus dem Kopf heraus, und sie genießen das Leben intensiver. Jemand aus der 1–5–7-Gruppe nimmt leicht die Gewohnheit an, seinen Lebensgefährten zu analysieren, als sei er ein Wissenschaftsprojekt. Wenn der Lebensgefährte aus der Gruppe der Natürlichen Partnerzahlen stammt, hat er jedoch einen Seelenverwandten gefunden, der ihn versteht – und es gibt keine Probleme.

Die Kreativzahlen: 3 – 6 – 9

Meiner Meinung nach eignet sich jede Kombination aus dieser Gruppe für eine Partnerschaft, die 3 mit der 6 oder die 6 mit der 9, denn diese Menschen besitzen eine kreative Note in ihrem Charakter und werden sicher viel Spaß miteinander haben. Sie verstehen sich, ohne sich dafür anstrengen zu müssen. Wann immer mich eine 3 fragt, »Mit wem sollte ich zusammen sein?«, dann schlage ich eine 6 oder eine 9 vor, weil ich weiß, dass sie – kreativ gesehen – zusammenpassen werden. Menschen aus der 3–6–9-Gruppe wissen die Künste zu schätzen, wenn sie nicht sogar selbst aktiv künstlerisch tätig sind – sei es Malerei, Tanz, Theater oder Musik.

Die Geschäftszahlen: 2 – 4 – 8

Meiner Erfahrung nach betreibt die 2 das Geschäft der Liebe und die 4 das Geschäft der Sicherheit, wobei sie sich ein stabiles Lebensfundament aushebt. Die 8 betreibt das Geschäft, sich finanzielle Freiheit zu verschaffen und alles in großem Maßstab zu tun. Wenn die 2 auf der positiven Seite ihrer Schwingung lebt, besitzt sie mehr Verständnis und Mitgefühl als jede andere Zahl. Sie will mit jedermann gut Freund sein. Ich habe auch beobachtet, dass die 2 immer jemand empfehlen kann, der einem hilft. Wenn Ihr Rücken schmerzt, wird die 2 sagen: »Ach, ich kenne einen Chiropraktiker, der jetzt genau richtig für dich wäre.« Oder wenn Sie Ihren Arbeitsplatz verloren haben: »Du, ich kenne jemand, der gerade eine Aushilfe sucht.« Die 2 versucht ständig, Menschen zusammenzubringen. Merken Sie, wie wenig Konkurrenzdenken dahinter steckt? Die 2 will nur helfen und dazu beitragen, die Welt zu einem besseren Ort zu machen.

Von allen Zahlen zwischen 1 und 9 sind die Geschäftszahlen 4 und 8 diejenigen, die oft die schwierigsten Lektionen zu lernen haben. Beide Zahlen müssen erst mit dem Kopf gegen die Wand rennen, bevor sie etwas begreifen. Sie lassen sich nicht gern einen Rat geben, darum müssen sie alles erst selbst erlebt haben. Die gute Nachricht lautet, dass ihr Lohn groß ist, wenn sie die Mühen erst einmal hinter sich haben.

Lebensaufgabenbeschreibungen

Wie Sie bereits wissen, können Sie der Lebensaufgabenzahl mehr Informationen über Ihr Leben entnehmen als jeder anderen Zahl in Ihrer Reihe. Dieses Kapitel beschreibt in aller Ausführlichkeit die einzelnen Lebensaufgabenzahlen und deren Eigenschaften. Am Ende jeder Lebensaufgabenbeschreibung führe ich die Zahlen aller anderen Lebensaufgaben auf und sage Ihnen, ob sie für Sie Natürliche Partnerzahlen, Kompatible Zahlen, Problemzahlen oder Neutrale Zahlen sind (bitte beachten Sie, dass nicht jede Zahl eine neutrale Zahl hat). Die Zahlen in diesem Kapitel beziehen sich auf allgemeine Übereinstimmungen mit Familienangehörigen, Arbeitskollegen oder auch Lebensgefährten. Eine umfassende Beschreibung der romantischen Kompatibilität für jede Lebensaufgabenzahl finden Sie im Kapitel »Wie Sie den perfekten Partner finden« (Seite 161).

Denken Sie daran: *Um Ihre Lebensaufgabenzahl zu errechnen, müssen Sie Tag, Monat und die ausgeschriebene Jahreszahl Ihres Geburtsdatums addieren und das Ergebnis auf eine ein-*

stellige Zahl reduzieren. Nehmen wir den Schauspieler Jack Nicholson als Beispiel:

Jack Nicholson wurde am 22.4.1937 geboren.
2 + 2 + 4 +1 + 9 + 3 + 7 = 28

Zählen Sie die Ziffern quer durch, einschließlich der 19 aus der Jahreszahl. Die Lebensaufgabe besteht nur aus einer einstelligen Zahl, darum müssen Sie das Ergebnis noch weiter reduzieren.

2 + 8 = 10 = 1 + 0 = 1
Jack Nicholson hat die Lebensaufgabenzahl 1.

Kennen Sie jetzt Ihre Lebensaufgabenzahl? Dann erfahren Sie in den nachfolgenden Abschnitten mehr über sich. *Bitte beachten Sie, dass die Worte Lebensaufgabe, Energie und Schwingung in den nachfolgenden Definitionen austauschbar verwendet werden.*

Lebensaufgabe »1«: Der Anführer

Alle Welt macht demjenigen Platz, der weiß, wohin er geht.
Gewinner gehen schon vorher davon aus, dass sie gewinnen.
Das Leben ist eine Prophezeiung, die sich selbst erfüllt.

Anonym

Menschen mit der Lebensaufgabenzahl 1 können sich selbst motivieren, sind unabhängig und arbeiten hart. Sie streben danach, stets die Besten zu sein, und haben darin auch fast immer

Erfolg. Leider glauben sie nie, so gut zu sein, wie sie tatsächlich sind – wegen ihres »inneren Tyrannen«, wie ich das nenne. Das ist die unaufhörliche Stimme der Kritik in ihrem Kopf, die ihnen einredet, sie seien nicht gut genug. Trotz all ihrer Leistungen mäkelt diese Stimme: »Was ist nur mit dir los? Was hast du bloß aus deinem Leben gemacht?« Diese Menschen sind extrem selbstkritisch und erwarten, dass sich auch andere an ihre unglaublich hohen Ansprüche halten. Wenn sie enttäuscht werden, reagieren sie oft abfällig.

Menschen mit der Lebensaufgabenzahl 1 kommen mit allen möglichen Leuten und Geschäftsplänen in Kontakt – und selbst, wenn sich diese als Katastrophe erweisen, gehen sie unversehrt daraus hervor, weil sie genau wissen, wer sie sind und was sie wollen. Da fällt einem Jack Nicholson ein, der häufig als »Bad Boy Jack« bezeichnet wurde, wenn er wieder einmal etwas Falsches getan hatte, und dennoch lieben wir ihn und verzeihen ihm stets aufs Neue. Das Bedürfnis der 1 nach Individualität ist enorm. Sie sind Pioniere, Erfinder, einzigartig und zu großen Erfolgen fähig. Die 1 ist auch für andere Zahlen ein Gewinn, denn diese Menschen bringen jeden dazu, ebenfalls nach Höchstleistungen zu streben. In Gegenwart einer 1 wollen Sie wahrscheinlich mehr denn je Ihre eigenen Ziele erreichen, weil es Sie inspiriert, wenn Sie sehen, wie unaufhörlich die 1 nach Perfektion strebt.

Einer 1 fällt es schwer, um Hilfe zu bitten, weil sie Probleme gern auf ihre eigene Weise bewältigen möchte. Wenn sich die 1 erst einmal entschlossen hat, wie sie mit einer Situation umgehen will, ist es so gut wie unmöglich, sie davon abzubringen. Das bedeutet, dass die 1 gelegentlich auf die Schnauze fällt. Wenn Sie eine 1 sind, dann versuchen Sie, wenigstens hin und wieder auf die Ratschläge anderer zu hören.

Die Lebensaufgabenzahl

Manch einem mag die 1 egoistisch oder gar despotisch vorkommen, aber das ist nicht der eigentliche Beweggrund der 1. Die 1 weiß nur genau, was sie will, und hält mit ihrer Meinung nicht hinter dem Berg. Wenn die 1 das Gefühl hat, alles läuft gut, dann sieht man das am Ausdruck der Freude auf ihrem Gesicht. Menschen mit der Lebensaufgabenzahl 1 sind oft freundlich und großzügig, aber wenn sie glauben, dass ihre Partner untreu sind und sie in der Liebe oder im Geschäft betrogen haben, können sie unbarmherzig werden.

Die Schwingung der 1 muss auf irgendeine Weise in leitender Funktion tätig sein – wenn sie nicht gleich die gesamte Firma führt! Aufgrund ihrer Selbstmotivation ist die 1 ein großartiger Unternehmer oder Erfinder. Sie ist auch für ihre heilenden Hände bekannt, darum kann sie beispielsweise in der Massagetherapie, der Reflexzonenbehandlung oder Akupunktur Herausragendes leisten. Andere erfüllende Berufszweige wären: Schriftsteller, Restaurantbesitzer, Leiterin einer Boutique, Prozessanwalt, Offizier in den Streitkräften, Landwirt oder andere Berufe, in denen Unabhängigkeit und Entscheidungsfreude gefragt sind. Die 1 muss sich bei der Berufswahl stets die Frage stellen: »*Was habe ich schon immer tun wollen?*« Sobald sie die Antwort auf diese Frage weiß und sich an die Umsetzung ihrer Träume macht, ist sie nicht mehr aufzuhalten. Sie kann sich ungeheuer gut auf ihr Vorhaben konzentrieren und was immer sie tut, sie wird zu den Besten gehören. Die ganze Welt steht ihr offen.

Gleichzeitig versucht die 1, immer die absolute Nummer eins zu sein, und wenn sie gute Arbeit leistet, aber eine einzige Sache schief läuft, dann zerfleischt sie sich deswegen. Sie hat ständig das Gefühl, die Zeit würde zu schnell verstreichen. Die 1 muss lockerer werden und sich öfter einmal Mut zusprechen, anstatt allzu selbstkritisch zu sein.

Lebensaufgabe »1«: Der Anführer

Wenn Sie der Chef eines Arbeitnehmers mit der Lebensaufgabenzahl 1 sind, dann denken Sie daran, dass Sie nichts Schlimmeres tun können, als ihm bei der Arbeit über die Schulter zu schauen. Die 1 neigt zur Aufmüpfigkeit und reagiert unschön, wenn sie glaubt, Sie hätten kein Vertrauen in sie. Sie müssen sie vielmehr wissen lassen, wie fest Sie daran glauben, dass sie erstaunliche Arbeit leisten wird, und sie dann allein lassen. Wenn Sie eine 1 auf diese Weise behandeln, beschert sie Ihnen wunderbare Resultate.

Die 1 amüsiert sich großartig bei Sportereignissen, Rennen oder Gameshows – bei allem, wo Menschen *gewinnen* können. Tanzen ist eine sehr gute Freizeitbeschäftigung für die 1, denn das lenkt sie ab und entspannt sie. Yoga ist derzeit eine beliebte Meditationstechnik und übt ebenfalls einen beruhigenden Einfluss auf die 1 aus.

Natürliche Partnerzahlen: 1, 5 und 7
Kompatible Zahlen: 2, 3 und 9
Problemzahlen: 4, 6 und 8

David Letterman ist ein perfektes Beispiel für eine Lebensaufgabenzahl 1. Letterman ist seit über zwanzig Jahren Moderator seiner eigenen Talkshow und obwohl seine Quoten gefallen sind (als Hugh Grant seinen berüchtigten Auftritt bei Jay Leno hatte, rutschte Letterman auf Platz zwei), gewinnt er immer den Emmy für die beste Talkshow. Selbst wenn er krank ist, bleibt Dave die Nummer eins: Als er sich einer fünffachen Bypass-Operation am Herzen unterziehen musste, bangte ganz Amerika um ihn und verfolgte jeden Bericht über seinen Gesundheitszustand. Seine Anhänger blieben ihm auch in seiner Abwesenheit loyal verbunden. Und als er auf den Bildschirm zurückkehrte, hatte er mehr Zuschauer denn je. Seitdem wird er von seinen Vorgesetzten bei CBS in Sachen Quote weniger unter Druck gesetzt. David Lettermans Lebenswerk, sein Mut und sein Streben nach Höchstleistungen haben ihn zur Nummer eins in Amerikas Herzen gemacht. Was könnte eine 1 mehr verlangen?

Lebensaufgabe »2«: Der Vermittler

Halten Sie sich von jenen fern, die Ihren Ehrgeiz schmälern wollen. Kleingeister tun das ständig, aber die wirklich Großen vermitteln Ihnen das Gefühl, dass auch Sie selbst groß werden können. Mark Twain

Menschen mit der Lebensaufgabenzahl 2 streben nach Harmonie im Leben. Sie sind hier, um andere zu lieben und wiederum geliebt zu werden. Musik wirkt besonders beruhigend auf sie. Diese Menschen sind unbeschwert. Wenn Sie jemanden suchen, der wirkliche Zuneigung schenken kann, dann wählen Sie eine 2, denn sie wird Sie gern küssen und umarmen. Die 2 braucht Liebe und Zuwendung, verschenkt aber auch viel davon. Wenn nicht alle anderen Zahlen in der Tabelle der 2 gegen eine solch absolute Liebe sprechen, ist das ihr natürliches Streben.

Die 2 ist ein Vermittler. Sie verabscheut Konflikte und wird alles tun, was in ihrer Macht steht, um sie zu vermeiden. Wenn es Menschen in ihrem Umfeld gibt, die sich streiten, wird sie versuchen, den Streit zu schlichten. Die 2 ist oft auch medial veranlagt und bisweilen träumt sie Dinge, die dann auch wirklich eintreten. Außerdem kennt sie Déja-vu-Erlebnisse. Eine 2 muss nicht führen; sie hat kein Problem damit, anderen zu folgen. Aufgrund ihrer medialen Veranlagung befasst sie sich gern mit Astrologie, Numerologie, Tarot, Teeblattdeutung und dem I Ging. Menschen mit der Lebensaufgabenzahl 2 eignen sich auch für therapeutische Berufe oder Sozialarbeit. Sie sorgen sich um weniger Glückliche, genießen die Gesellschaft anderer und sind nicht gern allein. Sie sehnen sich nach bedingungsloser Liebe und sind großartige Eltern von der Art, die mit ihren Kindern befreundet sind.

Die 2 braucht kein Scheinwerferlicht; sie erledigt einfach die Arbeit. Sie gehört dem Schlag Mensch an, der heimlich an wohltätige Zwecke spendet, weil es ihnen wirklich von Herzen kommt. Die 2 hat das Bedürfnis, Menschen zusammenführen, und wenn man einen Zahnarzt oder einen Schreiner benötigt, muss man nur die 2 fragen. Sie kennt jeden und hilft liebend gern weiter. Die 2 wird nur dann wütend, wenn sie sich unter Druck gesetzt oder bedroht fühlt. Ansonsten ist sie extrem gutmütig.

Wenn Sie in die Augen der 2 schauen, können Sie sehen, was für ein guter, freundlicher Mensch sie ist. Das ist ihre Grundveranlagung. Die Kehrseite der 2 ist der gelegentlich anzutreffende Vertreter dieser Lebensaufgabenzahl, der glaubt, er müsse allen zu Gefallen sein und sich dabei völlig verausgabt. Doch wenn man ihn persönlich kennt, spürt man, dass er sich diesbezüglich zu viele Lorbeeren anheftet.

Ich denke, im Umgang mit einer 2 darf man nie vergessen, dass sie hier ist, um andere zu lieben und selbst geliebt zu werden. Wenn Sie mit einer 2 arbeiten, wird sie sich definitiv für Sie einsetzen. Die 2 muss jedoch darauf achten, die Probleme der Menschen, die sie liebt, nicht zu ihren eigenen zu machen. Meine Lieblingsanalogie für die 2: Wenn sie jemand sieht, der in einen Brunnen gefallen ist und um Hilfe ruft, springt sie hinterher und fragt: »Was ist los?« Erst dann schaut sie auf und seufzt: »Ach herrje, jetzt stecken wir beide fest!«

Die 2 muss also lernen, Mitgefühl zu empfinden, aber dennoch in der Lage zu sein, einen Schritt zurückzutreten und zu sagen: »Also gut, es tut mir Leid, was da geschehen ist, aber es ist dein Problem. Ich helfe dir, so gut ich kann, aber ich werde nicht mit dir hineinspringen.« Die 2 muss sorgsam darauf achten, sich anderen nicht völlig auszuliefern, denn das wird sie letztlich nur ärgerlich und reizbar machen. Häufig sorgt sie sich darum, was andere von ihr denken könnten; hier eine Ermahnung an uns alle, aber besonders an die 2: »Was die Leute von mir denken, kann mir egal sein.«

Wenn die 2 von emotionalen Vampiren umgeben ist, die ihr alle Energie aussaugen, dann ist es auch in Ordnung, wenn sie einfach davongeht. Womit sie sich mental nicht auseinandersetzt, das wird sie am Ende körperlich heimsuchen, und darum hat die 2 oft mit gesundheitlichen Problemen zu tun. So unbekümmert sie für gewöhnlich ist, wenn sie sich aufregt, erinnert das an einen Vulkanausbruch. Sobald diese emotionale Eruption vorüber ist, fühlt sich die 2 ausgelaugt, denn Wut ist reines Gift für ihren Wesenskern. Deswegen muss die 2 sorgfältig darauf achten, mit wem sie ihre Zeit verbringt.

Natürliche Partnerzahlen: 2, 4 und 8
Kompatible Zahlen: 1, 3, 6 und 9
Problemzahlen: 5 und 7

Meg Ryan ist ein gutes Beispiel für eine Lebensaufgabenzahl 2. Ihr liebevolles Wesen kommt auf der Leinwand gut zur Geltung und hat ihr einen festen Platz im Pantheon der Lieblingsstars Amerikas gesichert. Man kennt Meg vor allem wegen ihrer herzzerreißenden romantischen Komödien, und die beste Arbeit lieferte sie stets in Filmen, die von der Liebe handeln – denken Sie nur an *Schlaflos in Seattle* oder *Harry und Sally*. Die klassische 2 hat ein offenes Gesicht, das jede Emotion widerspiegelt, dazu einen freundlichen Blick und ein ansteckendes Lachen – im Grunde eine Beschreibung von Meg Ryan, die auf der Leinwand eine wunderbar liebevolle Qualität ausstrahlt. Ihr Privatleben entspricht ebenfalls der Definition einer 2. Beim Scheitern ihrer Ehe wusste ich als Numerologin, dass die Zahlen von ihr und Dennis Quaid in Kombination zu großen Problemen geführt haben und die Ehe für beide Seiten unglaublich schwer gewesen sein musste. Als die Medien Meg Ryan wegen ihrer kurzen Affäre mit Schauspielerkollegen Russell Crowe angriffen, war sie emotional völlig am Ende. Seit ihrer Scheidung von Dennis hat sie versucht, sich für eine neue Liebe zu öffnen, was der 2 nicht leicht fällt. Wenn das Herz der 2 gebrochen ist, fasst sie nur schwer wieder Vertrauen. Aber sie muss – denn ohne Liebe kann eine 2 nicht wirklich zufrieden sein.

Lebensaufgabe »3«: Der Mitteilsame

Der sicherste Weg, im Leben Erfolg zu haben, ist der, den Ratschlägen zu folgen, die wir anderen erteilen. Anonym

Shakespeare schrieb, »die ganze Welt ist Bühne«, ein Ausspruch, der hervorragend zu einer 3 passt. Menschen mit der Lebensaufgabenzahl 3 spielen immer eine Rolle oder nehmen das Zentrum der Aufmerksamkeit anderweitig für sich in Beschlag. Die 3 liebt Kreativität, Kommunikation und den Umgang mit Menschen. Die großen Entertainer dieser Welt sind häufig eine 3. Die 3 liebt es, wenn man an ihren Lippen hängt, weshalb man sie häufig am Telefon findet. Sie schreibt auch gern, denn das ist eine weitere Form der Kommunikation. Alles, was mit dem geschriebenen Wort zu tun hat, übt auf diese Schwingung eine große Anziehungskraft aus.

In ihren persönlichen Beziehungen kann die 3 überaus romantisch sein. Sie ist loyal bis zum Äußersten und bringt frühere Beziehungen nie ganz hinter sich. Selbst wenn eine Beziehung endet, ist es für eine 3 nie ganz und gar vorbei.

Wenn die 3 sich nicht selbst kreativ ausdrückt, wird sie auf andere Weise für Dramatik sorgen. Manchmal schmückt sie ihr Leben aus, um es interessanter erscheinen zu lassen. Beobachten Sie einmal ein Kind mit der Lebensaufgabenzahl 3 beim Geschichtenerzählen, und Sie werden feststellen, dass es immer maßlos übertreibt. Das trifft auch auf Erwachsene mit dieser Schwingung zu! Wenn sie diese Neigung auf positive Weise nutzen, können sie zu großartigen Rednern, Sängern oder Schauspielern werden und ihre Veranlagung auf gesunde Weise kanalisieren.

Menschen mit der Lebensaufgabenzahl 3 brauchen andere Menschen. Wenn sie nach Hause kommen und auf ihrem Anrufbeantworter keine Nachrichten vorfinden, können sie sich zurückgewiesen fühlen. In Beziehungen durchschaut die 3 eine Situation oft erst, wenn sie sich die Finger verbrannt hat. Da die 3 eine geborene Beraterin ist, die das Potential in anderen sieht, sucht sie sich häufig einen Partner, der ein »Patient« ist, mit der Absicht, diesen Menschen zu retten. Diese Neigung führt oft zu Depressionen. In der einen Minute ist noch alles großartig und in der nächsten – Bumm! – legt die 3 eine Bruchlandung hin. Die 3 muss sich vor extremen Hochs und Tiefs schützen. Sie muss lernen, ihre Emotionen zu kontrollieren und nach der goldenen Mitte Ausschau zu halten.

Eine 3 gibt einen großartigen Verkäufer ab. Wenn eine 3 an etwas glaubt, werden Sie, wenn sie mit Ihnen gesprochen hat, ebenfalls daran glauben. Die 3 eignet sich wunderbar als Entertainer, Model, Schauspieler, Designer, Musiker, Sänger, Komödiant und jede andere Art von darstellendem Künstler. Sie tut sich auch in der Welt der Kosmetik, der Frisuren, der Mode und der Schmuckgestaltung hervor. Der Grund ist einfach: Die 3 will, dass die Welt schöner aussieht. Ein Blick auf einen anderen Menschen genügt und sie fragt sich: »Was kann ich tun, damit diese Person besser aussieht und etwas Besonderes wird?« Die 3 ist auch der geborene Clown. Mir fallen da spontan Bill Cosby, Groucho Marx und Tracey Ullman ein. Das sind Menschen, die das Leben genießen wollen und nie ganz erwachsen werden.

Die kreative 3 eignet sich nicht für den üblichen Bürojob mit geregelten Arbeitszeiten und sie arbeitet auch nicht gern für andere. Ihr Verstand reagiert blitzschnell und wenn jemand langsamer denkt, frustriert das die 3. Gleichzeitig muss sich die 3 davor hüten, allzu dominant zu agieren, wenn sie das Sagen hat. Wenn sie in einem Sackgassenjob feststeckt oder ihr Leben festgefahren scheint, kann sie leicht in ziemlich heikle Situationen geraten, aus denen sie nur schwer und auch nur unter Einsatz all ihrer kreativen Gaben wieder herausfindet. Wenn die 3 ihre Talente nicht nutzt, kann sie manisch-depressiv werden oder intensiven Stimmungsschwankungen erliegen.

Menschen mit der Lebensaufgabenzahl 3 müssen vorsichtig sein, mit wem sie ihre Zeit verbringen. Sie sind warmherzig und von Natur aus großzügig und ziehen daher Leute an, die gern nehmen. Wenn die 3 feststellt, dass sie in einer Beziehung im-

Die Lebensaufgabenzahl

mer nur gibt und keine Gegenleistung erfolgt, führt das zu Bitterkeit. Sie muss lernen, sich aus Beziehungen zu lösen, die diesbezüglich kein Gleichgewicht aufweisen.

Die Schärfe ihres Verstands und ihr beißender Witz setzen sie oft an die Spitze einer Gruppe. Wenn die 3 auf der positiven Seite dieser Schwingung lebt, ist sie geistreich, unterhaltsam und eine großartige Gesellschafterin. Es macht Spaß, mit ihr zusammen zu sein. Die 3 ist für ihr Lächeln bekannt, für ihre funkelnden Augen und ihre angenehme Stimme. Wenn sie jedoch auf der negativen Seite der Schwingung lebt, ist sie klatschsüchtig und kann kein Geheimnis für sich behalten. Sollten Sie eine 3 sein, wären Sie klug beraten, wenn Sie lernen, Ihre Zunge im Zaum zu halten. Eine der Gaben der 3 besteht darin, selbst ungünstigste Situationen umzukehren und zum Wohl für sich und andere zu nutzen. Die 3 lernt aus Widrigkeiten, versteht intuitiv, dass man manchmal etwas Negatives durchleben muss, um etwas Positives zu erreichen. Sie hat einen feinen Sinn für Humor, der ihr über schlechte Tage hinweghilft. Das Lachen ist ihr Rettungsanker.

Wenn Sie eine 3 sind und jetzt denken, »Meine Güte, ich bin ganz und gar nicht so, ich habe auch nicht das Gefühl, dass ich überhaupt irgendetwas zum Ausdruck bringen kann«, dann sagt mir das automatisch, dass Sie Narben aus Ihrer Herkunftsfamilie zurückbehalten haben; Ihre Eltern haben Ihnen nicht den Applaus zukommen lassen, den Sie als Kind so sehr gebraucht hätten, gleichgültig, wie fürsorglich sie sonst auch gewesen sein mögen. Ich möchte Ihnen nachdrücklich ans Herz legen, das Kapitel »Heilen mit Zahlen« aufzuschlagen und die Affirmationen für die Zahl 3 zu lesen (Seite 83). Sie müssen heil werden, damit Sie der Mensch sein können, der Sie sein sollen. Haben Sie einfach nur Vertrauen, dass Sie einen Weg zu mühe-

Lebensaufgabe »3«: Der Mitteilsame

loser Selbstdarstellung finden werden – dann wird es Ihnen auch gelingen. Es ist nie zu spät!

Natürliche Partnerzahlen: 3, 6 und 9
Kompatible Zahlen: 1, 2 und 5
Problemzahlen: 4, 7 und 8

Barbara Walters ist ein Paradebeispiel für einen Menschen mit der Lebensaufgabenzahl 3. Die 3 ist mitteilsam und sie ist hier auf der Erde, um andere zu motivieren und aufzurichten. Die Fernsehjournalistin Barbara Walters ist berühmt dafür, dass sie die richtigen Fragen stellt und die emotionale und verletzliche Seite ihrer Gäste zum Vorschein bringt. Unter ihrer Anleitung öffnen sich die mächtigsten und berühmtesten Persönlichkeiten unserer Zeit auf eine Weise, wie sie es sonst in der Öffentlichkeit selten tun. Diese Fähigkeit im Umgang mit anderen Menschen ist die Gabe der 3 – sie ist mehr als nur eine gute Rednerin, die 3 ist eine natürliche Therapeutin, ein Mensch, in dessen Gesellschaft man sich einfach wohl fühlt. Obwohl Barbara Walters schon in den Siebzigern ist, schraubt sich ihre Karriere immer noch weiter nach oben. Sie arbeitet Vollzeit, erscheint jeden Morgen in ihrer beliebten Talkshow *The View* und einmal wöchentlich in *20/20*. Ihre Sondersendungen zur Oscar-Verleihung sind eine Pflichtveranstaltung für die meisten Fernsehzuschauer. Das wäre für jeden Menschen bereits ein beängstigendes Arbeitspensum, nicht jedoch für Barbara Walters. Als typische 3 liebt sie ihren Beruf und würde sich unvollkommen fühlen ohne die Fähigkeit, zu kommunizieren, sich anderen mitzuteilen und sich in der Welt eine Stimme zu verschaffen.

Lebensaufgabe »4«: Der Lehrer

Warte nicht, bis dein Schiff in den Hafen einläuft; schwimme ihm entgegen.
Anonym

Menschen mit der Lebensaufgabenzahl 4 sind sehr intellektuell und intelligent. Die 4 strebt nach Wissen und ist der geborene Lehrer. Häufig trägt sie eine Brille. Für mich sind diese Menschen immer »lebende Computer« – die Tatsache, dass Bill Gates eine 4 ist, überrascht da wenig. Sie sind stets auf der Suche nach der Logik im Leben – A plus B *muss* C ergeben.

Von der 4 können wir immer etwas lernen. Wenn ich einer 4 sage, es sei ein herrlicher Tag mit strahlend blauem Himmel, würde sie wahrscheinlich erwidern: »Stimmt, aber siehst du die schwarze Wolke?« Die 4 will mir nicht den Tag verderben; sie will nur, dass ich die Situation von allen Seiten betrachte. Ich nenne das die »Spock-Gesinnung«. Stets ist sie auf der Suche nach der Wahrheit. Manchmal erscheint sie zynisch, dabei will sie Ihnen doch nur die Information zukommen lassen, die Ihnen ihrer Meinung nach helfen wird. Sie sollten die 4 mit viel Humor nehmen, denn sie meint es nicht böse. In Wirklichkeit versucht sie nur, Ihnen das Leben leichter zu machen.

Die 4 sagt immer einleitend »Ich will ja nicht streiten« – und doch endet es stets im Streit. Warum? Ich glaube, das liegt an ihrer Ehrlichkeit und Offenheit. Sie federt den Schlag, den sie austeilt, nicht erst mit einem Kissen ab.

Die 4 kann intuitiv Dinge richten und weiß oft nicht genau, wie sie das eigentlich geschafft hat. Kinder mit dieser Schwingung vermögen Rätsel zu lösen, die die meisten Erwachsenen Schachmatt setzen würden. Ich kenne ein achtjähriges Mädchen mit der Lebensaufgabenzahl 4, das die kaputte Tür des Wäschetrockners mit einer Sicherheitsnadel reparieren konnte – und der Trockner lief, als der Techniker zur Reparatur eintraf. Eine junge 4 scheint ihre Jahre an Weisheit oft zu übertreffen.

Die 4 braucht viel Bestätigung und fürchtet sich vor Kritik. Das kann bedeuten, dass sie eine großartige Idee oft schon in ihrem Kopf abschmettert, weil sie zögert, entsprechend zu handeln. Sie zerredet die Idee und sagt sich: »Wenn ich es nicht perfekt tun kann, will ich es lieber gar nicht erst versuchen.« Infolgedessen werden viele ihrer Träume niemals umgesetzt. Die 4 sollte sich an den alten Nike-Werbeslogan erinnern: »Just do it« – Tu's einfach!

Ihr Zuhause ist der 4 überaus wichtig. Sie sehnt sich nach der Sicherheit, die es bietet, und bemüht sich immer, alle Rechnungen pünktlich zu zahlen, um sich ihre Zuflucht zu erhalten, den Ort, an dem sie entspannen und sich sicher fühlen kann. Dieses Bedürfnis nach Stabilität kann jedoch ins Auge gehen. Die 4 bleibt oft lange in einer Beziehung, die nicht gut für sie ist, weil sie Veränderungen aller Art verabscheut und etwas, das sie kennt, nicht einfach aufgeben will.

Allen tut es gut, eine Aktivitätenliste zu führen, aber für eine 4 ist eine solche Liste absolut notwendig. In ihrem Kopf schwirren so viele verschiedene Gedanken herum, dass ihr vieles einfach entfällt, wenn sie keine Liste führt. Sobald ein Gedanke auf dem Papier steht, kann die 4 ruhig an etwas anderes denken und hat in ihrem ohnehin geschäftigen Hirn wieder Raum geschaffen.

Die Schönheit der Natur wirkt sich auf die 4 beruhigend aus. Häufig wandert oder zeltet sie. Sie liebt die Gartenarbeit und genießt die Tätigkeit im Freien. Sie baut ihre eigenen Lebensmittel an oder legt einen herrlichen Blumengarten an, auf den sie stolz ist. Eine überaus gesunde Freizeitbeschäftigung, denn die 4 bewegt sich gern langsam und mit Bedacht. Sie mag es nicht, wenn man sie in eine Situation drängt, für die sie sich noch nicht bereit fühlt. Diese Schwingung legt sich gern einen Plan zurecht und genießt ihr Leben vorzugsweise in ordentlichen Bahnen.

Wenn Sie eine Beziehung zu einer männlichen 4 haben, dann denken Sie daran, dass er auf jeden Fall der Ernährer sein will. Er braucht sichere Verhältnisse, darum erscheint es ihm sinnvoll, sich um andere zu kümmern, solange ihm das möglich ist. Wenn er das nicht kann, verfällt er in Depressionen. Vielleicht haben Sie auch den Eindruck, dass Sie keine Ahnung haben, was Ihr Schatz mit der Lebensaufgabenzahl 4 denkt, weil sich sein Leben so oft in seinem Kopf abspielt.

Ein Wort der Warnung an die 4: Da Ihr Verstand stets auf Hochtouren läuft, ist die Versuchung groß, Ihre Gedanken in Alkohol zu ertränken. Es geht Ihnen so viel durch den Kopf, dass Sie einfach mal entspannen wollen.

Die 4 muss gesunde, positive Ventile finden, um sich von ihrem überaktiven Verstand zu befreien. Manchmal schlage ich meinen Klienten vor, insbesondere denen mit der Lebensaufgabenzahl 4, Tagebuch zu führen. Sie sollten Ihre Gedanken aufschreiben und sich von dem lösen, was Ihnen Kummer bereitet, anstatt zu versuchen, es durch eine Sucht zum Schweigen zu bringen.

Die 4 hat eine sehr erdverbundene Qualität. Der durchschnittlichen 4 ist nicht daran gelegen, steinreich zu werden; sie will nur dafür sorgen, genug für die Zukunft zurückzulegen, um sich sicher zu fühlen. Aufgrund ihres Wunsches, andere zu beschützen, findet man die 4 bei der Feuerwehr und der Polizei. Häufig arbeitet sie auch im Baugewerbe, wo sie als Architekt, Bauunternehmer oder Landschaftsgärtner tätig ist –

Lebensaufgabe »4«: Der Lehrer

oder in jedem anderen Job, der mit den Produkten der Erde zu tun hat. Die 4 mag solide Dinge, die man anfassen kann. Etwas zu errichten, das anderen Schutz und Komfort bietet, spricht sie an. Für diese Schwingung ist es gut, in Immobilien zu investieren.

Ehrlichkeit ist für die 4 extrem wichtig, besonders in einer Beziehung. Wenn die 4 liebt, dann meint sie es ernst. Wenn sie herausfindet, dass man sie betrogen hat, verliert sie das Vertrauen, und es fällt ihr sehr schwer, jemals wieder zu lieben. Der andere Typus der 4 konzentriert sich so sehr auf seine Arbeit und auf seine Zukunftspläne, dass er gar nicht merkt, wie seine Beziehung allmählich auseinander bricht, und wenn sie endet, ist die 4 schockiert und am Boden zerstört.

Im Allgemeinen nimmt die 4 jede Kleinigkeit ihrer Umgebung auf. Sie sieht alles und aufgrund der Art und Weise, wie sie Informationen verarbeitet, braucht sie viel Ruhe und Frieden. Sie hat eine sensible, traditionelle, wohlerzogene Art an sich. Die 4 mag keine Menschen, die allzu auffallend oder aufdringlich sind. Wenn jemand zu laut oder unangenehm ist, reagiert die 4 oft beleidigt. Die 4 ist sehr wählerisch, was ihre Freundschaften angeht, und sie braucht nicht viele Menschen im Leben. Die 4 hat etwas Einzelgängerisches, ähnlich wie die 7.

Es kommt häufig vor, dass die 4 unter Panikattacken leidet. Sie will, dass alles absolut perfekt geordnet abläuft. Die Wissenschaft sagt uns jedoch, dass der natürliche Zustand des Universums das Chaos ist! Die 4 sollte diesen Umstand akzeptieren und darauf vertrauen, dass sich am Ende alles irgendwie in Wohlgefallen auflösen wird. Wenn sich die 4 das vor Augen führt, fühlt sie sich sofort besser.

Noch ein letzter Gedanke zu dieser Lebensaufgabenzahl.

Die 4 mag es nicht, in irgendeiner Situation naiv zu wirken. Wenn sie eine neue Fertigkeit lernt, wird sie darin wahrscheinlich zum Experten – deshalb gibt die 4 einen so exzellenten Lehrer ab. Falls also irgendwo da draußen eine 4 ist, die für jemand anderen arbeitet und denkt: »Junge, ich kann das besser als mein Boss«, dann schlage ich ihr vor, dieses Können einfach anderen Menschen beizubringen. Sie wird dann finanziell unabhängig und findet endlich wahre Erfüllung.

Natürliche Partnerzahlen: 2, 4 und 8
Kompatible Zahlen: 7
Problemzahlen: 1, 3, 5 und 9

Oprah Winfrey ist mein Lieblingsbeispiel für eine 4. Die 4 ist die Lehrerzahl. Eine 4 besitzt einen unstillbaren Durst nach Wissen und ein gleichermaßen starkes Bedürfnis, anderen Menschen beim Lernen zu helfen. Wenn Oprah eine Frage stellt, dann weiß man, dass sie ebenso neugierig auf die Antwort ist wie ihr Publikum. Man könnte mit Fug und Recht behaupten, dass niemand mehr getan hat, Amerika zu erziehen, als Oprah. Durch ihren Buchclub, ihre Zeitschrift *O – The Oprah Magazine* und ihre Unterstützung der Karriere von Dr. Phil hat sie dem intellektuellen und moralischen Klima ihrer Zeit nachdrücklich ihren Stempel aufgedrückt. Ihre Talkshow ist ein Klassenzimmer: Wir, das Publikum, sind die Schüler und wenn wir den Fernseher einschalten, treten wir gewissermaßen vor die Lehrerin. Wie jede kluge 4 hat Oprah Winfrey es geschafft, ein gewaltiges Vermögen anzuhäufen und damit auf lange Sicht ihre finanzielle Stabilität zu sichern.

Lebensaufgabe »5«: Der Abenteurer

Hindernisse sind diese grässlichen Dinge, die man sieht, wenn man den Blick von seinem Ziel abwendet. Anonym

Menschen mit der Lebensaufgabenzahl 5 lieben Freiheit, Spaß und Abenteuer. Sie lieben auch die Abwechslung; unter Umständen nehmen sie jeden Tag einen anderen Weg zur Arbeit, weil sie sich ansonsten langweilen. Diese Schwingung braucht ständig neue Stimulation. Sie liebt die Leidenschaft. Flucht heißt das Spiel der 5: Von allen Lebensaufgabenzahlen ist es am ehesten die 5, die sich durch Flucht entziehen will – sei es durch Sex, Essen, Drogen, Alkohol, Reisen oder Überarbeitung.

Die durchschnittliche männliche 5 heiratet keinesfalls früh und wenn sie es irgendwann doch tut, geht sie den Bund der Ehe oft noch mehr als einmal ein. Die erste Ehe ist häufig nur von kurzer Dauer, weil sich die männliche 5 nicht angebunden fühlen will. Dieser Mann braucht das Gefühl, in seiner eigenen Welt zu leben, und wenn sich eine Frau zu sehr an ihn klammert oder zu viele Ansprüche an ihn stellt, hat er das Gefühl zu ersticken. Das trifft auch auf die weibliche 5 zu. Sie kann Männer, die klammern, nicht ertragen. Die Botschaft einer solchen Frau ist einfach: »Gängele mich ja nicht.« Doch wer der 5 genug Freiraum lässt, zu dem kehrt sie so gut wie immer zurück.

Bei dieser Lebensaufgabenzahl dreht sich alles um die Sinne. Alles muss genau richtig schmecken, gut riechen, hübsch aussehen und sich angenehm anfühlen, sonst ist die 5 nicht glücklich. Das trifft auch auf ihr Aussehen zu: Die 5 ist gern attraktiv. In der Numerologie ähneln sich die 3 und die 5, denn beide sind »allzeit bereit« – Frisur, Kleidung und Make-up sind stets perfekt.

Die 5 ist auch der geborene Detektiv. Sie liebt es herauszufinden, was geschehen ist und alles Wissenswerte in Erfahrung zu bringen. Wenn sie glaubt, dass jemand nicht ehrlich ist, wird sie nicht ruhen, bis sie die Wahrheit aufgedeckt hat. Sie schätzt das Gefühl nicht, im Ungewissen gelassen zu werden.

Menschen mit dieser Lebensaufgabenzahl verstehen es, das Leben zu feiern. Die typische 5 liebt Weihnachten, Thanksgiving, Hannukkah und jeden anderen Feiertag, den der Kalender zu bieten hat. Es gefällt ihr, jedes Fest schön und aufregend zu gestalten. Die 5 gibt von Natur aus gern und verschenkt lieber das perfekte Geschenk als es selbst zu bekommen. Ich sage oft, dass die 5, wenn man ihr eine Dankeskarte zukommen lässt, am liebsten eine Dankeskarte für die Dankeskarte schreiben würde! Die 5 verfasst großartige Briefe und ist ein Experte im Hinterlassen von Nachrichten auf Ihrem Anrufbeantworter, bei denen Sie am liebsten sofort zurückrufen würden. Die 5 teilt gerade so viel mit, dass Ihre Neugier geweckt ist.

Was die Karriere betrifft, so eignet sich die 5 als Fotojournalist, Pilot, Stewardess, Reisebüroinhaber, Reiseleiter, Kreuzfahrtorganisator – alles, was mit Reisen zu tun hat. Ich bezweifle, dass es eine 5 auf diesem Planeten gibt, die nicht an der Verlosung eines Flugtickets teilnehmen würde. Ständig planen Menschen mit dieser Lebensaufgabenzahl eine Reise nach Übersee, an irgendeinen tropischen oder aufregenden Ort.

Es ist wichtig, dass sich die 5 hinauswagt und ihre Sehnsucht auslebt – sei es durch einen Beruf, den sie liebt, oder durch Reisen in alle Welt. Wenn sie ihre Energie und ihren Antrieb brachliegen lässt, kann sich ihr Leben allzu leicht in eine Seifenoper verwandeln. Ihre Theatralik führt zu Depressionen und einem Märtyrerkomplex. Wenn Sie eine 5 kennen, die das Gefühl hat, ihr Leben nicht frei bestimmen zu können, dann wissen Sie bereits, wie weltmeisterlich diese Person jammern und klagen kann.

Die abenteuerlustige 5 ist häufig unternehmerisch veranlagt und schätzt es gar nicht, sich der Autorität anderer beugen zu müssen. Da die 5 die angeborene Gabe der Gastfreundlichkeit besitzt, findet man sie oft in der Gastronomie und im Hotelgewerbe. Ein guter Beruf für die 5 ist Hochzeitsplaner oder Innenausstatter.

Doch die 5 besitzt auch eine wilde Seite, und sie wäre lieber tot, als sich zu langweilen. Häufig findet man die 5 unter Rockstars, Strippern und Casinobetreibern. Ich bin noch nie einer 5 begegnet, deren Leben nicht faszinierend gewesen wäre und die nicht weitaus mehr erlebt hätte, als normalerweise für ein Leben ausreicht. Die 5 ist auch ein Spieler. Wenn sie nicht um Geld spielt, geht sie Risiken im Leben ein.

Menschen mit dieser Lebensaufgabenzahl sind voller Mitgefühl. Jede 5, die einen Obdachlosen sieht, will seine Lebensgeschichte erfahren. Wenn sie auf eine Ungerechtigkeit stößt, ist sie zutiefst betroffen, auch wenn es mit ihr persönlich gar nichts zu tun hat.

Häufig flieht die 5 in die Welt der Bücher. Wenn sie ein Buch liest, leidet sie mit den Figuren mit. Natürlich ist das eine sichere und gesunde Form der Flucht. Ich habe auch herausgefunden, dass sich die 5 hervorragend für den Beruf des Romanschriftstellers eignet, da sie über eine lebhafte Fantasie verfügt. Wenn Sie ein Buch kaufen, das von einer 5 geschrieben wurde, werden Sie ganz in der imaginären Welt aufgehen, die sie erfunden hat, und nach der Lektüre des Buches warten Sie begierig auf den nächsten Band. J. K. Rowling, die Autorin der Harry-Potter-Romane, ist eine 5 – muss ich noch mehr sagen? Wie Sie sehen, liebt die 5 Fluchten aller Art. Wenn Sie eine 5 anbrüllen, hört sie sich das nicht an – sie blendet Sie aus. Möglicherweise schüttelt sie ablehnend den Kopf oder nickt zustimmend, aber in Wahrheit hat sie mental das Gebäude bereits verlassen.

Die 5 ist ruhelos und muss immer in Bewegung sein. Sie geht rasch Beziehungen ein und löst sie ebenso rasch wieder. Das Versprechen von Leidenschaft und Sex lockt sie von ihren Partnern weg. Ich warne meine Klienten immer davor, eine gesunde Beziehung nicht leichtfertig aufzugeben; häufig beendet die 5 eine Ehe und stellt Jahre später fest, dass es die beste Beziehung war, die sie je hatte.

Menschen mit dieser Lebensaufgabenzahl müssen ihr Leben leben, Spaß haben und die Vielfalt genießen, die das Leben zu bieten hat. Wenn Sie eine Beziehung zu einer 5 haben, rate ich Ihnen, der Versuchung zu widerstehen und nicht zu klammern. Wenn Ihre 5 einen Beruf ausübt, bei dem sie Sie von Zeit zu Zeit verlassen muss, dann lassen Sie sie gehen. Sie müssen sich nicht bedroht fühlen; vertrauen Sie einfach darauf, dass Sie geliebt werden. Und wenn Ihre 5 zurückkommt, werden Sie mehr Liebe und Wertschätzung erleben als je zuvor.

Natürliche Partnerzahlen: 1, 5 und 7
Kompatible Zahlen: 3 und 9
Problemzahlen: 2, 4 und 6
Neutrale Zahl: 8

Der Modedesigner *Bob Mackie* ist ein sehr gutes Beispiel für eine 5. Mackie hat einige der märchenhaftesten Frauen der Welt für Oscar- oder Golden-Globe-Verleihungen angekleidet – eine perfekte Karriere für eine 5, die sich immer wünscht, die Welt und alle Menschen darauf *fabelhaft* aussehen zu lassen. Die 5 ermutigt ihr Umfeld, sich besonders anzustrengen, um mehr

Schönheit in die Welt zu tragen – sei es durch die Frisur, das Make-up oder durch ihre Inneneinrichtung. Wenn Sie ein Kleidungsstück von Bob Mackie tragen, sind Sie bereit zu feiern – und das passt zur 5, der Zahl, die das Leben wahrhaft zu feiern versteht. Es überrascht daher nicht, dass Mackie kürzlich seine Produktpalette erweitert hat und nun auch Parfums und Möbelstücke anbietet, denn die 5 ist immer in Bewegung und probiert Neues aus. Doch gleichgültig, an welcher Kreation Bob Mackie gerade feilt, das Ziel bleibt stets dasselbe: die Welt zu einem schöneren Ort zu machen. Dafür setzt er seine Kreativität ein und arbeitet unermüdlich – genauso will es die 5 haben.

Lebensaufgabe »6«: Der Ernährer

Als ich ein Kind war, sagte meine Mutter zu mir: »Solltest du einmal Soldat werden, dann wirst du General. Solltest du Mönch werden, bist du am Ende der Papst.« Stattdessen entschied ich mich dafür, Maler zu werden – und wurde Picasso.
Pablo Picasso

Menschen mit der Lebensaufgabenzahl 6 sind die geborenen Eltern und betrachten andere mit einem mütterlichen beziehungsweise väterlichen Blick. Für eine 6 gehören Liebe und Ehe so zusammen wie Pferd und Reiter.

Die 6 besitzt das Wesen eines geborenen Ernährers. Wenn sie keine Kinder bekommen kann, wird sie höchstwahrscheinlich Schulkinder unterrichten – oder ein großes Unternehmen leiten und ihre *Angestellten* wie Kinder behandeln! Wenn sich eine weibliche 6 scheiden lässt, taucht sie oft ganz in das Leben ihrer Kinder ein, und es fällt ihr schwer, sie jemals wie Erwachsene zu behandeln. Für sie bleiben ihr Sohn oder ihre Tochter ewig Kinder. Natürlich treffe ich hin und wieder auf einen Mann mit der Lebensaufgabenzahl 6, der mir erklärt, dass er keine Kinder will. Wenn ich das höre, frage ich ihn automatisch, ob er Haustiere hält. Dann strahlt er wie ein stolzer Vater und erzählt mir alles über seinen Hund, seine Katze, sein Pferd. Ich lege jeder 6 da draußen, die kein Kind haben möchte, nachdrücklich ans Herz, sich ein Haustier zu suchen, das sie lieben und im Arm halten kann. Sie werden nicht glauben, was das in Ihrem Leben für einen Unterschied macht!

Was die Liebesbeziehungen der 6 anbelangt, so überrascht es nicht, dass eine weibliche 6, vor allem wenn sie keine eigenen Kinder will, oftmals Männer anzieht, die sich wie kleine Jungs benehmen. Die männliche 6 dagegen zieht Frauen an, die sich wie eine Maid in Not verhalten. Doch auch außerhalb der Ehe geht der 6 häuslicher Friede über alles. Wenn sie mit jemandem zusammen ist, der häufig wütend wird oder ganz allgemein für reichlich Unbehagen sorgt – vor allem in Gegenwart von Kindern –, beschließt sie für gewöhnlich, lieber allein zu sein als weiter mit diesem Menschen zusammenzubleiben.

Eine 6 muss Wege finden, ihre kreativen Energien auszuleben. Kunst, Musik und Lyrik bieten sich da an. Wenn sich eine 6 nicht beschäftigt hält, verzettelt sie sich leicht in Trivialitäten – beispielsweise Klatsch und Tratsch oder die ständige Neugestaltung der Wohnungseinrichtung –, nur weil sie sich langweilt. Da die 6 fest an die Kraft der Familie glaubt, verbringt sie ihre Zeit lieber mit dem Ehepartner als mit Freunden, wenn sie glücklich verheiratet ist.

Entscheidet sich die 6 gegen eine eigene Familie, wird ihr Arbeitsplatz zu ihrem Heim und ihre Angestellten oder Kollegen werden ihre Familie. Menschen mit der Lebensaufgabenzahl 6

Lebensaufgabe »6«: Der Ernährer

verhalten sich im Büro ebenso mütterlich beziehungsweise väterlich wie innerhalb der Familie.

Es sind magnetische Persönlichkeiten. Für gewöhnlich sind sie körperlich attraktiv, aber da ist noch mehr – sie strahlen eine Kraft aus, die man nur schwer ignorieren kann. Die 6 muss ihr eigener Herr sein; für andere zu arbeiten fällt ihr nie leicht.

Gedanken und Worte üben eine große Macht auf alle Lebensaufgabenzahlen aus, aber für die 6 können sie sich als besonders problematisch erweisen. Da die 6 dazu geboren ist, Mutter beziehungsweise Vater zu sein, sorgt sie sich in erster Linie um eine geregelte Zukunft. Häufig bedeutet das, dass eine weibliche 6 sich sagt, sie könne sich auch allein durchschlagen, wenn die Umstände es erfordern. Sagt sich das eine verheiratete Frau, ist sie oft in Nullkommanichts geschieden. Und ja, sie kann sich um ihren Lebensunterhalt kümmern und es auch auf sich gestellt schaffen, aber plötzlich ist sie allein, obwohl sie das gar nicht sein müsste. Gedanken haben große Macht und ziehen das an, woran wir glauben, darum rate ich der 6 stets, solche Dinge niemals auszusprechen. Wie schon Hiob in der Bibel klagte: »Was ich gefürchtet habe, ist über mich gekommen.«

Das erlebe ich immer wieder. Eine Klientin mit der Lebensaufgabenzahl 6 erzählte mir, dass jeder Mann, auf den sie sich jemals eingelassen hatte, sie betrog. Tja, allein schon, weil sie regelmäßig darüber nachdachte, war mir klar, dass sie Männer anzog, die sie betrügen würden. Sie entschied sich nicht bewusst dafür, aber es war die unmittelbare Folge ihres eingeschränkten Glaubens.

Die 6 braucht Harmonie. Leider vergisst sie oft, dass sie erst mit ihrer eigenen Unglückseligkeit zurechtkommen muss, bevor sie das Leben anderer zurechtrücken kann. Wenn die 6 in Schwierigkeiten steckt, muss sie nur die Stimme erheben und laut sagen, was sie empfindet.

Die 6 fühlt sich überall zu Hause. Sie ist der geborene Innenausstatter und richtet ihr Heim öfter neu ein, damit es genau richtig ist. Wenn die 6 im Haus eines anderen Menschen leben muss, füllt sie das nicht aus.

Meiner Beobachtung nach taucht der wache Geruchssinn einer weiblichen 6 immer wieder im Gespräch auf. Häufig kann sie kein Parfüm tragen, weil der Duft zu überwältigend für sie ist. Sie ist sehr eigen, was Parfüms und Lotionen angeht – hinsichtlich ihrer eigenen, aber auch der Menschen ihres Umfelds. Wenn jemand in einem Gebäude raucht, kann die 6 es noch auf der anderen Seite des Flures riechen. Einer Klientin, die jeden Tag auf einer bestimmten Straße zum Walken ging, fiel ein unerträglicher Geruch auf. Es kam so weit, dass sie ihre Route in ein anderes Stadtviertel verlegen musste. Zwei Monate später entdeckte die Polizei eine Leiche in einem geparkten Wagen in ihrem alten Walking-Viertel – die 6 hatte den verrottenden Körper nur zwei Tage nach dem Mord riechen können.

Wenn Ihr Kind eine 6 ist, werden Sie wahrscheinlich feststellen, dass es so tut, als wären *Sie* sein Kind. Nehmen Sie es nicht persönlich; spielen Sie einfach mit und bieten Sie ihm die Möglichkeit, seine fürsorglichen Wesenszüge auszuleben, indem Sie ihm beispielsweise ein Haustier schenken. Kinder mit der Lebensaufgabenzahl 6 mögen vielleicht nicht einsehen, dass Sie älter und weiser sind, aber sie sind dynamisch und werden Großes leisten, wenn Sie sie unterstützen.

Der perfekte Tag für eine 6 wäre gekommen, wenn die Menschen in ihrem Leben auf die Knie fielen und sagten: »Ich bin deiner nicht wert.« Na schön, vielleicht nicht ganz so dramatisch, aber es stimmt, dass eine 6 keine Kritik verträgt. Wenn Sie eine 6 in Ihrem Leben haben, müssen Sie einen Weg finden, ihr erst ein Kompliment zu zollen, bevor sie eine konstruktive Kritik äußern. Wenn die 6 ein Kind ist, könnten Sie sagen: »He, dein Zimmer sieht echt gut aus. Du hast aufgeräumt. Ich bin richtig stolz auf dich.« Erst dann können Sie Ihr eigentliches Ziel verfolgen. Sollte Mathematik das Problem sein, sagen Sie: »Könntest du vielleicht etwas mehr Mathe lernen?« Wenn Sie das Kind zuerst loben, ist es aufnahmebereiter – und hört dem auch zu, was Sie zu sagen haben. (Eigentlich empfehle ich diese Technik für alle Lebensaufgabenzahlen.) Es gibt einige Zahlen, die einfach verbal mit dem Negativen herausplatzen, das sie empfinden, und das verletzt die Menschen. Ich weiß, es ist nur selten Absicht. Die meisten von uns versuchen wirklich nur, einander zu helfen, und dabei stehen unsere Verteidigungsmechanismen wahrer Kommunikation im Weg. Wenn Sie zuerst ein Kompliment zollen, können Sie offener kommunizieren, weil die anderen Ihnen dann wirklich zuhören.

Was Freundschaften betrifft, so ist die 6 loyal und vertrauenswürdig; was Sie einer 6 anvertrauen, das bleibt ihr Geheimnis. Die 6 wird Ihr Vertrauen nur dann hintergehen, wenn sie auf der negativen Seite der Zahl lebt. Verrät die 6 Sie allerdings und wird später damit konfrontiert, fühlt sie sich schlechter als Sie. Die 6 wird so lange um Ihre Vergebung bitten, bis Sie beschließen, sie wieder in Ihr Leben zu lassen. Wenn Sie der 6 jedoch nicht vergeben, wird sie immer mit dem Schmerz leben, Sie enttäuscht zu haben. Ein Treuebruch läuft der Essenz der 6 zuwider.

Sollten Sie eine 6 sein, so rate ich Ihnen, vertrauliche Informationen nicht weiterzugeben, da ein solches Verhalten einen Bumerangeffekt auf Ihr Leben hätte. Schließlich erwarten Sie als 6 von anderen Menschen ja auch, dass sie Ihre Privatsphäre respektieren – Vertraulichkeit ist Ihnen sehr wichtig. Denken Sie an die goldene Regel und tun Sie anderen nichts an, was man Ihnen auch nicht antun sollte.

Geeignete Berufe für die 6 sind Innenausstatter, Immobilienhändler, Berufs- oder Studienberater und Designer von Grußkarten. Die 6 tut sich auch als Haarstylist oder Visagist hervor. Oft ist die 6 kreativ begabt und wenn das auch auf Sie zutrifft, dann freuen Sie sich und arbeiten Sie auf jeden Fall mit diesem Talent. Viele Menschen mit der Lebensaufgabenzahl 6 sind auf der Bühne oder in der Musik tätig, wo sie entweder ein Instrument spielen oder singen.

In einer Beziehung kann man dem anderen nur eine bestimmte Menge Raum geben – und die 6 versucht häufig, die Grenzen zu verschieben. Infolgedessen stellt die 6 andere gern auf ein Podest. Unglücklicherweise wird jeder, der auf einem Podest steht, irgendwann herunterfallen. Dann fühlt sich die 6 betrogen und betrachtet sich als Märtyrer. Eines der großen Talente der 6 ist die Fähigkeit, anderen Schuldgefühle einzuimpfen.

Wenn die 6 glaubt, dass sie einen Großteil der Last einer Beziehung trägt, wird sie die Beziehung abrupt beenden – und ihr Partner fragt sich, was denn nur falsch gelaufen sein mag. Aus diesem Grund darf die 6 nicht zu lange damit warten, ihre Gefühle zum Ausdruck zu bringen. Ich rate der 6 angelegentlich, ihre Kommunikationsleitungen offen zu halten, bevor es zu spät ist. Ihre plötzlichen Wutausbrüche können den Empfänger zutiefst vor den Kopf stoßen und führen oft zum Niedergang der Beziehung. Wenn eine 6 unglücklich ist, dann ist niemand im Raum glücklich. Allen am Tisch wird ein wenig übel, wenn sie einen Truthahn essen müssen, den eine unglückliche 6 in den Ofen geschoben hat.

Interessanterweise trauen viele Menschen der 6 großes Mitgefühl zu, aber wenn die 6 beschließt, Sie nicht zu mögen, oder wenn sie sich in einer bestimmten Umgebung unwohl fühlt, wird die Atmosphäre so eisig, dass selbst die dickhäutigsten

Personen frösteln. So viel Macht hat die 6. Und die 6 hat auch *immer* eine Meinung.

Eine 6 glaubt fest, dass man selbst tun muss, was man erledigt sehen will. Sie macht daher nicht nur ihre eigene Arbeit, sondern auch die aller anderen! Die 6 hat oft das Gefühl, zu hart zu arbeiten, und doch gibt ihr die viele Arbeit das Gefühl, unentbehrlich zu sein. Sie muss lernen, sich zurückzunehmen und darauf zu vertrauen, dass die anderen ihre Aufgaben allein erledigen können, und die Arbeit am Ende getan sein wird. Sonst kann ihre intensive Anstrengung ins Auge gehen und die anderen nehmen es ihr übel. Ich rate der 6: »Entspanne dich – du bist eine machtvolle Zahl und du musst dich wirklich nicht so ins Zeug legen.«

Natürliche Partnerzahlen: 3, 6 und 9
Kompatible Zahlen: 2, 4 und 8
Problemzahlen: 1, 5 und 7

Rosie O'Donnell ist ein gutes Beispiel für einen Menschen mit der Lebensaufgabenzahl 6. Eine weibliche 6 hat oft das Bedürfnis, Mutter zu werden. Das war auch der Fall bei Rosie O'Donnell, die gleich mehrere Kinder adoptierte und deren Liebe zu Kindern sich auch in ihrer Arbeit als Talkshowmoderatorin widerspiegelt. Unablässig setzt sie sich für bessere Adoptionsgesetze ein, um zu erreichen, dass mehr Menschen die Möglichkeit haben, Kinder zu finden, die sie lieben können. Andererseits hat die 6 auch gern das Sagen. Rosie traf in ihrer Show stets ihre eigenen Entscheidungen und konnte in sechs Jahren genau sechs Emmys mit nach Hause nehmen. Der Rechtsstreit um ihre Zeitschrift *Rosie* kam zustande, weil sie das Gefühl hatte, sich im redaktionellen Prozess nicht genug einbringen zu können. Dinge wurden ohne ihre Erlaubnis getan und sie hatte das Gefühl, nicht genug Kontrolle ausüben zu können, also legte sie ihren Job nieder. Die 6 wird nie zulassen, dass man ihr Worte in den Mund legt!

Manch einer vermutete, dass dieses Debakel Rosies gesamtes Vermögen aufzehren würde, aber sie hörte nicht auf andere, sondern beharrte darauf, dass am Ende die Wahrheit siegen würde. Letztendlich gab ihr der Richter Recht und entschied, dass sie dem Zeitungsverlag kein Geld schuldete. Rosie fühlte sich bestätigt – die Kraft der 6 hatte sie nicht im Stich gelassen.

Lebensaufgabe »7«: Der Glaubenssucher

Es scheint tatsächlich einen Plan zu geben.
Albert Einstein

Menschen mit der Lebensaufgabenzahl 7 sind hier, um ihren Glauben zu finden. Solange die 7 keinen Glauben hat, kann sie nicht wahrhaft glücklich sein. Das bedeutet nicht unbedingt, dass sie sich einer organisierten Religionsgemeinschaft anschließen muss – Glaube kann viele Formen annehmen. Aber die 7 ist offensichtlich von einer spirituellen Energie umgeben. Wenn Ihr Kind eine 7 ist, wird Ihnen bestimmt schon aufgefallen sein, wie sehr es im Schlaf einem Engel gleicht. Zum Glück für all jene von uns, die eine 7 in ihrem Leben haben, strahlt die 7 diese herrliche Energie auch noch als Erwachsener aus.

Ich glaube fest daran, dass es auf diesem Planeten zwei Arten von Menschen gibt: jene, die Gott danken, und jene, die sich für Gott halten. Das trifft auf die 7 mehr als auf jede andere Lebensaufgabenzahl zu. Die 7 braucht ein solides spirituelles Fundament. Wenn die 7 nicht an eine höhere Macht glaubt oder wenn sie den Sinn des Lebens in Frage stellt, kann ihre Gegenwart unglaublich anstrengend sein. Sie wird in diesem Fall auch versuchen, sich durch Flucht zu entziehen: Wenn die 7 vom Weg abkommt, dann fühlt sie sich wie die 5 zu Drogen, Alkohol, Sex, Reisen und Überarbeitung hingezogen.

Ich pflege gern zu scherzen, dass sich die 7 nur besuchsweise auf diesem Planeten befindet, weil sie ganz eindeutig nicht von hier *stammt*. Ich glaube, Menschen mit der Lebensaufgabenzahl 7 beobachten uns andere und sind sich nicht ganz sicher, was uns antreibt. Jedes Jahr aufs Neue hat eine erstaunliche Anzahl von Oscar-nominierten Regisseuren – Menschen, die das Leben in Kunst verwandeln – die Lebensaufgabenzahl 7. Die 7 gibt auch großartige Philosophen ab. Kein Wunder, dass Leonard Nimoy, der in der Serie *Raumschiff Enterprise* die Rolle des Spock spielte, eine 7 ist.

In vielen alten wie neuen Kulturen gilt die Zahl 7 als magisch. Menschen mit der Lebensaufgabenzahl 7 haben oft mediale Fähigkeiten, und es ist wichtig, dass sie sich genug Zeit für sich selbst nehmen, um wieder zu ihrer Mitte zu finden. Die Fähigkeit, über das Übliche hinauszusehen, kann eine Last sein, aber Meditation hilft der 7, ihre Gabe weise einzusetzen. Die größten spirituellen Durchbrüche gelingen der 7 normalerweise, wenn sie allein ist – auch allein mit der Natur. Wie schon Pythagoras sagte: »Wer Weisheit sucht, sollte in der Einsamkeit nach ihr Ausschau halten.«

Im Alten Testament heißt es, dass Gott am siebten Tage ruhte. Den Menschen wurde auferlegt, am siebten Tag ebenfalls zu ruhen. Orthodoxe Juden halten sich strikt an dieses Gebot und zünden am Sabbat nicht einmal ein Feuer an.

In gesunden, liebevollen Beziehungen ist die 7 absolut loyal, ehrlich und offen. Trotzdem hat die 7 bisweilen ein Problem damit, »Ich liebe dich« zu sagen oder den Partner zu loben. Das liegt in der Angst begründet, der geliebte Partner könnte erkennen, dass er zu gut für die 7 ist, und sie dann verlassen. Ironischerweise wird die 7 tatsächlich oft verlassen, allerdings weil sich ihr Partner gering geschätzt und vernachlässigt fühlt.

Andererseits werden Sie es auf jeden Fall mitbekommen, wenn die 7 Sie nicht mag, denn das wird sie Ihnen mitteilen – und das ist wahrlich kein Vergnügen, denn die 7 hat eine mörderische Zunge. Sie besitzt auch eine mentale Stahltür, wie ich es nenne. Wenn die 7 beschließt, dass sie Sie nicht in ihrem Leben haben will, dann fällt diese Tür ins Schloss und das ist dann das Ende Ihrer Beziehung.

Die 7 liebt die Schönheit der Natur. Flüsse, Ozeane, Seen – alle Gewässer helfen der 7, zu sich selbst zu finden. Und das ist wichtig, denn die 7 grübelt meist zu viel. Sie liebt die Berge, den Schnee, Blumen, Pflanzen im Allgemeinen und sogar das Gras. Sie hat eine wunderbare Affinität zu den einfachen Dingen. Da sie die Bedürfnisse und Wünsche der Menschen oft nicht versteht, sehnt sie sich häufig nach der bedingungslosen Liebe, die ihr ein Schoßtier schenken kann.

Die 7 ist ein überaus kluger, intelligenter und konzentrierter Mensch. Ebenso wie die 4 neigt die 7 dazu, jede Situation bis ins letzte Detail zu analysieren. Wenn sie einen Raum betritt, fallen ihr sämtliche Einzelheiten sofort auf. (Daher gibt die 7 auch sehr gute Schriftsteller ab.) Die 7 kann gut als Computerexperte oder Wissenschaftler arbeiten – in jedem Beruf, der mit Technik zu tun hat. Die 7 ist auch ganz groß im Entdecken von Dingen. Es würde mich nicht überraschen, wenn eine 7 das Heilmittel für **AIDS** findet. Häufig löst die 7 schwierige Probleme, ohne genau wissen, woher ihr die Antwort auf das Problem zugeflogen ist. Ich glaube, das liegt daran, dass die 7, die auf der positiven Seite ihrer Zahl lebt, enger mit Gott verbunden ist als alle anderen Lebensaufgabenzahlen.

Interessanterweise umgibt sich die 7 gern mit einer Aura der Geheimhaltung und tut alles, um sich diese geheimnisvolle Aura zu bewahren. Je mehr Neugierde man zeigt, je mehr Fragen man stellt, desto mehr kapselt sich die 7 ein. Sie schließt andere gern aus. Selbst innerhalb der Ehe sieht es einer 7 ähnlich, in einem getrennten Bett oder gar einem eigenen Zimmer zu schlafen. Das ist nicht als Beleidigung gegenüber dem Partner gedacht, die 7 braucht einfach ihren Freiraum. Wenn Sie eine Beziehung zu einer 7 haben, dann nehmen Sie es nicht persönlich, wenn Ihr Partner still und in sich gekehrt ist. Die 7 braucht Zeit, um all ihre Gedanken und Ideen zu sortieren und zu bewerten.

Menschen mit dieser Schwingung müssen hart arbeiten. Arbeit ist ihre Leidenschaft, und sie werfen sich mit ganzem Einsatz hinein, denn das vermittelt ihnen das Gefühl, die Kontrolle über ihre Arbeitsumgebung zu haben. Die 7 eignet sich zum Psychologen und Psychiater – Hauptsache, es hat mit der Erforschung des Geistes zu tun. Sie besitzt mediale Fähigkeiten, also kann sie auch in Numerologie, Astrologie und Tarot Großes leisten. Sie ist auch der geborene Redner. Die 7 sucht sich das nicht aus, es kommt von allein auf sie zu: Wenn sie spricht, wollen ihr die Menschen zuhören. Andere kompatible Berufe finden sich rund um die Geheimnisse der Natur: in der Ozeanographie, Astronomie, Biologie und Geologie.

Ich möchte auch noch erwähnen, dass die 7 unter dem Peter-Pan-Syndrom leidet. In vielerlei Hinsicht bleibt sie ihr Leben lang ein Kind. Umgekehrt weisen die Eltern eines Kindes mit der Lebensaufgabenzahl 7 oft darauf hin, dass ihr Kind eine alte Seele haben müsse. Wenn eine junge 7 etwas sagt, das man ihrem Alter gar nicht zutrauen würde, dann verwerfen Sie das nicht gleich: Die 7 besitzt eine ungeheure Weisheit und Einsicht. Hören Sie also einem Kind mit der Lebensaufgabenzahl 7 genau zu. Es verfügt über große Intuition und könnte Dinge sehen, die Ihnen verschlossen sind – die Sie aber wissen sollten.

Häufig wird die 7 missverstanden, weil diese Schwingung anderen Menschen das Gefühl vermittelt, angeprangert zu werden. Viele halten die 7 für kalt oder distanziert, aber ich kann Ihnen versichern, dass die 7 deshalb so zurückhaltend wirkt, weil sie die Welt einfach nur beobachtet.

Natürliche Partnerzahlen: 1, 5 und 7
Kompatible Zahlen: 4
Problemzahlen: 2, 3, 6, 8 und 9

Mel Gibson ist eine echte Fallstudie für die Lebensaufgabenzahl 7. Wir können eine 7 nie vollständig verstehen. Mel Gibson ist seit vielen Jahren ein Superstar, doch wer kennt ihn schon wirklich? Wir wissen natürlich, dass er eine riesige Familie hat, aber wir haben seine Kinder oder seine Frau nie in Zeitschriften oder Fernsehinterviews gesehen. Sein Privatleben ist privat, ganz typisch für eine 7. Außerdem ist Mel überzeugter Katholik – das stimmt mit der spirituellen 7 überein. Sein Glaube brachte ihn dazu, den umstrittenen Film *Die Passion Christi* zu produzieren und bei diesem Film auch Regie zu führen. Rene Russo wurde in *Entertainment Weekly* mit den Worten zitiert: »Mel hat immer schon nach Gott gesucht. Unsere Gespräche drehten sich stets um die Fragen ›Wo findet sich die Wahrheit? Wohin soll ich von hier aus gehen, Gott? Wir sind auf dem Gipfel – was gibt es noch?‹« Genau das sind die Fragen, die sich eine 7 ständig stellt, und aus diesem Grund sah sich Mel Gibson förmlich gezwungen, diesen riskanten Film zu drehen. (Mehr über Mel finden Sie im Kapitel »Namensgebung nach Zahlen« auf Seite 275ff.)

Die Besessenheit mit der 7

Name: Lady Diana
Seele = 1, Persönlichkeit = 7, Powername = 8
Geburtsdatum: 1.7.1961
Geburtstag = 1, Lebensaufgabe = 7
Dianas Primärzahlen lauten: 17817. Ihre Einstellungszahl ist die 8.

Name: Marilyn Monroe
Seele = 7, Persönlichkeit = 3, Powername = 1
Geburtsdatum: 1.6.1926
Geburtstag = 1, Lebensaufgabe = 7
Marilyns Primärzahlen lauten: 73117. Ihre Einstellungszahl ist die 7.

Die Öffentlichkeit war immer schon besessen von Lady Diana und Marilyn Monroe. Lassen Sie uns herausfinden, warum das so ist. Wenn wir die numerologische Tabelle eines Menschen betrachten, sind die Geburtstagszahlen die wichtigsten, denn die können sich nicht ändern. In beiden Fällen ist die Geburtszahl die 1 und die Lebensaufgabenzahl die 7. Insgesamt haben Diana und Marilyn vier Zahlen gemeinsam, was sie numerologisch gesehen sehr ähnlich macht.

Das bestätigt sich schon mit einem oberflächlichen Blick auf ihrer beider Leben. Lady Diana wurde von einer Reihe von Kinderschwestern erzogen. Ihre Eltern trennten sich, als Diana sechs Jahre alt war, und sie wurde daraufhin ins Internat geschickt. Marilyn erfuhr nie, wer ihr Vater war. Mit sechs Jahren wurde sie von einem Bekannten ihrer Familie missbraucht. Von da an verbrachte Marilyn ihre Kindheit in Waisenhäusern und Pflegefamilien. Aufgrund dieser unbeständigen frühen Kindheit sehnten sich beide Frauen nach einer liebevollen Umgebung, in der sie sich wirklich zu Hause fühlen konnten.

Interessanterweise hatten beide im Alter von sechzehn Jahren eine schicksalhafte Begegnung, die ihre Zukunft bestimmte. Marilyn heiratete ihren ersten Ehemann und Lady Diana traf zum ersten Mal ihren späteren Ehemann, Prinz Charles. In ihrem Leben litten beide oft unter Liebeskummer, was die Medien weidlich ausschlachteten. Marilyn heiratete drei Mal und Lady Diana durchlebte eine höllische Beziehung zu Prinz Charles, der sie von Anfang an mit Camilla Parker Bowles betrog. Obwohl sie mit ihm verheiratet blieb, verliebte sie sich in andere Männer und wurde von diesen betrogen und zutiefst verletzt. Sowohl Diana als auch Marilyn hungerten nach dauerhafter Liebe, die jedoch keine von beiden jemals fand.

Wenn man sich ihre Tabellen ansieht, entdeckt man, dass beide eine doppelte 1 haben. Die negative Seite dieser Energie fördert Unsicherheit und eine innere Stimme, die ihnen zuflüstert: »Du bist nicht gut genug.« Lady Dianas schwere Bulimie und Marilyn Monroes Alkohol- und Tablettensucht sind genau die Art von zerstörerischen Verhaltensmustern, mit denen diese negative innere Stimme häufig zum Verstummen gebracht werden soll.

Beide Frauen starben an einem Sonntag im August (am siebten Tag der Woche) und das drei Monate, bevor sie 36 Jahre alt wurden. Beide standen auf dem Höhepunkt ihres Lebens – auf dem Gipfel ihres Ruhms und ihrer Schönheit. Beide verließen diese Welt unter mysteriösen Umständen. Lady Diana starb bei einem Autounfall, Marilyn Monroe an einer Überdosis. Die Öffentlichkeit fand beide Male, dass an ihrem Ableben etwas nicht stimmig zu sein schien. Bei beiden Frauen gibt es jeweils zwei Theorien. In Dianas Fall lautete die offizielle Erklärung, dass der Fahrer von Lady Dianas Wagen unter Alkohol- und Tabletteneinfluss stand und die Kontrolle über das Fahrzeug verlor. Viele glaubten jedoch, dass ihr Tod die Folge eines Anschlags war. Die Monarchie sei entsetzt gewesen angesichts der Möglichkeit, dass Lady Diana einen Muslim heiraten und dadurch die Queen kompromittieren könnte, die ja auch das Oberhaupt der Kirche von England ist. Vor kurzem wurden Briefe gefunden, die anscheinend Dianas Ehemann Charles belasten. Natürlich kann nichts davon glaubhaft bewiesen werden, aber die Menschen wollen ihre Prinzessin nicht kampflos aufgeben.

Im Fall von Marilyn lautete die offizielle Erklärung, dass sie entweder zu viel getrunken, zu viele Tabletten geschluckt oder sich einfach in der Dosis vertan hatte. Es wurden Mutmaßungen laut, sie habe sich umgebracht, aber Marilyn schien es ziemlich gut zu gehen und ihre Freunde wiesen diesen Gedanken vehement von sich. Theorie Nummer zwei lautete, dass sie ein Tagebuch über ihre Affären mit John F. Kennedy und seinem Bruder Robert Kennedy geführt hätte. Der Kennedy-Clan fürchtete, sie würde eines Tages durch ihre Sucht dermaßen die Kontrolle verlieren, dass sie hochgeheime politische Informationen durchsickern lassen könnte. Die einzige Möglichkeit, das zu verhindern, bestand darin, einen Vorfall zu arrangieren, der wie »ein Unfall« aussah. Bis heute gibt es immer wieder neue Beweise und Theorien bezüglich des »wahren« Mörders der Monroe.

Warum interessiert uns das überhaupt so sehr? Was macht

diese beiden Frauen so unvergesslich? Beide haben die Lebensaufgabenzahl 7, und die 7 hat eine verlockende Aura des Geheimnisvollen. Andere berühmte Beispiele für die 7, die immer noch im Interesse der Öffentlichkeit stehen, sind John F. Kennedy Junior und John F. Kennedy Senior.

Die Öffentlichkeit verhält sich so, als seien diese beiden Frauen noch heute am Leben. Jedes Mal, wenn ein Artikel über Lady Diana oder Marilyn Monroe erscheint, kaufen die Leute wie wild die Zeitschrift, um das Neueste zu erfahren. Normalerweise wäre das ein ziemlich befremdliches Verhalten, aber aus numerologischer Sicht ist es absolut einleuchtend.

Lebensaufgabe »8«: Der Manager

Wer einmal mehr aufsteht, als er hinfällt, der hat es geschafft.
Chinesisches Sprichwort

Die große Aufgabe im Leben der 8 lautet, finanzielle Sicherheit zu schaffen. Das soll nicht heißen, dass die 8 materialistisch eingestellt wäre. Es ist nur so, dass Menschen mit der Lebensaufgabenzahl 8 die Freiheit brauchen, die sich aus stabilen finanziellen Verhältnissen ergibt. Es gefällt ihnen nicht, dass Geld so flüchtig sein kann, darum suchen sie nach Möglichkeiten, ständig neue Geldquellen aufzutun, damit sie nie ohne Geld dastehen. Aus diesem Grund sind viele Millionäre eine 8 – ohne dass sie je einen Cent davon ausgeben würden. Lieber horten sie ihr Geld auf der Bank, wo es sicher ist. Dann gibt es noch die andere 8: Wann immer sie zu Geld kommt, hat sie das Verlangen, sofort alles wieder auszugeben.

Für gewöhnlich fühlt sich die 8 von den schönen Dingen des

Lebens angezogen. Sie schätzt Qualität und hat oft attraktive Besitztümer – ein schönes Heim, ein großes Auto, schicke Kleider und so weiter. Ihr Besitz erinnert sie daran, dass sie finanziell alles unter Kontrolle hat.

Die 8 verfügt über hervorragende Führungseigenschaften und geht daher häufig in die Politik. Es ist eine Powerzahl und obwohl die 8 die Macht genießt, hofft sie auch, durch ihre Arbeit die Welt zum Besseren verändern zu können.

Die 8 ist der klassische Workaholic. Häufig bekomme ich von Frauen, die mit einer 8 verheiratet sind, zu hören, dass ihr Mann sich nicht um sie oder die Kinder kümmere; ihm sei nur die Arbeit wichtig. Ich kann ihnen genau sagen, was er denkt: »He, ich versuche doch nur, etwas zu erreichen, damit ich gut für meine Familie sorgen kann.« Das trifft auch auf Frauen mit der Lebensaufgabenzahl 8 zu; auch sie können sich allzu sehr in ihre Arbeit vergraben. Ich rate Klienten mit der Lebensaufgabenzahl 8, sich immer daran zu erinnern, für wen sie eigentlich so hart arbeiten! Sie müssen sich auch die Zeit nehmen, den Menschen in ihrem Leben genügend Aufmerksamkeit zu schenken.

Wie schon erwähnt besitzt die Lebensaufgabenzahl 8 eine duale Natur. Das zeigt schon die Zahl selbst: ein Kreis ruht auf einem anderen (8). Diese Zahl wird bisweilen als Symbol für Degeneration und Regeneration verstanden; wenn man die 8 auf die Seite dreht, wird sie zum Symbol für die Unendlichkeit (∞). Es überrascht daher nicht, dass bei dieser Zahl eine völlige Umkehr immer im Bereich des Möglichen liegt. Das kann auch sein Gutes haben. Wenn die 8 bei der Arbeit oder in einer persönlichen Beziehung eine weit reichende Entscheidung gefällt hat und nach der Hälfte des Weges erkennt, dass es die falsche Entscheidung war, dann ist es für sie in Ordnung, eine Kehrtwende einzulegen und die andere Richtung zu verfolgen. Genau das muss die 8 auch lernen: Anstatt dickköpfig in einer unguten Situation zu verharren, sollte sie sich bewusst machen, dass sie ihre Meinung auch einfach ändern kann.

Andererseits kann so eine Umkehr auch schief laufen. Die 8 gerät oft in schwierige Lebensphasen. Sie kann beispielsweise große Trauer erleben und Situationen, in denen sie sich zutiefst gedemütigt fühlt. Ein Beispiel hierfür bietet Martha Stewart. Sie hat hart gearbeitet, ein Vermögen angehäuft und ein einziger unseliger Schritt hat alles zum Einsturz gebracht. Wen wundert es, dass die falsche Entscheidung ausgerechnet im Bereich der Finanzen gefällt wurde – es kam gar nicht darauf an, dass sie nur einen Bruchteil ihres Gesamtvermögens verloren hatte; als typische 8 konnte sie den Gedanken eines finanziellen Verlustes einfach nicht ertragen, gleichgültig wie klein der Verlust war.

Die 8 feiert in ihrem Leben oft großartige Erfolge oder erlebt immense Misserfolge – häufig beides. Wenn die 8 sich fest auf ihr Ziel konzentriert, wird sie Erfolg haben. Dennoch sollte die 8 hin und wieder auch innehalten und an einer Rose riechen.

Häufig wird die 8 von anderen falsch verstanden. Um das zu vermeiden, sollte die 8 lernen, taktvoller zu sein. Für gewöhnlich platzt sie mit ihren Gedanken heraus, ohne ihre Bemerkungen für die Allgemeinheit aufzubereiten. Es passiert der 8 häufig, dass sie ihr Gegenüber schockiert, mit dem was sie sagt, weil die Bemerkung so verletzend war. Das wiederum schockt die 8: Sie hat doch nur die Wahrheit gesagt. Das Denken der 8 erfolgt in hohem Maße in Schwarz oder Weiß, mit wenig Platz für Grauzonen. Ich rufe Menschen mit der Lebensaufgabenzahl 8 oft ins Gedächtnis, dass nur wenige von uns die knallharte, kalte Wahrheit ertragen, ohne nicht wenigstens eine sanfte Einleitung zu bekommen. Das ist eine Kunst, die jede

Lebensaufgabenzahl beherrschen sollte, vor allem aber die 8. Sie kann trotzdem sagen, was sie denkt – nur sollte sie sich vorsehen, *wie* sie es sagt.

Die 8 hält Kampf und Hader für normale Bestandteile des Lebens, nur eines kann die 8 nicht verwinden: Untreue. Wenn ihr Partner sie betrügt, ist es für die 8 am besten, diesen Menschen gehen zu lassen. Es würde übernatürliche Anstrengungen von einer 8 erfordern, darüber hinwegzukommen. Selbst wenn die 8 bei ihrem Partner bleibt, würde sie ihm oder ihr nie wirklich verzeihen können.

Die 8 hat nicht viel Nachsicht für Menschen, die sich selbst bemitleiden. Eine 8, die jemand leiden sieht, erklärt höchstwahrscheinlich: »Es tut mir Leid, dass Ihnen das zugestoßen ist. Und jetzt hopp, wieder auf die Beine!« Das entbehrt nicht einer gewissen Ironie, weil die 8 sich selbst häufig als Opfer wahrnimmt. Das liegt daran, dass die 8 in dieser Welt nicht mit allzu viel durchkommt. Überschreitet die 8 die zulässige Höchstgeschwindigkeit um fünf Meilen und eine andere Lebensaufgabenzahl fährt sogar doppelt so schnell, dann wäre es doch die 8, die den Strafzettel bekommt. Das gehört zur Realität der 8. Der Schlüssel liegt darin, das zu akzeptieren, ohne in eine weinerliche »Niemand liebt mich«-Verfassung abzurutschen. Ich empfehle meinen Klienten, es mit Humor zu sehen. Lernen Sie, über das Leben zu lachen! Leihen Sie sich einen lustigen Film aus. Umgeben Sie sich mit amüsanten Menschen. Hören Sie sich Musik an, die Sie glücklich macht und bei der Sie sich entspannen können – Disco, Jazz, was immer Sie frei macht. Denken Sie daran, dass solche Härten für gewöhnlich bald wieder vorbeigehen. Das Leben ist gar nicht so erdrückend, wie es Ihnen im Moment vorkommt. Wer immer nur über Negatives nachdenkt, kann zutiefst depressiv werden – vor allem mit der Lebensaufgabenzahl 8. Ich will, dass Sie gesund bleiben, darum möchte ich Sie dazu ermutigen, so viel wie möglich zu lachen.

Die gute Nachricht lautet, dass die 8 ein Spätzünder ist. Sollten Sie eine 8 sein und denken, »Mein Gott, ich frage mich, ob ich nicht zu alt bin, um das zu tun, was ich will«, dann lassen Sie mich Ihnen sagen, dass Sie niemals zu alt sind. Solange Sie auf diesem Planeten wandeln, können Sie auch Ihre Träume verwirklichen.

Ich rate der 8 jedoch, auf ihre Gesundheit zu achten. Sie ist anfällig für Verletzungen, darum sollte sie besonders vorsichtig am Steuer und beim Sport sein. Jeden Augenblick voll konzentriert zu sein, ist da eine große Hilfe – ich glaube, viele Menschen mit der Lebensaufgabenzahl 8 gehen so in ihrer Arbeit und in ihren Tagträumen auf, dass sie manchmal nicht auf die kleinen Dinge achten, die zu körperlichem Stress und zu Schwierigkeiten führen.

Zu den Berufen, die für die 8 geeignet sind, gehören Bankier, Börsenhändler, Buchhalter, Büroleiter und Ingenieur. Die 8 gibt auch gute Firmenanwälte oder Richter ab. Viele betätigen sich als Hochzeitsplaner, Innenausstatter und/oder leiten eine wohltätige Organisation. Häufig verfügt die 8 über eine attraktive Erscheinung, darum ist der Beruf des Models oder des Schauspielers ebenfalls eine gute Berufswahl. Die Welt der Großkonzerne ist das natürliche Betätigungsfeld für eine 8. Sie kann beispielsweise einen Fernsehsender oder einen großen Zeitschriftenverlag leiten. Wenn die 8 eine 3, 6 oder 9 als Geburtszahl hat, dann führt sie ihre Berufswahl womöglich in die kreativen Künste, eventuell als Performancekünstler. Sollten Sie jedoch einen Traum haben, der sich völlig von den Berufen unterscheidet, die ich hier aufgelistet habe, dann machen Sie ihn wahr! Es ist *Ihr* Leben und Sie müssen das Beste daraus machen. Denken Sie immer daran: »Das Leben ist keine Probe.« Das Heute ist ein Geschenk. Als 8 planen Sie stets für die Zukunft. Aber wer weiß denn, ob diese Zukunft jemals eintritt? Sie haben nur das Heute – genießen Sie es!

Natürliche Partnerzahlen: 2, 4 und 8
Kompatible Zahlen: 5 (geschäftlich), 6
Problemzahlen: 1, 3, 7 und 9

Das Model *Cindy Crawford* ist eine wunderschöne 8, die ihre Aktivposten zu einer bemerkenswerten Karriere ausgebaut hat. Der 8 ist ihr körperliches Erscheinungsbild wichtig. Cindy hat die Schönheit zu ihrer Lebensaufgabe gemacht. Aber Cindy besitzt auch einen killermäßigen Sinn fürs Geschäftliche, der ihr und ihren Lieben eine solide finanzielle Grundlage ermöglicht hat. Hierin liegt der Schlüssel für die Motivation der 8. In einer Branche, die einen normalerweise durchkaut und dann ausspuckt, hat Cindy es geschafft, sich seit über zwei Jahrzehnten zu halten. Mittlerweile ist sie 37, hat zwei Kinder geboren und arbeitet immer noch erfolgreich. Sie hat zahllose Werbeverträge unterschrieben, arbeitete als Schauspielerin, hat erfolgreiche Workout-Videos produziert und sogar ein Kinderbuch geschrieben. Sie hat sich in so gut wie jeden Entertainmentbereich gewagt, um das Produkt Cindy Crawford noch besser zu vermarkten. Im Leben der 8 steht die Familie immer im Mittelpunkt, darum überrascht es nicht, dass Cindy sich berufen fühlte, in einen Kreuzzug für krebskranke Kinder zu ziehen, als ihr jüngerer Bruder an dieser Krankheit starb. Sie wird sich als Mensch stets weiterentwickeln und immer neue Wege finden, sich in der Geschäftswelt prächtig zu schlagen, dabei anderen zu helfen und die Welt zu einem besseren Ort zu machen.

Lebensaufgabe »9«:
Der Menschenfreund

Wer positiv denkt, sieht das Unsichtbare, spürt das Unberührbare und erreicht das Unmögliche. *Anonym*

Die 9 ist die am höchsten entwickelte Zahl in der Numerologie und gilt als die stärkste aller Schwingungen, weil sie die Eigenschaften aller anderen Zahlen in sich vereint. Wenn eine 9 eine ausgeprägte spirituelle Basis hat, ist sie eine herrliche Quelle des Lichts in dieser Welt. Die 9 hat tatsächlich etwas Selbstloses an sich. Sie ist die höchste einstellige Schwingung und wird von Entschlossenheit bestimmt. Diese Lebensaufgabenzahl hat die starke Neigung, einer Sache zu folgen, an die sie glaubt, und sie wird das mit ungeheurem Ehrgeiz und Elan tun. Infolgedessen gibt es immer Menschen, die auf die 9 neidisch sind. Ich empfehle der 9, sich an das alte Sprichwort zu halten: »Umgib dich mit Freunden und wirf immer ein Auge auf deine Feinde.« Die 9 muss sich der Menschen bewusst sein, die ihre Pläne sabotieren wollen, und sich bemühen, diese Leute zu beruhigen. Manch einer hält sie für herablassend und daran sollte sie denken, bevor sie etwas sagt.

Wenn sich die 9 intensiv für etwas einsetzt, was dann keine Früchte trägt, wirkt das auf sie zutiefst verstörend. Die 9 empfindet echte Hochachtung für die Menschheit, darum dienen ihre Ziele für gewöhnlich auch anderen. Wenn die 9 scheitert, hat sie das Gefühl, die ganze Welt enttäuscht zu haben. Eine der ausgeprägtesten Eigenschaften der 9 ist das problematische Verhältnis zu ihrer Herkunftsfamilie. Oft fühlt sie sich ungeliebt oder von ihren Eltern im Stich gelassen. Manchmal übernimmt sie auch über Gebühr die Verantwortung für Vater und

Mutter. Wie auch immer, die Bindung der 9 an ihre Herkunftsfamilie ist nur schwer zu lösen.

Wenn die 9 heiratet und eine eigene Familie gründet, dann will sie nichts weniger als »der perfekte Vater« oder »die perfekte Mutter« sein. Natürlich gibt es keine perfekten Eltern – und auch kein perfektes Kind. Kinder kommen durch uns auf die Welt, aber wir besitzen sie nicht. Sie sind hier, um uns etwas zu lehren, und wir sind hier, um ihnen etwas beizubringen. Die 9 sollte es locker angehen und das Leben nicht so ernst nehmen, sonst kommt sie sich wie ein Versager vor, wenn bei ihrem Kind irgendwann einmal etwas nicht so läuft, wie es soll – und wir wissen alle, dass dieser Fall unweigerlich kommt.

In Hinblick auf die Familie kommt die 9 nicht mit Einmischung von außen zurecht. Wenn sie Probleme mit ihrem Partner hat, will sie nicht, dass sich Eltern oder Geschwister einschalten. Die 9 fühlt sich in der Lage, die Situation allein zu bereinigen – und da die 9 die Zahl der Vollendung ist, hat sie damit wahrscheinlich auch Recht. Eine Antwort empfängt die 9 immer dann, wenn sie sich ihrer spirituellen Seite öffnet und auf ihre innere Stimme hört.

Menschen mit der Lebensaufgabenzahl 9 tun so viel und kümmern sich so intensiv um andere, dass es kaum auffällt, wenn die 9 selbst in Schwierigkeiten steckt. Man sieht die 9 an und denkt: »Ach, sie ist so stark, sie benötigt doch *meine* Hilfe nicht.« Ich fordere die 9 immer auf, die Deckung ein wenig herunterzunehmen und auch einmal um eine Umarmung oder einen Kuss zu bitten, wenn sie das braucht. Die 9 wird nicht so leicht von anderen durchschaut – sie muss schon darum bitten.

Menschen mit der Lebensaufgabenzahl 9 wollen nicht unbedingt den Mittelpunkt der Aufmerksamkeit einnehmen, aber im Allgemeinen werden sie genau dort platziert. Wenn eine 9 in einem Kaufhaus steht, nimmt jeder gleich an, sie würde dort arbeiten. Wenn eine 9 in ein Klassenzimmer tritt, fragen alle: »Sind Sie der Lehrer?« Man nimmt einfach an, dass die 9 das Sagen hat, und genau deshalb sollte die 9 auch das Sagen haben – denn die 9 missbraucht dieses Privileg nicht. Sie ist niemals unverschämt zu ihren Untergebenen. Gleichgültig, was die 9 sich vornimmt und ungeachtet der Tatsache, ob sie sich schon je zuvor daran ausprobiert hat, die 9 wird es durchziehen. Der 9 scheint alles zuzufallen. Ironischerweise hat gerade die 9 dafür keinen Blick! Sie urteilt gnadenlos über sich und selbst, wenn sie eine Aufgabe erfolgreich erledigt hat, wird sie mit sich hadern, wenn nicht alles perfekt gelaufen ist. Ich denke, die 9 sollte gelassener werden und sich vergeben, dass sie auch nur ein Mensch ist.

Andererseits hat die 9 auch regelrecht einschüchternde Eigenschaften. Manchmal sind die Leute neidisch auf die 9 oder treten mit ihr in Konkurrenz, doch die 9 misst sich nicht an anderen. Sie gibt einfach ihr Bestes. Ich glaube, die 9 sollte die anderen regelmäßig beschwichtigen. Das ist nicht weiter schwer. Die 9 muss nur hin und wieder sagen: »He, mir gefällt deine Frisur.« oder »Was für ein schöner Anzug!« Diese schlichten Komplimente entwaffnen Leute, die die 9 ansonsten als Feind betrachtet hätten.

Menschen mit der Lebensaufgabenzahl 9 wird häufig vorgeworfen, gönnerhaft zu sein. Sie selbst glauben wahrscheinlich gar nicht, alles zu wissen, aber die anderen empfinden es so. Daraus erwachsen Unmut und Konkurrenzgebaren bei den Menschen ihres Umfelds. Die Lektion lernt sich nicht leicht, aber die 9 muss begreifen, dass die anderen auf einer unterbewussten Ebene das Gefühl haben, die 9 sei eine höhere Schwingung. Die 9 muss sich zuweilen den Satz in Erinnerung rufen: »Vergib ihnen, denn sie wissen nicht, was sie tun.«

Lebensaufgabe »9«: Der Menschenfreund

Wenn eine 9 etwas Gutes tut, folgen ihr die Menschen. Wenn die 9 etwas Schlimmes tut, folgen ihr die Menschen auch. Sie eignet sich hervorragend als Lehrer, Schulpsychologe oder Therapeut. Sie kann sehr gut mit Kindern umgehen und Kinder lieben sie normalerweise. Sie leistet Großartiges als Arzt, Krankenpfleger oder Sozialarbeiter. Auch im kreativen Bereich tut sich die 9 hervor – als Redner, Künstler, Illustrator, Schriftsteller, Musiker oder Schauspieler.

Mein wichtigster Rat an die 9 lautet, nicht in der Vergangenheit zu leben. Wenn sich die 9 ganz auf die Gegenwart einlässt, dann kann sie diese Welt zum Besseren wandeln – und genau dazu ist die 9 schließlich hier.

Natürliche Partnerzahlen: 3, 6 und 9
Kompatible Zahlen: 1, 2 und 5
Problemzahlen: 4, 7 und 8

Mahatma Gandhi ist das ultimative Beispiel für eine 9. Gandhi war der größte Menschenfreund, den Indien jemals hervorgebracht hat, und er tat alles, was nötig war, um seine Landsleute zu befreien und der Nation, die er liebte, den Frieden zu bringen. Er stellte sein Ziel über alles, einschließlich seiner Gesundheit – bei mehr als einer Gelegenheit hungerte er sich aus Protest beinahe zu Tode. Die Menschen liebten ihn so sehr, dass sie bereit waren, ihre Waffen niederzulegen und ihm in den Tod zu folgen. Er glaubte zutiefst daran, dass Gewaltlosigkeit der Weg zur Freiheit ist, und ohne einen einzigen Schuss abzufeuern, brachte er es fertig, den gesamten indischen Subkontinent von der britischen Herrschaft zu befreien. Eines seiner berühmtesten Zitate lautet: »Frieden entsteht nicht aus dem Klirren von Waffen, sondern aus der Gerechtigkeit, die unbewaffnete Nationen im Angesicht von Widrigkeiten leben und umsetzen.« Das entspricht exakt dem Denkmuster einer gesunden 9. Gandhi war ein Mann, der für den Moment lebte und das Gestern oder Morgen niemals in den Weg seiner Mission geraten ließ; er war immer schon ein inspirierendes Beispiel für eine mitfühlende 9 – und wird das auch immer bleiben.

Unsere Lebensaufgabenzahl hat uns einiges zu lehren. Sie zeigt uns unsere Stärken, aber auch unsere potenziellen Schwächen. Was ist, wenn Sie Ihre Beschreibung gelesen haben und dachten: »Das klingt doch überhaupt nicht nach mir!« Heißt das, dass die Numerologie dann nicht auf Sie zutrifft?

Keineswegs. Sie sollten nicht vergessen, dass es noch vier weitere Zahlen sowie die Einstellungszahl gibt. Studieren Sie Ihre Seelenzahl (Seite 105), Ihre Persönlichkeitszahl (Seite 111), Ihre Powernamenzahl (Seite 116) und Ihre Geburtstagszahl (Seite 129) – dann verstehen Sie, warum es scheinbare Widersprüche bei Ihrer Lebensaufgabenzahl gibt.

Heilen mit Zahlen

Heilen mit Affirmationen

An dieser Stelle möchte ich über Affirmationen sprechen, denn ich bin davon überzeugt, dass Sie Ihr Leben zu dem machen können, was Sie sich wünschen. Affirmationen sind eine effiziente Möglichkeit, Ihren Geist neu zu programmieren. Wenn Sie regelmäßig negativen Gedanken nachhängen, dann tauchen diese nicht weniger als 400-mal am Tag in Ihrem Kopf auf. Ersetzen Sie diese Gedanken mindestens ebenso oft durch eine positive Affirmation – das erfordert nicht mehr als fünfzehn bis zwanzig Minuten pro Tag. Unter Affirmationen versteht man positive Aussagen, die Sie sich selbst wiederholen, entweder stumm oder laut. Sie helfen Ihnen, sich von negativen Überzeugungen und Gewohnheiten zu lösen. Affirmationen sind unsere Art, dem Universum zu sagen, was wir wollen und brauchen, und auf diese Weise die bestmögliche Zukunft für uns zu manifestieren.

Wenn Sie die Macht der Affirmationen selbst noch nicht erlebt haben, sind Sie jetzt womöglich skeptisch. Aber probieren Sie die Affirmationen in diesem Buch aus – ich habe bei Tausenden meiner Klienten gesehen, wie diese Affirmationen Früchte trugen, darum weiß ich, dass sie auch bei Ihnen funktionieren können und werden. Sprechen Sie sie beispielsweise fünf Minuten am Morgen und zehn Minuten am Abend, wenn Sie damit am geschicktesten auf Ihre fünfzehn Minuten am Tag kommen. Die Affirmationen sind speziell auf Ihre Zahlen zugeschnitten.

Ich habe mir mittlerweile angewöhnt, den Tag mit Affirmationen zu beginnen, noch bevor ich morgens die Augen öffne. Wie lange es dauert, bis Ihnen tägliche Affirmationen in Fleisch und Blut übergegangen sind? Dreißig Tage. Fangen Sie damit an, dass Sie sich auf die Affirmationen konzentrieren, die zu Ihrer Lebensaufgabenzahl passen. Später suchen Sie sich die Affirmation(en) aus, die Sie in dem jeweiligen Augenblick brauchen, um eine Unsicherheit anzugehen: in Sachen Geld, Liebe oder bei mangelndem Selbstvertrauen.

Eine gesunde 1 ist unabhängig, selbstmotiviert und arbeitet hart.
Menschen mit der Lebensaufgabenzahl 1 sind sich selbst gegenüber so kritisch, dass sie bisweilen auch harsch über andere urteilen. Ihr Konkurrenzdenken kann leicht dazu führen, dass sie sich leer fühlen. Sie müssen in Bewegung bleiben und daher fällt es ihnen schwer, den Augenblick zu genießen.

Die 1 hat ein so starkes Bedürfnis, die Nummer eins zu sein, dass buchstäblich jeder, der ihr Rat anbietet oder ihr sagt, wie sie ihr Leben zu führen hat, sie in eine Verteidigungshaltung treibt und wütend macht. Sie hat dann das Gefühl, der andere wolle sie übertrumpfen oder versuchen, ihr Minderwertigkeitsgefühle einzureden. An diesem inneren Aufruhr müssen wir arbeiten.

Wenn Ihre Lebensaufgabenzahl die 1 ist und Sie feststellen, dass Sie auf der negativen Seite Ihrer Zahl leben, dann folgt hier die passende Affirmation. Um den kritischen Schinder in sich zu bekämpfen, sprechen Sie fünfzehn bis zwanzig Minuten am Tag folgende Affirmation: **»Ich erkenne das Wunder meiner Person an. Ich bin genug.«** Stellen Sie sich vor einen Spiegel und schauen Sie sich in die Augen. Anfangs kommen Sie sich dabei zweifelsohne dumm vor, aber zu guter Letzt werden Sie sich besser annehmen. Und wenn Sie das häufiger tun, sind auch andere Menschen freundlicher zu Ihnen.

»Ich bin absolut damit zufrieden, ich zu sein. Ich bin gut genug, genauso wie ich bin.«

Eine gesunde 2 ist harmonisch, liebevoll und stiftet Frieden.

Die Kehrseite von Menschen mit der Lebensaufgabenzahl 2 ist ihr Gefühl, zu viel gegeben zu haben, so dass sie am Ende jammern und klagen: »Herrje, was habe ich nicht alles für andere Leute getan!« Oder sie werden fuchsteufelswild und weil sie normalerweise so unbeschwert sind, wirken sie in ihrer Wut fast wie das groteske Zerrbild einer 2 – wie ein verzogenes Balg.

Wenn Sie sich auf der negativen Seite der 2 wieder finden, dann kommt hier die passende Affirmation für Sie:

»Ich bin ein Abbild von Frieden und Gelassenheit und sehe in jedem Menschen etwas Liebenswertes.«

Eine gesunde 3 ist optimistisch, begeisterungsfähig und sieht in sich und anderen stets das Gute.

Die kreative 3 eignet sich nicht für einen Bürojob mit festen Arbeitszeiten. Wenn die 3 im Alltagstrott feststeckt, sorgt sie als Ausgleich für ziemlich viel Theatralik. Sie erfindet Geschichten und übertreibt es mit der Wahrheit, weil sie kein Durchschnittsleben führen will. Sie muss einfach ihre kreativen Gaben ausleben. Setzt sie ihre Talente nicht ein, kann sie unter heftigen Stimmungsschwankungen leiden oder manisch-depressiv werden.

Der Satz »Die ganze Welt ist Bühne« trifft vor allem auf die 3 zu. Weil so viele Menschen mit der Lebensaufgabenzahl 3 in irgendeiner Form andere Menschen unterhalten, folgt nun eine herrliche Affirmation für diese Berufszweige. Und wenn Sie selbst den Traum hegen, berühmt und erfolgreich zu werden, dann eignet sich die folgende Affirmation bestens:

»Ich heiße heute meinen Ruhm und mein Glück von Herzen willkommen.«

Fangen Sie mit dieser Affirmation an: »Ich heiße heute meinen Ruhm und mein Glück von Herzen willkommen ... Ich heiße heute meinen Ruhm und mein Glück von Herzen willkommen.« Sprechen Sie diese Affirmation im Auto oder wenn Sie zu Hause gerade einen Moment Zeit haben. Letzten Endes geben Sie Ihrem Unterbewusstsein damit die Erlaubnis, Ruhm und Glück heute zu erleben. Nicht morgen. Heute.

Als ich noch als Standup-Comedian auftrat, sprach ich regelmäßig die Affirmation: **»Ich liebe mein Publikum und mein Publikum liebt mich.«** Unweigerlich kamen nach der Show einige Leute auf mich zu und sagten: »Ich fand Sie einfach toll, Glynis.« Und dann dachte ich: »Natürlich, Schätzchen, das war ja auch meine Affirmation. Du hattest gar keine andere Wahl.«

Hier kommt noch eine Affirmation, die Sie anwenden können, wenn Sie sich auf der negativen Seite der 3 befinden:

»Ich vertraue dem Prozess des Lebens und in dem Film, der sich vor meinem inneren Auge abspielt, werde ich geliebt und bin glücklich.«

Ein wiederkehrendes Problem in Ihrem Leben ist das negative Feedback Ihres Unterbewusstseins. Mit diesen Affirmationen können Sie dem in hohem Maße entgegenwirken.

Eine gesunde 4 ist wissensdurstig, bietet Geborgenheit und tauscht ihr Fachwissen mit anderen.
Die Kehrseite der 4 besteht darin, dass sie zu sehr für die Zukunft plant. Sie ist so mit dem beschäftigt, was sie heute in dreizehn Jahren tun wird oder was sie tut, sobald sie eine bestimmte Menge an Geld hat, dass sie darüber vergisst, ihr Leben *jetzt* zu führen. Sie lebt zu sehr in ihrem Kopf und in ihrer Gesellschaft kann man sich bisweilen sehr allein fühlen.

Es folgt eine Affirmation, die Ihnen hilft, wenn Sie sich auf der negativen Seite der 4 befinden:

»Ich fürchte die Zukunft nicht. Das Heute ist mein kostbarstes Geschenk und ich bin geborgen.«

Die 4 ist berühmt für ihren Ausspruch: »Ich will ja nicht streiten«, auf den unweigerlich ein »Aber« und Streit folgt. Wenn das auch auf Sie zutrifft, versuchen Sie es mit dieser Affirmation:

»Meine Worte sind voller Freundlichkeit und Liebe. Ich halte nach dem Guten in jedem Menschen Ausschau.«

Eine gesunde 5 feiert das Leben, ist abenteuerlustig und leidenschaftlich.
Die Kehrseite der 5 besteht darin, dass sie gern theatralisch wird, weil sie fürchtet, das Leben könne sonst nicht aufregend genug sein. Sie neigt auch zum Missbrauch von Drogen, Alkohol und Sex oder stopft sich mit Essen voll. Die 5 muss darauf

achten, es nicht zu übertreiben. Sie muss ihre leidenschaftliche Energie auf gesunde Weise ausleben. Eine passende Affirmation für die 5 lautet:

»Ich bin bereit, die Gedanken zu ändern, die zu dieser Situation führten.«

Oder sprechen Sie die folgende Affirmation:

»Ich bitte einfach um das, was ich brauche. Das Leben trägt mich in all seiner Fülle.«

Eine gesunde 6 strebt nach Harmonie, ist fürsorglich und weise.
Da Menschen mit der Lebensaufgabenzahl 6 dazu geboren sind, andere zu retten, können sie bisweilen herrisch wirken. Die 6 versucht gern, jeden zu kontrollieren, um sicherzustellen, das auch nichts unberücksichtigt bleibt.

Auch wenn keinerlei Probleme auftauchen, gerät die 6 gern in Panik und ruft: »Meine Güte, das läuft viel zu glatt. Das ist viel zu gut, um wahr zu sein.« Und prompt passiert etwas. Oft denkt die 6, sie komme allein besser zurecht, aber wenn man sie dann allein lässt, sehnt sie sich nach Gesellschaft.

Verwenden Sie die folgende Affirmation, über die wir auch noch einmal in Verbindung mit der Suche nach dem perfekten Partner sprechen.

»Ich freue mich über die liebevolle, aufbauende Beziehung zu einem Mann (zu einer Frau), der (die) emotional offen, ehrlich, leidenschaftlich und lustig ist, der (die) mir ebenbürtig ist und eine Lebenspartnerschaft mit mir eingeht.«

Ungeachtet Ihres momentanen Energiepegels sollten Sie Ihre eigenen Problembereiche in diese Affirmation einbauen. Wenn Sie viel Geld brauchen, weil Ihnen Wohlstand wichtig ist, dann fügen Sie noch hinzu:

»... einen Mann (eine Frau) ... der (die) wohlhabend ist.«

Wenn Ihr früherer Partner Sie betrogen hat, dann bauen Sie das Wort *treu* in diese Affirmation ein.

Menschen mit der Lebensaufgabenzahl 6 stellen andere oft auf ein Podest. Letztendlich wird der Partner jedoch von diesem Podest fallen und die 6 wird ihm das auch unmissverständlich zu verstehen geben. Eine Affirmation, die dieses Verhaltensmuster ändern kann, lautet:

»Ich sehe mit den Augen der Liebe. Es gibt eine harmonische Lösung und ich akzeptiere sie jetzt.«

Eine gesunde 7 ist intelligent, besitzt Sanftmut und Intuition.
Da die 7 einzelgängerisch veranlagt ist, braucht sie keine anderen Menschen und nicht selten bricht sie die Kommunikation ganz ab. Die 7 entzieht sich durch Sex, Alkohol, Essstörungen, Drogen oder große Entfernungen – was ihr gerade so einfällt. Das ist die Kehrseite der 7.

Versuchen Sie es mit der folgenden Affirmation:

»Ich atme das Leben offen und frei ein. Ich vertraue dem Fluss und dem Prozess des Lebens.«

Eine weitere passende Affirmation lautet:

»Das göttliche Gute findet in jedem Augenblick statt.«

Eine gesunde 8 ist ehrgeizig, hat ein gutes Gespür für alles Geschäftliche und hat echte Führungsqualitäten.

Da Menschen mit der Lebensaufgabenzahl 8 auf diesem Planeten sind, um Geld zu meistern, können sie gleich zwei Kehrseiten haben: Entweder werden sie so gierig, dass es nie genug Geld zu geben scheint, oder sie fürchten sich so sehr davor, all das Geld zu verlieren, das sie auf der Bank gehortet haben, dass es auch noch auf der Bank liegt, wenn sie sterben. Geld sollte jedoch ständig in Bewegung sein, wie der Ozean. Es sollte ungehindert kommen und gehen dürfen. Die 8 kann vom Geldverdienen derart besessen sein, dass sie sich zum Workaholic entwickelt und sich ihre Familie vernachlässigt fühlt. Eine geeignete Affirmation lautet:

»Ich glaube an die unendliche Fülle. Geld ist immer für mich da.«

Wenn jemand die 8 hintergeht, kann sie das nur schwer verwinden. Ihr Hass hat jedoch eine Bumerangwirkung und verursacht der 8 nur noch mehr Qualen. Hier eine Affirmation, die bei diesem Problem helfen kann:

»Ich lebe jeden Tag für den Augenblick und vergebe den Menschen aus meiner Vergangenheit.«

Eine gesunde 9 fühlt mit anderen mit und ist eine dynamische Führungspersönlichkeit.
Menschen mit der Lebensaufgabenzahl 9 können in ihrer Vergangenheit feststecken und sprechen dann ständig darüber, was ihr Vater oder ihre Mutter falsch gemacht haben. In meiner numerologischen Praxis sind mir überproportional viele Menschen mit der Lebensaufgabenzahl 9 begegnet, die adoptiert wurden oder schon früh ihre Eltern verloren haben. Es fällt ihnen schwer, die Vergangenheit loszulassen. Sie sind außerdem so sehr damit beschäftigt, sich um andere zu kümmern, dass sie am Ende das Gefühl haben, niemand würde sich im Gegenzug um sie kümmern. Ihnen entgeht die Tatsache, dass die Menschen sie lieben und ihnen zu gern helfen würden, wenn sie es nur zulassen könnten. Versuchen Sie es mit dieser Affirmation:

»Ich lasse freudig meine Vergangenheit los und umgebe mich nur mit Liebe.«

Wie Sie Ihren Körper mit Hilfe von Zahlen heilen können

Ich glaube fest daran, dass alles, womit wir uns mental nicht auseinander setzen, uns physisch angreift. Es überrascht also kaum, dass ich im Laufe meiner Karriere als Numerologin bei bestimmten Lebensaufgabenzahlen immer wieder spezielle gesundheitliche Probleme habe auftreten sehen.

Außerdem empfehlen zahlreiche hoch angesehene, spirituelle Denker den Einsatz von Affirmationen bei der Heilung körperlicher Erkrankungen. Deepak Chopra, Louise L. Hay, Shakti Gawain und viele andere haben erkannt, dass die meisten Krankheiten nicht im Körper beginnen, sondern im Kopf und in der Seele. Wird der Körper von einer Krankheit angegriffen, hat der Betroffene zuvor schon lange emotional, mental oder spirituell gelitten. Die körperliche Manifestation ist nur eine Reaktion des Körpers auf die Qualen des Geistes. Glücklicherweise gibt es eine Möglichkeit, körperliche Erkrankungen zu vermeiden beziehungsweise zu heilen: mit Hilfe von Affirmationen.

Die Macht der Zahlen

Heilen durch Zahlen funktioniert wirklich – ich will Ihnen erzählen, was ich erlebt habe. Vor vielen Jahren, als ich noch als Standup-Comedian arbeitete, ging ich eine enge Geschäftsbeziehung ein. Meine beiden Ansprechpartner hatten Lebensaufgabenzahlen, die für meine Zahl äußerst problematisch waren. Während dieser Zeit verlor ich ständig meine Stimme und litt an Kehlkopfentzündungen. Zufällig blätterte ich eines Tages ein Buch über Heilung durch Affirmationen durch. Der Verlust meiner Stimme, stand darin zu lesen, deutete darauf hin, dass ich meine Wut hinunterschluckte und nicht das Gefühl hatte, mir eine Stimme verschaffen zu können. Wenn man ohnehin nicht gehört wird, wozu dann sprechen? Als Lebensaufgabenzahl 3, die ihren Lebensunterhalt mit ihrer Stimme verdiente, war das natürlich ein beängstigender Gedanke für mich. Ich fing an, fünfzehn Minuten täglich die folgende Affirmation zu bekräftigen:

»**Was ich zu sagen habe, ist wichtig. Ich werde gehört und ich übe Einfluss aus. Liebe umgibt mich.**«

Eine Kehlkopfentzündung dauerte bei mir normalerweise fünf bis sechs Tage, bis ich wieder sprechen konnte. Aber nachdem ich meine Affirmation immer wieder aufgesagt hatte, kehrte meine Stimme schon nach einem Tag zurück.

Bei meiner nächsten Kehlkopfentzündung wachte ich um neun Uhr morgens auf und sollte um zwölf Uhr mittags im Radio interviewt werden. Meine Stimme war völlig verschwunden, ich konnte nicht einmal mehr krächzen oder flüstern. Ich glaubte mittlerweile einigermaßen an das Affirmationssystem, aber Angst hatte ich trotzdem – schließlich blieben mir nur drei Stunden! Ich suchte mir einen friedlichen Ort, zündete eine weiße Kerze an, um meine Energien zu bündeln, und flüsterte eine Stunde lang meine Affirmation. Um 11 Uhr beschloss ich, es mit lautem Sprechen zu versuchen. Zu meiner großen Freude war meine Stimme völlig wiederhergestellt. Mehr brauchte es nicht, um mich davon zu überzeugen, dass Affirmationen wirklich funktionieren. Ich fing an, meine Affirmation täglich zu sprechen, auch wenn es meiner Stimme gut ging. Beinahe fünfzehn Jahre später kann ich wahrheitsgemäß erklären, dass ich seitdem nie wieder meine Stimme verloren habe – ungeachtet der Umstände, in denen ich mich befand. Ich habe darüber hinaus verschiedene Affirmationen für unterschiedliche Erkrankungen eingesetzt und sie haben jedes Mal funktioniert.

Affirmationen zu Lebensaufgabe und Krankheit

Ich las einmal ein Buch mit dem Titel *Das Drei-Pfund-Universum* – der Titel bezog sich auf das Gewicht des menschlichen Gehirns. Wenn Sie Ihr Gehirn neu programmieren, erschaffen

Sie sich ein völlig neues Universum, in dem Sie Wurzeln schlagen können – und genau da setzt die Heilung ein. Wir alle spulen in unserem Inneren immer und immer wieder negative Dialoge ab; die einzige Möglichkeit, das Unterbewusste neu zu programmieren und die Botschaften, die wir uns selbst schon so lange geben, umzukehren, besteht darin, wenigstens fünfzehn Minuten am Tag immer wieder aufs Neue positive, heilende Affirmationen zu wiederholen. Die Ergebnisse sind die Mühe wert.

Ich habe eine Liste mit Krankheiten vorbereitet, die für bestimmte Lebensaufgabenzahlen typisch sind, und sie um die natürlichen Partnerzahlen gruppiert. Die einzelnen Erkrankungen treten vor allem bei Menschen mit der dazugehörigen Lebensaufgabenzahl auf. Bei der Lektüre wird Ihnen auffallen, dass die Beschreibung der Krankheit den Lebensaufgabemerkmalen der Zahlen in den jeweiligen natürlichen Paarungskategorien entspricht. Beispielsweise ist die Lebensaufgabenzahl 6 die geborene Mutter. Die Brust, ein Symbol der Mutterschaft, ist bei einer 6 häufig Sitz einer Krankheit. Sie würden nicht glauben, wie viele Frauen mit der Lebensaufgabenzahl 6 mir schon begegnet sind, die Brustkrebs hatten oder sich vor Brustkrebs immens fürchteten. Die Lebensaufgabenzahl 4 hat gern alles unter Kontrolle – folgerichtig wird eine 4 oft von Panikattacken oder Angstgefühlen heimgesucht, wenn sie meint, unter Kontrollverlust zu leiden. Menschen mit der Lebensaufgabenzahl 2 sind sehr sensibel und können an Herzkrankheiten leiden, wie das bei vielen meiner Klienten mit einer 2 der Fall ist. Wann immer ich höre, dass jemand an »gebrochenem Herzen« gestorben ist, lautet mein erster Gedanke, dass dieser Mensch eine 2 gewesen sein muss.

Mit diesem Kapitel will ich Ihnen helfen, sich selbst mit Zahlen zu heilen. Im Anschluss an jede Krankheit liste ich eine Affirmation auf. Um gute Ergebnisse zu erzielen, sollten Sie diese Affirmationen täglich wiederholen. Nehmen Sie sich mindestens fünfzehn Minuten Zeit, suchen Sie sich einen stillen Winkel und ermahnen Sie Ihre Familie, Sie ja nicht zu stören. Wiederholen Sie dann die Affirmation immer wieder und achten Sie dabei auf jedes Wort.

Wenn Sie feststellen, dass Ihre spezielle Krankheit nicht in Ihrer Lebensaufgabenkategorie steht, dann suchen Sie die Krankheit unter den anderen Zahlen und sprechen Sie die Affirmation, die ich dort aufgeführt habe. Sie haben fünf Primärzahlen sowie die Einstellungs- und Schicksalszahl und Ihre persönliche Erkrankung könnte von einer Ihrer anderen Zahlen stammen, die laut um Hilfe ruft.

Bitte denken Sie aber daran, dass ich keine Ärztin bin und die Affirmationen, die ich Ihnen hier ans Herz lege, sollen keinesfalls den Gang zum Arzt ersetzen. Wenn Sie an einer der nachfolgend aufgeführten Krankheiten leiden und noch nicht bei Ihrem Hausarzt waren, dann legen Sie dieses Buch sofort aus der Hand, gehen Sie zum Telefon und vereinbaren Sie einen Untersuchungstermin.

All jenen von Ihnen, die bereits eine Diagnose erhalten haben, schlage ich vor, dass sie die Affirmationen für ihre Krankheit bekräftigen und sich vom Erfolg überraschen lassen. Wenn es in Ihrer Familie eine Erbkrankheit gibt und Sie fürchten, daran zu erkranken (Herzinfarkt, Brustkrebs, Fettleibigkeit und so weiter), dann sprechen Sie die dazugehörige Affirmation als Präventivmaßnahme.

Lebensaufgabenkategorie 1, 5, 7

Erkran-kung	Mögliche Ursache	Affirmation
Alkoholismus	Gefühl der Hoffnungslosigkeit; der Wunsch, der Realität zu entfliehen	Ich akzeptiere die Realität. Ich brauche die Welt und die Welt braucht mich.
Arthritis	Eine überkritische Einstellung sich selbst und anderen gegenüber	So, wie ich bin, bin ich gut und das Leben ist herrlich. Ich lasse alles Negative los.
Ausschlag	Verborgene Ängste und Probleme; Neigung, alles hochzuspielen	Ich bin vollkommen und in Frieden im Zentrum meiner Ruhe und nichts kann mich berühren.
Haarausfall	Ein Zeichen für allzu große Spannung der Kopfhaut; übermäßige Kontrollsucht	Ich glaube an die Weisheit des Lebens. Ich kann entspannen und ich werde versorgt.
Halsschmerzen	Starrköpfigkeit; Unwilligkeit, bei einem Streit die andere Seite zu verstehen	Ich behandele andere fair und ich respektiere ihre Vorstellungen; ich ziehe Menschen an, die mich respektieren.

Affirmationen zu Lebensaufgabe und Krankheit

Hämorrhoiden	Gefühl der Unfähigkeit, des Unter-Druck-Gesetzt-Werdens; unerledigte Angelegenheiten	Es gibt genug Zeit, um all das zu tun, was ich tun muss und ich bin immer pünktlich.
Infektionen	Aufgestauter Ärger	In meiner Mitte gibt es einen unveränderlichen Ort endlosen Friedens.
Knieprobleme	Unfähigkeit, mit den Veränderungen und Problemen des Lebens zu fließen	Ich bin immer bereit, andere anzuhören und zu verstehen. Ich werde geliebt und ich entwickle mich stetig weiter.
Magengeschwüre	Etwas nagt an Ihnen	Ich bin stark und nichts kann mein friedliches Selbst angreifen.
Mundprobleme	Widerstand gegen neue Ideen und Situationen	Mich nährt all das Gute, das mir in gesunder Fülle zuströmt.
Nachtblindheit	Furcht vor dem Dunkeln, vor neuen Situationen oder unvertrautem Terrain	Ich bin eins mit dem Leben und dem Universum. Wohin immer ich auch gehe, ich bin zu Hause.

Rückenschmerzen	Die Last alter Schuldgefühle und verpasster Gelegenheiten	Ich bin frei von der Vergangenheit und all ihrer Lasten – von nun an bewege ich mich nach vorn.
Schlaflosigkeit	Furcht vor den natürlichen Zyklen des Lebens	Ich akzeptiere den Frieden und die Heilung des Schlafs, ohne Furcht vor dem Morgen.
Zahnschmerzen	Probleme mit der Familie; Unentschlossenheit in Lebenssituationen	Meine Entscheidungen werden von der Weisheit des Universums und göttlicher Inspiration geleitet.

Lebensaufgabenkategorie 2, 4, 8

Erkrankung	Mögliche Ursache	Affirmation
Allergien	Verkennen der wahren Probleme; Gefühl des Abgetrenntseins	Ich bin eins mit dem Universum und das Universum sorgt für meine Sicherheit.

Affirmationen zu Lebensaufgabe und Krankheit

Asthma	Gefühl des Ersticktwerdens; Unfähigkeit, in dieser Umgebung zu atmen	Ich bin hier, um mein Leben fröhlich zu leben; ich werde überleben und es wird mir gut gehen.
Augenprobleme	Der Wunsch, dem aus dem Weg zu gehen, was man um sich herum sieht	Ich sehe deutlich das Gute in dieser herrlichen Welt.
Bluthochdruck	Ein zu hoher Blutdruck weist auf ungelöste Punkte hin	Es gibt eine Lösung für jedes Problem und ich habe die Macht, sie zu finden.
Hautprobleme	Die Haut ist unser Panzer und Probleme entstammen unserer Überzeugung, dass dieser Panzer uns nicht länger schützt	Ich bin ganz und ruhe sicher in mir und nichts Negatives findet einen Zugang.
Kopfschmerzen	Der Glaube, nicht wichtig zu sein und dass Ihre Bedürfnisse nicht erfüllt werden	Ich akzeptiere freudig meinen Platz in diesem Universum und weiß, dass meine Bedürfnisse erfüllt werden.

Kreuz-schmer-zen	Furcht vor finanziel-len Verlusten oder dem völligen Ruin	Ich bin eins mit dem Universum, das voller Fülle ist und mir alles zukommen lässt, was ich brauche.
Lungen-probleme	Widerstand, das Le-ben zu akzeptieren	Das Leben ist gut zu mir und ich stelle mich ihm ohne Angst.
Mund-geruch (chro-nisch)	Klatsch und Tratsch; eingefahrenes, nega-tives Denken	Ich atme Liebe und Güte ein und aus.
Niedriger Blutdruck	Ein zu niedriger Blutdruck zeugt von dem Gefühl der Hoff-nungslosigkeit in Bezug auf Probleme	Es gibt eine Lösung für jedes Problem und ich habe die Macht, diese Lösung zu finden.
Panik-attacken	Furcht vor dem Unbekannten und vor Kontrollverlust	Ich bekomme stets all die Hilfe, die ich brau-che – jederzeit und in jeder Situation.
Rücken-schmer-zen (ge-nerell)	Der Glaube, dass wir im Leben keine Un-terstützung erhalten	Ich bin stark auf mei-nem Lebensweg und finde stets die Hilfe, die ich brauche.

Ver-stopfung	Unfähigkeit, sich von Vorstellungen zu lösen, die nicht mehr gebraucht werden	Ich lasse das Alte und Nutzlose los und begrüße das Neue und Lebendige.
Zittrige Hände	Widerwillen, Probleme anzugehen; Neigung, alles »hinzuschmeißen«	Ich packe das Leben fröhlich mit beiden Händen und ich weiß, dass ich Erfolg haben werde.

Lebensaufgabenkategorie 3, 6, 9

Erkrankung	Mögliche Ursache	Affirmation
Diabetes	Bedürfnis nach einer freundlicheren, süßeren Existenz; Sehnsucht nach Ausgeglichenheit	Heute habe ich alles, was ich für eine perfekte Harmonie in meinem Körper und in meinem Geist brauche.
Fußpilz	Verärgerung über den eigenen Lebensweg	Ich genieße meine Reise und ich schreite sicher voran.

Hals-schmerzen (Kehlkopfentzündung)	Furcht, die Stimme zu erheben; unverarbeitete Wut; nicht anerkannte Kreativität	Ich habe das Recht, gehört zu werden: Meine Ideen sind wichtig und dienen stets dem höchsten Guten.
Harnwegsentzündungen	Wut auf nahe stehende Personen, vor allem des anderen Geschlechts	Ich gebe dich von meinen Erwartungen frei und lebe in vollkommener Harmonie mit mir und anderen.
Magenprobleme	Widerstand gegen neue Ideen; Furcht vor Veränderung	Ich begrüße alles Neue und freue mich auf die Zukunft. Ich bin stets dort, wo ich sein soll.
Menstruationsschmerzen	Mangelnde Akzeptanz der ganzen Macht weiblicher Sexualität	Ich liebe meinen Körper und ich bin stolz, eine Frau zu sein.
Migräne	Das Gefühl, von anderen kontrolliert zu werden, keine eigene Wahl zu haben; der Glaube, krank sein zu müssen, um Ruhe zu finden.	Ich bin der Regisseur meines Lebens und es ist in Ordnung, wenn ich mir Ruhe gönne, sobald ich sie brauche.

Affirmationen zu Lebensaufgabe und Krankheit

Ohrenschmerzen	Ausschließen der Welt; nur das Negative hören	Ich akzeptiere die wunderbaren Klänge der Welt ohne Schmerz und ohne Furcht.
Rückenprobleme (oberer Rücken)	Der Glaube, nicht geliebt zu werden; Unwillen, Liebe zu teilen	Ich werde geliebt und erfahre Unterstützung im Leben.
Schulterschmerzen	Das Gefühl, allzu große Lasten tragen zu müssen.	Ich akzeptiere meine Verantwortung voller Freude und ich weiß, dass ich ihr gerecht werden kann.
Tumore	Festklammern an alten Wunden und Verletzungen; Schuldgefühle	Die Vergangenheit ist vorbei; am heutigen Tag bin ich glücklich. Mir ist vergeben und das Leben trägt mich.
Übermäßiges Essen	Furcht, nicht genug zu bekommen; Liebe wird durch Essen ersetzt	Ich habe immer genug zu essen. Ich liebe und werde geliebt.
Verdauungsstörungen	Furcht und Angst, übermäßiges Jammern	Das Leben kommt in herrlichen Wellen des Friedens und der Ruhe.

| Zysten in der Brust | Bemutterung der Menschen, die wir lieben; Versuch, jede Situation zu kontrollieren | Ich lasse liebevoll all jene los, die mich lieben, und ich schenke ihnen die Freiheit, ihr Leben zu leben, wie sie es wollen, wie auch ich nach meinen Vorstellungen lebe. |

Krebs, Herzinfarkt und Essstörungen

Diese drei bedeutenden Krankheiten fallen in eine besondere Kategorie. Nach Tausenden von Sitzungen habe ich festgestellt, dass alle Lebensaufgabenzahlen für diese Erkrankungen anfällig sind. Doch häufig zeigen sich diese Krankheiten für die einzelnen Lebensaufgabenzahlen aus unterschiedlichen Gründen. Ich habe nachfolgend einige Beispiele aufgeführt, sowie Affirmationen, die für alle neun Lebensaufgabenzahlen, die an diesen Krankheiten leiden, hilfreich sind.

Krebs
Menschen mit der Lebensaufgabenzahl 2 verinnerlichen all ihre Probleme und diese negativen Tumulte können zu unerklärlichen Krebserkrankungen führen. Menschen mit der Lebensaufgabenzahl 5 entwickeln bisweilen einen bösartigen Hirntumor, weil sie einfach nicht aufhören können zu denken. Irgendwann glauben sie, dass der »Computer im Kopf« defekt ist und plötzlich taucht ein Tumor auf und bestätigt quasi diese Überzeugung.

Eine für alle Lebensaufgabenzahlen passende Affirmation zur Vorsorge gegen Krebs beziehungsweise zur Anwendung bei einer bereits erfolgten Krebserkrankung lautet:

»Ich erkenne die absolute Vollkommenheit des Universums an. Ich bin ein Kind des Universums und lebe in vollkommener Liebe und Freude.«

Herzinfarkt

Menschen mit der Lebensaufgabenzahl 1 bekommen unter Umständen einen Herzinfarkt, weil sie ständig in Bewegung sind, wobei sich ihr Gesundheitszustand kontinuierlich verschlechtern kann. Menschen mit der Lebensaufgabenzahl 8 erleiden häufig einen Herzinfarkt, weil sie sich so ausschließlich auf ihre Arbeit konzentrieren, dass sie nicht auf andere hören, geschweige denn auf ihren Körper.

Eine für alle Lebensaufgabenzahlen passende Affirmation zur Vorsorge gegen Herzinfarkt beziehungsweise zur Anwendung nach einem bereits erfolgten Herzinfarkt lautet:

»Mein Herz schlägt im Rhythmus des Lebens. Es wird von Tag zu Tag stärker.«

Anorexie / Bulimie / Fresssucht

Menschen mit der Lebensaufgabenzahl 2 entwickeln Anorexie beziehungsweise Bulimie, weil sie sich für unattraktiv halten und auf irgendeine Weise die Kontrolle über ihr Aussehen übernehmen wollen. Menschen mit der Lebensaufgabenzahl 6 können zu übermäßiger Nahrungsaufnahme Zuflucht nehmen, weil die Last, sich um andere kümmern zu müssen, so schwer auf ihnen liegt, dass sie an Gewicht zulegen wollen, um sich der

Welt besser stellen zu können. Wie ich immer sage: Eine 6 versucht oft, sich um jeden einzelnen Menschen auf diesem Planeten zu kümmern und muss daher vorsichtig sein, dass sie dabei nicht den »Umfang des Planeten« annimmt.

Eine für alle Lebensaufgabenzahlen passende Affirmation zur Vorsorge gegen Essstörungen beziehungsweise zur Anwendung bei bereits eingetretenen Essstörungen lautet:

»Ich liebe mich und freue mich über lebensspendende Nahrung für meinen Körper aus der endlosen Fülle des Lebens.«

Die Seelenzahl

Wie ich im Laufe dieses Buches schon mehrmals betont habe, verändert sich die Definition einer Zahl niemals; nur die *Stellung* der Zahl ändert sich. Die Stellung der Zahl bestimmt auch die Bedeutung der Zahl. Die Lebensaufgabenzahl ist die wichtigste Zahl in Ihrer Tabelle, aber die Seelenzahl ist nötig, um Ihre *innere Gefühlswelt* zu verstehen. Ihre Seelenzahl mag den Menschen Ihres Umfelds nicht ins Auge fallen; sie sehen wahrscheinlich nur die extrovertierten Zahlen, beispielsweise Ihre Powernamenzahl. Aber Sie selbst sollten umfassend verstehen, was Ihre Seele zum Schwingen bringt. Und die Seelenzahl kann Sie zu innerem Frieden führen.

Was versteht man unter der Seelenzahl?

Wenn Sie alle Vokale in Ihrem Namen zusammenzählen und zu einer einstelligen Zahl reduzieren, erhalten Sie Ihre Seelenzahl. (Verwenden Sie dazu das pythagoreische Zahlensystem aus dem Kapitel »Entdecken Sie Ihre Zahlen« auf Seite 23.) Hier zwei Beispiele:

```
 3+    9+    9+    5+    1+  5 = 32 = 3 + 2 = 5
 |     |     |     |     |  |
 J U S T I N  T I M B E R L A K E
```
Seelenzahl = 5

Justin hat die Seelenzahl 5. Das sagt mir, dass seine Seele Erfüllung findet, wenn er ohne Einschränkungen von außen leben kann; er wird am glücklichsten sein, wenn er die Freiheit hat, ständig nach neuen Abenteuern Ausschau zu halten.

```
 9+    5+        5+1 = 20 = 2 + 0 = 2
 |     |         | |
 B R I T N E Y   S P E A R S
```
Seelenzahl 2

Britney hat die Seelenzahl 2. Ihre Seele braucht unablässig die Versicherung, dass sie geliebt wird und etwas Besonderes ist. Wenn sie mit dem Menschen, den sie liebt, nicht zusammen sein kann, kommt sie in eine emotionale Notlage.

Da die 5 und die 2 füreinander Problemzahlen sind, kann es leicht zu Missverständnissen kommen und in diesem speziellen Fall führte das ja leider zum Ende der Beziehung.

Definitionen der Seelenzahl

Die Seelenzahl ist eine subtile Zahl – wir sehen ihre Charaktermerkmale häufig weder in uns noch in anderen. Wenn wir jedoch unserer Seelenzahl zuwider leben, sind wir unglücklich und fühlen uns unerfüllt. Aus diesem Grund ist es so wichtig, die Seelenzahl genau zu kennen.

Seelenzahl 1
Meine Seele findet Erfüllung, wenn ich einen persönlichen Triumph feiern kann oder wenn ich in einem Wettbewerb gewonnen habe. Wenn ich das Gefühl habe, bei dem, was ich tue, die Nummer eins zu sein. Wenn ich mit Respekt behandelt werde. Wenn ich den Mut aufbringe, ich selbst zu sein, und ich mich vollkommen akzeptiert fühle.

Seelenzahl 2
Meine Seele findet Erfüllung, wenn ich verliebt bin und ich mich in einem harmonischen Umfeld befinde. Wenn ich meine Intuition einsetze, um anstehende Probleme zu lösen. Wenn ich meine Lieblingsmusik höre und Menschen zusammenbringe.

Seelenzahl 3
Meine Seele findet Erfüllung, wenn ich lache, auf einer Bühne stehe, mich schreibend ausdrücke oder meine Kreativität auf andere Weise sinnvoll auslebe. Wenn ich einen guten Rat erteile und der Ratschlag befolgt wird.

Seelenzahl 4
Meine Seele findet Erfüllung, wenn ich mich geborgen fühle und all meine Rechnungen bezahlt sind. Wenn ich einen soliden Plan für die Zukunft besitze und ich in einem Umfeld lebe, das ich wahrhaft mein Heim nennen kann. Wenn ich mein Wissen mit anderen teile und ich weiß, dass sie aus diesem Wissen einen Nutzen ziehen.

Seelenzahl 5
Meine Seele findet Erfüllung, wenn ich die Freiheit habe, zu kommen und zu gehen, wann es mir passt. Wenn ich reisen und

alle Geheimnisse dieser Erde entdecken kann. Wenn ich in einem tollen Restaurant, Hotel oder auf einer Party bin und das Leben feiere.

Seelenzahl 6
Meine Seele findet Erfüllung, wenn ich Kinder habe. Wenn ich mein eigenes Unternehmen leite und viel Verantwortung trage. Wenn die Menschen zu mir aufsehen und meine harte Arbeit anerkennen. Wenn ich von den Menschen in meinem Leben gebraucht und anerkannt werde.

Seelenzahl 7
Meine Seele findet Erfüllung, wenn ich mit meinen Gedanken allein sein kann und von der Schönheit der Natur umgeben bin – vom Ozean, von den Bergen und den Bäumen. Wenn ich ein spirituelles Fundament gefunden habe, an das ich zutiefst glaube.

Seelenzahl 8
Meine Seele findet Erfüllung, wenn ich finanzielle Freiheit, Arbeitsplatzsicherheit und ein schönes Heim habe. Wenn ich das Sagen habe und die Menschen tun, was ich sage. Wenn ich in einer schwierigen Situation der Wahrheit eine Stimme geben und der Gerechtigkeit zum Sieg verhelfen kann.

Seelenzahl 9
Meine Seele findet Erfüllung, wenn ich alte Familienprobleme lösen kann, die mir lange zugesetzt haben. Wenn ich für den Augenblick lebe und alles in mich aufnehme, was das Leben mir zu bieten hat. Wenn ich meinen Lebensunterhalt verdienen kann und ich dabei zum Guten der Menschheit beitrage.

Definitionen der Seelenzahl

Wenn Ihre Seelenzahl eine Natürliche Partnerzahl zu Ihrer Lebensaufgabenzahl ist, dann konzentrieren Sie sich einfach ganz auf die Erfüllung Ihrer Lebensaufgabenzahl, denn das verschafft auch Ihrer Seelenzahl Erfüllung. Wenn Ihre Seelenzahl eine Problemzahl zu Ihrer Lebensaufgabenzahl ist, dann müssen Sie ein wenig Arbeit investieren. Einer meiner Klienten hat die Lebensaufgabenzahl 4 und die Seelenzahl 3. Er ist Ingenieur und sitzt den ganzen Tag vor dem Computer. Als ich die 3 in seiner Seele sah, fragte ich ihn, ob er ein kreatives Hobby habe. Er meinte, er hätte früher Gitarre gespielt, damit jedoch aufgehört, weil er keine Zeit mehr dafür fand. Es überraschte mich daher nicht, als er sagte, er sei unzufrieden, denn schließlich vernachlässigte er ja seine Seelenzahl.

Ich forderte ihn auf, wieder mit dem Gitarrespielen anzufangen – das würde seine gesamte Lebenseinstellung verändern. Er probierte es anfangs mit sechs Stunden die Woche und als ich ihn das nächste Mal sah, strahlte er förmlich! Er erzählte mir, er habe vor kurzem im örtlichen Kaffeehaus zur Begeisterung der anwesenden Gäste auf seiner Gitarre gespielt. Seine Frau kam über seine veränderte Einstellung gar nicht hinweg; sie hatte sich nicht vorstellen können, dass er so einen Auftritt genießen würde. Sie hatte ihn immer nur als verlässliche, vorhersehbare 4 gesehen und wusste nicht, dass eine spontane 3 in ihm steckte, die sich Luft verschaffen wollte.

Für mich ist die Seelenzahl immer auch die »Geheime Zahl«, denn man sieht einem Menschen die Charaktermerkmale der Seelenzahl nicht unbedingt an. Höchstens wenn sich die Seelenzahl auch an anderen Positionen in der Zahlentabelle findet. *Wenn sich eine Zahl wiederholt, wird ihre Ausprägung in dem betreffenden Menschen stärker.* Mehr über sich wiederholende Zahlen erfahren Sie im Kapitel »Sich wiederholende Zahlen« (Seite 147).

Die Seelenzahl

Lassen Sie uns annehmen, Sie begegnen einem Menschen mit der Lebensaufgabenzahl 1. Dieser Mensch arbeitet unablässig und scheint überaus unabhängig. Dann stellen Sie fest, dass Ihr neuer Freund die Seelenzahl 2 hat und sich ohne Liebe also nie erfüllt fühlen kann. Wenn Sie nach einem möglichen Lebenspartner suchen, werden Sie sich jetzt von seiner Unabhängigkeit nicht länger bedroht fühlen, denn Ihnen ist klar, dass dieser Mensch durchaus dazu fähig ist, eine Lebenspartnerschaft einzugehen.

Wenn Sie Ihre eigene Seelenzahl und die Ihres Partners kennen und verstehen, wird das Ihre Beziehung bereichern. Wie Sie sehen, hat die Numerologie viele Seiten. Beschränken Sie sich auf das Wesentliche und die Numerologie wird Ihr Leben zum Besseren verändern!

Die Persönlichkeitszahl

Was versteht man unter einer Persönlichkeitszahl? Wenn Sie alle Konsonanten Ihres Namens zusammenzählen, erhalten Sie die Persönlichkeitszahl. Diese Zahl sagt Ihnen, wie Sie nach außen wirken – das heißt, wie die Welt Sie wahrnimmt. Hier ein Beispiel:

```
K O B E   B R Y A N T
|   |     | | |   | |
2+  2+    2+9+7+  5+2
= 29 = 2 + 9 = 11 = 1 + 1 = 2
```

Addieren Sie alle Konsonanten und reduzieren Sie das Ergebnis so lange, bis Sie eine einstellige Zahl erhalten.

Kobe Bryant vermittelt das Bild einer 2, seiner Persönlichkeitszahl. Die 2 repräsentiert Liebe und Sanftmut. Das würde erklären, warum sich Amerika Hals über Kopf in ihn verliebte und ihn als Basketballhelden feierte. Tja, seine Lebensaufgabenzahl ist aber die 5 und die 5 ist für Kobe Bryants 2 ein echtes Problem. Wenn Ihre Persönlichkeitszahl für Ihre Lebensaufgabenzahl eine Problemzahl darstellt, entspricht Ihre Wirkung nach außen nicht Ihrem wahren Wesenskern. Die 5 hält das Leben in Sachen Sex oft für ein einziges, großes Selbstbedienungsbuffet und weil die 2 so sinnlich ist, kann es ihr schwer fallen, der Versuchung zu widerstehen.

Die Persönlichkeitszahlen im Einzelnen

Persönlichkeit 1
Die Menschen halten Sie für unabhängig, selbstmotiviert, für jemand, der es weit bringen wird. Die 1 verkörpert Tatkraft, Stärke und Macht. Das wird aus jedem Ihrer Schritte ersichtlich. Ich fühle mich da an die Worte aus dem wunderbaren alten Song erinnert: »Will everyone here kindly step to the rear and let a winner lead the way.« (Treten Sie doch bitte alle zurück und lassen Sie einem Gewinner den Vortritt.) Dabei glauben Sie keineswegs, besser zu sein als alle anderen, Sie *müssen* nur einfach die Führung übernehmen. Das ist Ihr Geburtsrecht. Glücklicherweise erkennt die Welt im Allgemeinen an, dass Sie auf dem Kommandosessel sitzen. Häufig leiten Sie neue Trends ein und man kann sich immer darauf verlassen, dass Sie sich für Kommunalprojekte engagieren und stets geschickt delegieren, damit die Aufgabe erledigt wird. Das Prestige, das mit einer Führungsposition einhergeht, ist Ihnen die Mühe wert. Sie eignen sich am Besten für eine selbständige Tätigkeit, eine 1 nimmt nämlich nicht gern Befehle entgegen. Wohlgemeinte Ratschläge könnten für Sie jedoch von Wert sein, also versuchen Sie, offener gegenüber Vorschlägen zu sein.

Persönlichkeit 2
Sie haben die Aura eines Friedensstifters, eines geborenen Vermittlers. In einer Partnerschaft fühlen Sie sich am wohlsten. Hüten Sie sich davor, allzu sensibel zu werden. Lernen Sie, Grenzen zu ziehen, denn Sie sind ein Mensch, der einen perfekten Freund abgibt, und manch einer, der nicht so edelmütig ist, könnte das durchaus ausnutzen. Die 2 fühlt sich unvollständig, wenn sie allein ist, und meidet das Scheinwerferlicht, denn mehr

als alles andere wünscht sie sich einen Gefährten. Diese Zahl begünstigt Eheschließungen und enge Geschäftsbeziehungen. Ihre innewohnende Fairness und Aufrichtigkeit lassen es sehr wahrscheinlich sein, dass Ihnen beides dauerhaft gelingt.

Persönlichkeit 3
Als 3 lieben Sie es, sich geschmackvoll zu kleiden. Das äußere Erscheinungsbild ist Ihnen wichtig. Sie sind glücklich, wenn Sie der Öffentlichkeit gepflegt und gut vorbereitet entgegentreten. Ihre Gabe ist die Kommunikation. Eine 3 ist jemand, der geistreich ist und in dessen Gesellschaft man sich gern befindet. Sie lieben es, Ratschläge zu erteilen, und auch, wenn der Rat nicht erbeten wurde, wird er für gewöhnlich gern angenommen. Sie können gut zuhören (und noch besser reden) und Sie lieben das Telefon. Gespräche machen einen großen Teil Ihres Lebens aus. Sie müssen jedoch an Ihren Stimmungsschwankungen arbeiten; Sie persönlich mögen Ihre Launen rasch wechseln, doch andere können da oft nicht mithalten. Am meisten erfüllt es Sie, wenn Sie anderen Freude schenken können.

Persönlichkeit 4
Sie wirken wie jemand, der ernsthaft, sensibel und intelligent ist. Sie sind auch immer offen, etwas Neues zu lernen. Doch wenn Sie davon überzeugt sind, in einem bestimmten Punkt Recht zu haben, dann geben Sie Ihre Position unter keinen Umständen auf. Die Menschen wissen, dass man auf Sie zählen kann, wenn es gilt, einen Job zu erledigen. Für gewöhnlich sind Sie sehr gepflegt und strahlen Effizienz aus – die perfekte Geschäftsfrau beziehungsweise der perfekte Geschäftsmann. Ihr Bedürfnis, Ihr Wissen weiterzugeben, hinterlässt bei anderen bisweilen den Eindruck, dass Sie sich nur brüsten wollen. Das

ist gar nicht Ihre Absicht, aber daran sollten Sie denken, wenn jemand unerklärlicherweise ärgerlich auf Sie zu sein scheint. Wenn dieser Fall eintritt, lassen Sie Ihr Gegenüber wissen, wie Sie es wirklich meinen.

Persönlichkeit 5
Sie umgibt die Aura von Spaß und Tatkraft, die Sie als willkommene Bereicherung für jede Party erscheinen lässt. Die 5 ist jemand, der immer wissen will, wo es gerade richtig abgeht. Sie haben große Überzeugungskraft und andere gehen begeistert auf Ihre Ideen ein. Die 5 liebt den Nervenkitzel und sucht das Abenteuer. Und wenn ihr das nicht möglich ist, dann klatscht sie gern über die Abenteuer anderer! Hüten Sie sich vor übermäßigen Genüssen aller Art; Sie haben etwas von einer Suchtpersönlichkeit an sich. Leider langweilen Sie sich leicht. Versuchen Sie, unschädliche Beschäftigungen zu finden, die Ihr Interesse neu entfachen können – Sport, Filme oder Bücher eignen sich hierfür bestens.

Persönlichkeit 6
Sie wirken freundlich und verantwortungsbewusst – wie jemand, der sich gut um andere kümmern kann; ein geborener Fürsorger. In Ihrer Gegenwart fühlt man sich sicher und häufig finden Sie sich in einer »Elternrolle« wieder. Die Angestellten einer 6 wissen sich gut aufgehoben. Sie neigen dazu, die Menschen, die Sie lieben, maßlos zu verwöhnen. Versuchen Sie, sich diesbezüglich etwas zurückzunehmen, denn wenn die anderen nicht dankbar reagieren, nehmen Sie ihnen das übel. Man kann sich auf Ihre Beständigkeit verlassen. Die 6 ist eine charismatische Persönlichkeit. Sie bleiben niemals unbemerkt und die Menschen fühlen sich magisch zu Ihnen hingezogen.

Persönlichkeit 7

Sie wirken wie ein Mensch, der seine Privatsphäre braucht. Häufig bleiben Sie für sich allein, aber Sie sind dennoch ein aufmerksamer Beobachter der menschlichen Bühne. Wenn Sie Ihr Wissen mit anderen teilen, tun Sie das voller Autorität. Sie haben auch ein gutes Gedächtnis für Einzelheiten. Manchmal missdeutet man Ihr Schweigen und denkt, Sie würden nicht zuhören, aber Sie bekommen stets alles mit. Die Menschen spüren Ihre Spiritualität, die einen großen Teil von Ihnen ausmacht, und obwohl Sie die Gesellschaft anderer nicht suchen, kommen Sie oft von sich aus auf Sie zu.

Persönlichkeit 8

Sie wirken wie jemand, der stark und diszipliniert ist, und strahlen Würde aus. Es gibt nichts, wozu Sie keine Meinung hätten. Alles, was Sie besitzen, ist von hoher Qualität und Sie tun alles, was nötig ist, um Qualitätsware zu bekommen. Sie arbeiten sehr hart für Ihr Geld. Sie können dickköpfig sein und lassen sich nicht gern einen Rat geben. Sie strahlen Wohlstand und Wohlergehen aus und man respektiert Sie auf den ersten Blick. Manche fühlen sich von Ihnen auch bedroht; ein freundliches Wort kann diese Menschen beruhigen.

Persönlichkeit 9

Sie wirken wie eine Führerpersönlichkeit – jemand, auf den wir uns verlassen können, wenn alles schief läuft. Sie verfügen über eine außergewöhnlich ausgeprägte Intuition und Ihre Einsichten sind bei anderen sehr gefragt. In der Numerologie ist die 9 die am höchsten entwickelte Zahl und Sie haben die Weisheit einer alten Seele. Spiritualität ist Ihnen wichtig und andere nehmen Sie als guten und vertrauenswürdigen Menschen wahr.

Die Powernamenzahl

Was versteht man unter der Powernamenzahl? Wenn Sie die Seelenzahl und die Persönlichkeitszahl addieren und das Ergebnis anschließend auf eine einstellige Zahl reduzieren, erhalten Sie die Powernamenzahl. Diese Zahl verkörpert die Kraft unseres Namens und teilt uns mit, wer wir sind. Hier ein Beispiel:

```
 1+1+  6+       5+    9 = 22 = 2 + 2 = 4 (Seelenzahl)
  | |   |        |    |
 A A R O N   S P E L L I N G
  |   | |  |   | | |   | |
 9+  5+ 1+7+ 3+3+ 5+7
                    = 40 = 4 + 0 = 4
                    (Persönlichkeitszahl)
```

4 (Seelenzahl) + 4 (Persönlichkeitszahl) = Powernamenzahl 8

Einige der imponierendsten Persönlichkeiten Hollywoods haben die Powernamenzahl 8, die geschäftsorientierte Zahl. Aaron Spelling gilt als einer der einflussreichsten Fernsehproduzenten aller Zeiten. Wenn Sie einmal darüber nachdenken, dann geht es beim »Showbusiness« im Grunde doch nur ums Geld. Es gibt viele erfolgreiche Menschen mit der Powernamenzahl 8, darunter Madonna, Guy Ritchie, Antonio Banderas, David Duchovny, Elizabeth Taylor, Andre Agassi und Will Smith. Die Liste ist endlos.

Die Powernamenzahlen im Einzelnen

Powernamenzahl 1
Sie verspüren den starken Drang, der Beste zu sein. Sie setzen sich hohe Maßstäbe und erwarten von den Menschen in Ihrem Leben ebenfalls Herausragendes. Infolgedessen fühlen sich nicht wenige von Ihnen überwacht und Sie sollten Ihr Umfeld wissen lassen, dass Sie positive Absichten verfolgen und im Grunde nur das Leben aller verbessern wollen. Sie ermutigen andere stets, nach Höchstleistungen zu streben. Sie selbst arbeiten hart, vergnügen sich aber auch gern. Sie müssen gesunde Möglichkeiten finden, Ihren Stress abzubauen. Mehr Sport oder Zeit im Fitnessstudio wären ideal.

Powernamenzahl 2
Sie sind für die Sozialarbeit geboren. Die 2 verabscheut Konflikte; wenn andere sich streiten, wollen Sie automatisch schlichten. Sie sind gutmütig und wünschen sich wirklich den Frieden. Eine liebevolle Beziehung ist für Sie enorm wichtig. Wenn es Spannungen gibt, sind Sie unglücklich, und man kann Ihren Schmerz an Ihren Augen ablesen. Sie sind für gewöhnlich äußerst taktvoll und finden sich oft in der Rolle eines Vermittlers wieder. Die 2 strebt nicht nach dem Thron, eignet sich aber sehr gut als Macht hinter dem Thron. Ich rate Ihnen, sich sorgfältig auszusuchen, für wen Sie arbeiten, da man Sie leicht ausnutzen kann.

Powernamenzahl 3
Sie sind ein meisterhafter Selbstdarsteller und ein geborener Kommunikator. Sie können mit Ihrer Meinung nicht hinter dem Berg halten und müssen anderen stets sagen, was Sie denken und fühlen. Sie sollten sich eine geeignete Bühne für sich

suchen, sei es im Theater, in einem Unterrichtszimmer oder als Redner vor einem Publikum. Sich vor anderen zu produzieren sollte Ihnen eigentlich leicht fallen – wenn nicht, dann leiden Sie für gewöhnlich unter seelischen Narben aus der Kindheit. Sie sind schlagfertig und freuen sich über jeden Applaus!

Powernamenzahl 4
Sie dienen vielen als Vorbild. In aller Regel haben Sie auch sehr viel Verantwortungsgefühl. Ihr Heim ist Ihnen wichtig. Manchmal sind Sie etwas barsch und verärgern oder verletzen andere damit unabsichtlich; achten Sie also darauf, was Sie sagen. Sie haben das große Bedürfnis, sich Wissen anzueignen, und für gewöhnlich haben Sie Ahnung von dem, was Sie sagen. Teilen Sie einem Freund jedoch nicht allzu oft ungefragt mit, was mit seinem Lieblingsprojekt alles schief gehen kann. Wahrscheinlich haben Sie ja Recht, aber er könnte es Ihnen als Schwarzseherei auslegen. Ihre Loyalität und Ihr Organisationstalent sind ein großes Plus und werden auf lange Sicht hoch geschätzt.

Powernamenzahl 5
Sie sind ein Mensch mit enorm viel Energie. Häufig spüren andere die Elektrizität, die Sie umgibt. Unter Umständen sind Sie aber auch ein wahrer Fluchtkünstler – sei es durch Sex, Drogen, Alkohol, Arbeit oder durch räumliche Entfernung. Sie feiern das Leben, wollen reisen und sehen, was es da draußen noch alles so gibt. Sie lieben es, Dinge zu verschönern. Sie sind ein meisterhafter Partydekorateur – und auf Partys erfahren Sie außerdem faszinierende Neuigkeiten, was Sie sehr lieben, da Sie ein gutes Rätsel zu schätzen wissen und gern auch nach verborgenen Tatsachen graben. Halten Sie sich beschäftigt und sammeln Sie Ihre Frequent Flyer Miles innerhalb eines vernünftigen Rahmens.

Powernamenzahl 6

Sie sind für gewöhnlich auf eine Weise attraktiv, die weit über das Körperliche hinausreicht. Sie stellen sich sehr gut dar und besitzen einen ganz eigenen Magnetismus. Sie wollen das Sagen haben und Ihre Aura der Autorität macht es anderen einfach, Ihnen zu folgen. Schadenskontrolle ist Ihre Spezialität und manchmal werden Sie nervös, wenn alles glatt läuft. Entspannen Sie sich: Das muss nicht heißen, dass schon hinter der nächsten Ecke Schwierigkeiten lauern. Man kann sich auf Sie so sehr verlassen, dass Sie ein Gleichgewicht suchen müssen. Werden Sie lockerer und genießen Sie das Leben, das Sie so fleißig für sich und Ihre Lieben aufgebaut haben.

Powernamenzahl 7

Niemand kennt Sie wirklich ganz, denn oft haben sogar Sie selbst große Mühe herauszufinden, wer Sie eigentlich sind. Sie sind der scharfsinnigste Beobachter von allen numerologischen Zahlen, weshalb die 7 auch die Zahl der Schriftsteller ist. Wenn Sie allerdings Ihre Beobachtungen mit anderen teilen, achten Sie gut auf Ihre Worte, sonst könnten Sie die Menschen in Ihrem Leben vor den Kopf stoßen, ohne es zu merken. Wenn Sie einen starken Glauben entwickeln, umgibt Sie eine besondere Sanftheit. Sie verfügen über eine echte Spiritualität, von der wir alle profitieren können.

Powernamenzahl 8

Sie sind sehr stark und lassen andere mit Vorliebe wissen, wie Ihre Haltung in einer bestimmten Situation aussieht. Aus sentimentalen Gründen sammeln Sie gern. Sie fühlen sich von Qualität angezogen und deshalb müssen Sie eine Möglichkeit finden, sich ein adäquates Einkommen zu sichern. Die 8 macht entweder sehr viel Geld oder das Geld gleitet ihr nur so durch die Finger. Geld ist einfach ein Thema, mit dem Sie sich in diesem Leben auseinander setzen müssen. Sie sollten offener gegenüber den Ratschlägen anderer sein. Machen Sie sich klar, dass die Menschen in Ihrem Leben Sie lieben und Ihnen helfen wollen. Als 8 müssen Sie einen Weg finden, die Liebe, die Sie empfinden, auch zu zeigen, weil Sie leicht missinterpretiert werden können.

Powernamenzahl 9
Sie haben eine fast greifbare Energie. Das merkt man gleich, wenn man Ihnen begegnet. Sie haben auch die Fähigkeit, anderen zu helfen. Die 9 ist die Zahl der Vollendung. Sie verfügen über eine unglaubliche Intuition und Einsicht in das Leben und das in einem solchen Maße, dass es andere einschüchtern kann. Aus diesem Grund sollten Sie darauf achten, nichts zu sagen, was überheblich klingen könnte, wie unabsichtlich auch immer. Lassen Sie alte Familienprobleme los. Die 9 lebt entweder voller Groll auf ihre Herkunftsfamilie oder fühlt sich für sie verantwortlich. Öffnen Sie sich der Spiritualität, damit Sie wahre Gelassenheit finden können. Nehmen Sie sich die Zeit, auch diese Dimension Ihres Lebens zu erforschen. Sie haben sehr viel Macht und man muss Ihnen zugute halten, dass Sie diese Macht weise einsetzen und eine echte Kraft zum Guten in dieser Welt sind.

Powernamenzahl kontra Schicksalszahl

Schicksal bedeutet nichts weiter als die Vision, seine Träume verwirklichen zu wollen, und die Ausdauer, auf deren Umsetzung hinzuarbeiten.   *C. Phillips*

Die Powernamenzahl und die Schicksalszahl nehmen dieselbe Position in Ihrem Namen ein (die dritte Zahl in der Reihe der fünf Primärzahlen Ihrer Tabelle). Ihre Schicksalszahl erhalten Sie einzig und allein aus Ihrer Geburtsurkunde. Ihre Powernamenzahl dagegen können Sie jederzeit verändern, indem Sie beispielsweise die Schreibweise Ihres Namens ändern. *Ihre Schicksalszahl können Sie nicht verändern, denn sie ergibt sich aus dem allerersten Namen, der Ihnen gegeben wurde.* Die Eigenschaften Ihrer Schicksalszahl werden sich in Ihrem Leben immer manifestieren. Sie sollten aber wissen, dass Ihre Schicksalszahl sich etwas langsamer entfalten kann, falls sie für Ihre Lebensaufgabenzahl eine Problemzahl darstellt. Wenn Sie diesen Vorgang beschleunigen wollen, können Sie Ihren Namen verändern, damit Ihre Powernamenzahl Ihrer Schicksalszahl entspricht. Denken Sie daran: Sie können zwar den Namen auf Ihrer Geburtsurkunde nicht verändern, aber Sie können Ihren derzeitigen Namen mühelos ändern, um Ihre Ziele zu erreichen.

Nehmen wir als Beispiel den Sänger John Denver. Der Name auf seiner Geburtsurkunde lautete Henry John Deutschendorf (31.12.1943) und ergab als Schicksalszahl eine 7.

$$= 1 \text{ (Seelenzahl)}$$

```
  5+    7+   6+         5+ 3+        5+      6
  |     |    |          |  |         |       |
H E N R Y  J O H N  D E U T S C H E N D O R F
| | |    | | | |    | | | |   | | |   | | |
8+ 5+ 9+ 1+ 8+ 5+ 4+ 2+1+3+8+ 5+ 4+  9+ 6
```

$$= 6 \text{ (Persönlichkeitszahl)}$$

1 (Seelenzahl) + 6 (Persönlichkeitszahl) = 7 (Schicksalszahl)

```
 6+       5+    5          = 7 (Seelenzahl)
  |        |    |
J O H N  D E N V E R
|   |  |  |  |  | |   |
1+  8+ 5+ 4+ 5+ 4+ 9       = 9 (Persönlichkeitszahl)
```

7 (Seelenzahl) + 9 (Persönlichkeitszahl) = 7 (Powernamenzahl)

Interessanterweise wurde er zu einer 797, als er seinen Namen in John Denver änderte. Er nahm die Energie der doppelten 7 an und sein neuer Name half ihm, seine Schicksalszahl und ihre Charakteristika zu beschleunigen.

Zum einen geht es bei der 7 um Glauben, aber die 7 schätzt auch die natürliche Schönheit dieses Planeten. Mir ist noch nie eine 7 begegnet – nicht einmal unter denen, die nicht an Gott glauben oder das Wirken Gottes in Frage stellen –, die nicht zutiefst von der Schönheit des Ozeans, von den Bergen, dem Schnee, von grünem Gras oder Blumen fasziniert gewesen wäre. Wenn man John Denvers Lieder hört, beispielsweise »Rocky Mountain High« oder »Sunshine on My Shoulder«, spürt man seine Liebe für die Natur. Bei dieser Musik erkennt man den herrlichen Geist, der in seiner Arbeit weiterlebt.

Er trat auch in den *Oh, God!*-Filmen auf, in denen Gott in Person von George Burns auf die Erde kommt, um die Menschen davon zu überzeugen, dass er existiert. Die Besetzung der Rolle folgte numerologischen Richtlinien! Wer wäre für die Rolle des zweifelnden Thomas, der später zum Glauben findet, besser geeignet gewesen als John Denver, in dessen Tabelle die 7 so oft auftaucht! Wenn man sich ein Foto von John Denver anschaut, sieht man seine sanftmütige Geisteshaltung und natürlich besitzt die männliche 7 aufgrund ihrer Sanftmut auch eine ausgeprägte Sensibilität.

Hätte John Denver seinen Namen nicht geändert, würde es ihn sehr viel mehr Anstrengung gekostet haben, sein Schicksal zu erfüllen, denn seine Lebensaufgabenzahl, die 6, steht der 7 völlig konträr gegenüber. In der Numerologie sind die 6 und die 7 Problemzahlen füreinander – die 6 verkörpert Familie, Heim und den Wunsch nach Kindern. John hatte tatsächlich ein Kind, das ihn von Herzen liebte.

Seine Einstellungszahl war ebenfalls eine 7, die Aura des Geheimnisvollen. John wollte nicht, dass man ihm in die Karten schaute. Wie schon gesagt, entzieht sich die 7 gern durch Flucht. Einige durch Reisen oder Arbeit, andere auf selbstzerstörerische Weise durch Essstörungen, Alkohol, Drogen oder Sex. Bei John war es der Alkohol. Die Öffentlichkeit erfuhr vom Ausmaß seiner Sucht erst nach seinem Tod, was typisch für die Geheimhaltung der 7 ist. Erst die Medien machten uns auf sein Problem aufmerksam, dabei ging uns das meiner Meinung nach gar nichts an.

Meine Schwester traf John Denver zwei Monate vor seinem Tod in einem Flugzeug. John war mit seiner Tochter unterwegs, die auf dem Sitz tobte. Ihre Liebe zu ihm war deutlich in ihren strahlenden Augen abzulesen. John hatte die Gitarre umgeschnallt und strahlte Gelassenheit und Freundlichkeit aus. Als meine Schwester zu ihm ging und ihm für die Musik dankte, die er uns schenkte, und ihm versicherte, welche Freude er ihr damit bereitete, stiegen ihm Tränen in die Augen. In seiner Bescheidenheit war er dankbar, dass jemand sein Geschenk zu schätzen wusste. John Denver war ein Mann, der unglaublich viel Erfolg hatte, dennoch blieb er im Herzen ein Einzelgänger.

Die Schicksalszahl ermöglicht Ihnen Einblicke, wohin Sie im Laufe der Zeit schreiten werden. Natürlich weist Ihnen die Lebensaufgabenzahl den Weg, den Sie einschlagen sollten, aber die Schicksalszahl verkörpert einen großen Teil Ihrer Zukunft und zeigt, wo Sie landen werden. Auch wenn Sie Ihr Schicksal ein wenig abwandeln können, indem Sie Ihren Geburtsnamen verändern, bleibt die Schicksalszahl immer die treibende Kraft im Hintergrund, die sich in Ihrem Leben unweigerlich zum Ausdruck bringen will. Es folgen einige kurze Definitionen der Schicksalszahlen:

Schicksalszahl 1
Bevor Sie diesen Planeten verlassen, ist es Ihr Schicksal, in dem, was Sie tun, der oder die Beste zu werden. Sie sind eine Führungspersönlichkeit und müssen das Sagen haben. Sich selbst treiben Sie immer am stärksten an und bei allem, was Sie versuchen, geben Sie Ihr Bestes. Wenn Sie eines Ihrer großen Ziele erreicht haben, sollten Sie sich die Zeit nehmen und diesen Augenblick wirklich genießen. Als Schicksalszahl 1 haben Sie alle Zeit, die Sie brauchen, um Ihre Träume zu verwirklichen. Denken Sie jedoch immer daran, dass Sie auch nur ein Mensch sind; es ist vollkommen in Ordnung, auf Ihrem Weg zur Vortrefflichkeit auch einmal einen Fehler zu begehen. Es wäre ratsam, wenn Sie Ihre enormen Energien bündeln – versuchen Sie es mit Yoga oder einer anderen fernöstlichen Meditationstechnik, um zu innerer Gelassenheit zu finden.

Schicksalszahl 2
Bevor Sie diesen Planeten verlassen, ist es Ihr Schicksal, die Menschen in Frieden und Harmonie zusammenzubringen. Sie sind ein meisterhafter Vermittler. Die 2 eignet sich gut als Richter und betätigt sich oft in der Bürgerrechtsbewegung. Lassen Sie sich jedoch nicht von Ihrem Mitgefühl mitreißen. Wenn Sie innerlich nicht stark bleiben, können Sie der Arbeit, die Ihnen so viel bedeutet, nicht effizient nachgehen. Sie lieben bedin-

gungslos und obwohl Sie als Lebenspartner sowie als Mutter oder Vater vorzüglich sind, suchen Sie letztendlich auch eine Möglichkeit, diese Eigenschaften der ganzen Welt zugute kommen zu lassen. Sie besitzen mediale Fähigkeiten. Achten Sie darauf, nicht den Schmerz anderer auf sich zu nehmen, sonst geraten Sie irgendwann in Versuchung, sich ganz in sich zurückzuziehen. Ihr Schicksal ist es jedoch, in der Welt zu bleiben und sie zu einem besseren Ort zu machen.

Schicksalszahl 3
Bevor Sie diesen Planeten verlassen, ist es Ihr Schicksal, andere zu motivieren und aufzubauen. Sie haben große kommunikative Fähigkeiten und häufig betätigen Sie sich als Redner, Schauspieler oder Schriftsteller. Auf einer anderen Ebene könnten Sie danach streben, die Menschen schöner zu machen – als Friseur, Modedesigner oder Innenarchitekt. Sie haben immer das Bedürfnis, die Dinge besser zu machen, und das gelingt Ihnen auch auf ganz wunderbare Weise. Hüten Sie sich jedoch davor, sich in Ihrem Drang, andere zu beraten und zu heilen, Partner oder Freunde zu suchen, die Sie direkt in die Depression führen. Bewahren Sie sich Ihr inneres Gleichgewicht. Sie bereiten anderen Freude; lernen Sie, Ihre Emotionen zu kontrollieren, damit Sie auch für sich selbst eine Quelle der Freude sind.

Schicksalszahl 4
Bevor Sie diesen Planeten verlassen, ist es Ihr Schicksal, etwas zu hinterlassen, von dem wir alle profitieren. Wenn Sie eine Fertigkeit erlernen, werden Sie darin zum Experten, und weil Sie Ihr Wissen mit anderen teilen wollen, eignen Sie sich bestens für einen Lehrberuf. Sie könnten anderen beibringen, ihre Arbeit besser zu machen, oder Sie könnten etwas aufbauen, das

noch Bestand hat, nachdem Sie schon lange fort sind – ein Gebäude, eine Sammlung oder auch einen bezaubernden Garten. Sie geben anderen stets Anweisungen. Von Natur aus können Sie logisch denken: A plus B ist immer C. Sie reparieren alles, was defekt ist – von tropfenden Wasserhähnen bis hin zu einer mangelhaften Stadtplanung. Achten Sie darauf, dass Sie Ihre hervorragenden Ideen in die Tat umsetzen, bevor Sie sie in Ihrem Kopf völlig zerdenken. Ihre Instinkte sind vernünftig und es ist Ihr Schicksal, Ihren Instinkten gemäß zu handeln.

Schicksalszahl 5
Bevor Sie diesen Planeten verlassen, ist es Ihr Schicksal, Veränderungen herbeizuführen. Sie feiern das Leben und können selbst die einfachsten Dinge verzaubern. Als 5 veranstalten Sie gern Partys, lieben das Abenteuer und Erneuerungen aller Art. Die Welt braucht eine Avantgarde und Sie *sind* die Avantgarde. Ihre Ideen können durchaus eines Tages zur allgemeinen Norm werden, aber Sie selbst stoßen immer wieder in neues Terrain vor. Achten Sie darauf, dass Ihr Drang nach Veränderung nicht in eine Flucht in Drogen oder Alkohol mündet. Als 5 besitzen Sie ein natürliches detektivisches Gespür und Sie decken alles auf, was unehrlich oder unredlich ist, sei es in einem Menschen oder einer Regierung. Eine hoch entwickelte 5 kann die Welt aus der Heuchelei führen und eine Zeit der Aufrichtigkeit einläuten.

Schicksalszahl 6
Bevor Sie diesen Planeten verlassen, ist es Ihr Schicksal, sich selbst und den Menschen, die Sie lieben, einen sicheren Hafen zu schaffen. Zu den »Menschen, die Sie lieben« gehören für gewöhnlich alle, die Ihren Weg kreuzen. Sie sind der geborene Vater (beziehungsweise die geborene Mutter) und wenn Sie keine

eigenen Kinder haben, kümmern Sie sich fürsorglich um Ihre Angestellten, Ihre Schüler, Ihre Haustiere – kurzum, um die ganze Welt. Sie haben ausgeprägte organisatorische Fähigkeiten und die Gabe, ein behagliches Umfeld zu schaffen – sei es in einem Obdachlosenasyl oder einem Rehabilitationszentrum für Strafentlassene oder ehemalige Drogenabhängige. Jeder, der das Glück hat, unter Ihre Fittiche zu geraten, fühlt sich geliebt und rundum sicher.

Schicksalszahl 7
Bevor Sie diesen Planeten verlassen, ist es Ihr Schicksal, Ihren Glauben zu finden und den Sinn des Lebens zu erforschen. Sie sind ein spirituelles Wesen und wenn Sie diesen Aspekt in sich leugnen, werden Sie niemals wahren Frieden finden. Sie brauchen Ihre Einsamkeit, aber Sie haben auch das Bedürfnis, Ihren Glauben mit anderen zu teilen. Häufig bewerkstelligen Sie das durch schriftstellerische oder musische Arbeiten. Vermeiden Sie es unter allen Umständen, aufgrund schlimmer Lebenserfahrungen zynisch zu werden. Sie müssen der harten Realität entfliehen – lernen Sie, das auf eine Weise zu tun, die nicht selbstzerstörerisch ist. Es tut Ihnen gut, die Welt zu erforschen und nahe dem Ozean oder in einer so herrlichen Umgebung wie den Bergen zu leben. Meiden Sie Drogen und Alkohol. Meditation fällt Ihnen leicht und hilft Ihnen, den Seelenfrieden zu finden, den Sie suchen.

Schicksalszahl 8
Bevor Sie diesen Planeten verlassen, ist es Ihr Schicksal, finanzielle Sicherheit zu erlangen. Sie müssen jedoch die illusorische Natur des Geldes begreifen. Es gibt Millionäre, die sich fürchten, auch nur einen einzigen Cent auszugeben; und es gibt Menschen, die am Existenzminimum leben, aber das Wenige,

das sie besitzen, mit anderen teilen und sich dadurch wie Könige fühlen. Sie müssen lernen, dass das Universum all Ihre Bedürfnisse erfüllen wird. Als 8 fühlen Sie sich von Qualität angezogen und Sie sammeln gern Besitztümer, die eine Bedeutung für Sie haben. Die 8 kann Schicksalsschläge erleiden, die sich auf körperlicher oder mentaler Ebene als Krankheiten manifestieren. Das Geheimnis besteht darin, nie den Sinn für Humor zu verlieren und sich immer auf die eigenen Ziele zu konzentrieren. Wenn Sie das tun, werden Sie ganz sicher alles bekommen, was Sie vom Leben wirklich wollen.

Schicksalszahl 9

Bevor Sie diesen Planeten verlassen, ist es Ihr Schicksal, einen höheren Bewusstseinszustand zu erlangen und dies auch anderen zu ermöglichen. Dafür müssen Sie lernen, all jenen zu vergeben, die Sie in der Vergangenheit verletzt haben. Sie sind stark und nicht aus der Ruhe zu bringen und aus diesem Grund wenden sich Menschen in einer Krise auch an Sie. Die Kehrseite ist, dass Sie bisweilen unnahbar oder sogar arrogant wirken, aber wir wissen beide, dass Sie in Wirklichkeit Liebe brauchen und ersehnen. Lassen Sie es die Menschen wissen, wenn Sie ihre Hilfe benötigen. *Es ist vollkommen in Ordnung, um Hilfe zu bitten.* Während Sie innerlich immer weiter wachsen und lernen, das Leben gleichmütiger zu betrachten, gehört es zu Ihrem Schicksal, diese Kunst auch anderen zu vermitteln.

Die Geburtstagszahl

Die Geburtstagszahl ergibt sich aus dem Tag Ihrer Geburt. Sie beeinflusst die Art und Weise, wie Sie aussehen und wie die Menschen Sie auf den ersten Blick wahrnehmen. Da Ihre wahre Persönlichkeit in der Lebensaufgabenzahl zu finden ist, ist es für Ihr Leben am unkompliziertesten, wenn Ihre Geburtstagszahl entweder eine natürliche Partnerzahl oder eine kompatible Schwingung zu Ihrer Lebensaufgabenzahl darstellt. Falls Ihre Geburtstagszahl jedoch eine Problemzahl für die Lebensaufgabenzahl ist, werden Sie für die Menschen in Ihrem Umfeld immer wieder ein Rätsel sein. Wenn das in Ihrer Tabelle der Fall sein sollte, lassen Sie die anderen einfach wissen, wer Sie wirklich sind (nämlich so, wie es Ihre Lebensaufgabenzahl vorgibt). Das hilft Ihnen im Laufe Ihres Lebens, unnötige Konfusionen zu vermeiden.

Zwei Fallstudien: Harrison Ford und Alec Baldwin

Harrison Ford hat etwas Rätselhaftes an sich. Seine Geburtstagszahl ist die 4, seine Lebensaufgabenzahl die 9. Diese beiden Schwingungen stehen sich als Problemzahlen konträr gegenüber. Seine Lebensaufgabenzahl 9 sagt uns, dass er ein erfolgreicher Schauspieler und auch ein Menschenfreund ist. Aber seine Geburtstagszahl 4 gibt uns Rätsel auf. Eine 4 fühlt sich normalerweise im Rampenlicht nicht wohl. Wenn Sie Harrison Ford je bei einem Interview erleben durften, dann haben Sie sich bestimmt gefragt: »Was denkt er jetzt gerade wirklich? Was geht ihm durch den Kopf?« Man merkt ihm an, dass er nicht ganz im Hier und Jetzt aufgeht. Das ist ein Element einer Viererschwingung, kein Merkmal einer 9, und ein gutes Beispiel für den Spruch: »Was man sieht, ist nicht das, was man bekommt.«

Alec Baldwin hat die Geburtstagszahl 3 und die Lebensaufgabenzahl 3. Ein klarer Fall von »Was man sieht, bekommt man auch.« Jeder weiß, wie offen Alec ist. Selbst als Kim Basinger mit ihm Schluss machte, stand er offen zu seinem gebrochenen Herzen und ließ uns wissen, wie sehr er darunter litt. Er schreibt derzeit ein Buch mit Essays, die seine qualvolle Erfahrung zum Thema haben. Eine Lebensaufgabenzahl 3 bedient sich häufig des geschriebenen Wortes, um ihre emotionalen Wunden zu heilen. Alec tat auch seine politische Meinung offen kund und verkündete, sollte George Bush Präsident werden, würde er das Land verlassen. Wie wir alle wissen, hat George Bush die Wahl gewonnen, aber Alec ist immer noch da. Er hat diese Aussage wegen ihrer dramatischen Wirkung getätigt – ganz typisch für einen Menschen mit der Geburtstagszahl 3, insbesondere dann, wenn er auch die Lebensaufgabenzahl 3 hat, was dasselbe Verhalten noch unterstützt. Bei der Geburtstagszahl 3 dreht sich alles um Kommunikation und den Ausdruck der eigenen Persönlichkeit.

Die Geburtstagszahlen im Einzelnen

Geburtstagszahl 1
(Alle, die am 1., 10., 19. oder 28. eines Monats geboren wurden)
Sie wirken wie ein Mensch, der sehr kopflastig ist. Auf Ihre Indi-

vidualität sind Sie ungeheuer stolz. Andere sehen in Ihnen einen unabhängigen, kreativen Menschen, der sich für eine Führungsposition eignet. Die beste Arbeit leisten Sie immer dann, wenn Sie sich von den Menschen, für die Sie arbeiten, respektiert fühlen. Gegen eine allzu starke Überwachung lehnen Sie sich auf.

Geburtstagszahl 2
(Alle, die am 2., 11., 20. oder 29. eines Monats geboren wurden)
Sie wirken wie ein Mensch, der stets beide Seiten der Medaille sieht. Sie lassen anderen gern den Vortritt und arbeiten gut im Team. Für gewöhnlich sehnen Sie sich nicht nach dem Rampenlicht, aber für andere sind Sie immer eine Inspiration. Häufig sind Sie medial veranlagt, und es überrascht Sie keineswegs, wenn man Sie in diesen Dingen um Rat bittet.

Geburtstagszahl 3
(Alle, die am 3., 12., 21. oder 30. eines Monats geboren wurden)
Sie wirken wie ein fröhlicher Mensch und ein treuer Freund. Obwohl Sie auch künstlerisch und phantasievoll erscheinen, nimmt man Sie als überaus praktisch veranlagt wahr und wenn Sie Kinder haben sollten, auch als diszipliniertes Elternteil. Sie können sehr gut kommunizieren und häufig sucht man Ihren Rat. Wenn Sie Ihr Glück nicht finden können, werden Sie ziemlich launenhaft. Die gute Nachricht ist, dass Ihre Stimmung auch schnell wieder umschlägt!

Geburtstagszahl 4
(Alle, die am 4., 13., 22. oder 31. eines Monats geboren wurden)
Man nimmt an, dass Sie ordnungsliebend sind und ein gutes Auge für Details haben. Sie gehören zu den Managern des Lebens und arbeiten hart. Herausragende Eigenschaften wie

Loyalität und Entschlossenheit sucht man am ehesten bei Menschen wie Ihnen. Wenn Sie der Ansicht sind, in einem bestimmten Punkt Recht zu haben, geben Sie Ihre Position nur selten auf. Man muss Ihnen jedoch zugute halten, dass Sie für gewöhnlich überzeugende Argumente für Ihre Ansichten haben. Wählen Sie Ihre Worte sorgfältig und seien Sie nicht immer so plump. Menschen mit der Geburtstagszahl 4 werden häufig missverstanden. Wenn Sie freundlich in den Wald hineinrufen, dann schallt es auch freundlich heraus.

Geburtstagszahl 5
(Alle, die am 5., 14. oder 23. eines Monats geboren wurden)
Sie wirken schlagfertig und fröhlich, und man ist einfach gern mit Ihnen zusammen! Sollte irgendwo eine Party anstehen, kann sie durch Ihre Anwesenheit nur gewinnen. Die Menschen teilen Ihnen gern Ihre schlüpfrigsten Geheimnisse mit. Andererseits wirken Sie oft auch ruhelos, weil Sie sich leicht langweilen. Suchen Sie nach Möglichkeiten, Ihren Geist zu stimulieren (Bücher, Kunstausstellungen, Museumsbesuche, Reisen, Partys und dergleichen mehr).

Geburtstagszahl 6
(Alle, die am 6., 15. oder 24. eines Monats geboren wurden)
Sie wirken wie der geborene Ernährer und wie jemand, der sich nach Liebe, Freundschaft und Partnerschaft sehnt. Wenn Sie einen Raum betreten, spürt man Ihre Anwesenheit sofort. Sie besitzen eine dynamische Energie. Die Welt sieht in Ihnen eine gefestigte Persönlichkeit mit großem Verantwortungsgefühl, jemand, der anderen Menschen ein Vorbild sein kann. Sie wissen instinktiv, wie man mit Kindern umgehen muss, und Haustiere schenken Ihnen für gewöhnlich sofort ihre Zuneigung.

Geburtstagszahl 7
(Alle, die am 7., 16. oder 25. eines Monats geboren wurden)
Bei Ihnen weiß man, dass Sie gelegentlich Ruhe und Abgeschiedenheit brauchen. Sie haben intellektuelle Neigungen und suchen nach tief greifenden Antworten auf die Frage, warum wir hier sind. Andere Menschen haben oft das Gefühl, Sie seien nur schwer zu verstehen. Menschen mit der Geburtstagszahl 7 zollen sich selbst oft nicht genug Anerkennung, wenn sie etwas Bedeutsames geleistet haben; sie bewirken mehr, als ihnen klar ist. Musik und Natur berühren Sie zutiefst. Sie sollten beides in Ihr Alltagsleben einbauen.

Geburtstagszahl 8
(Alle, die am 8., 17. oder 26. eines Monats geboren wurden)
Die Welt nimmt Sie als einen Menschen wahr, der sich eine hohe Lebensqualität wünscht. Meistens sind Sie bereit, hart dafür zu arbeiten. Sie mögen Nischen, sind gut organisiert und stolz auf die reizende Familie und das Heim, das Sie sich geschaffen haben. Sie könnten allerdings zu Unfällen neigen und müssen sorgsam auf Ihre Gesundheit achten. Suchen Sie unbedingt nach Wegen, gesund und wohlbehalten zu bleiben. Häufig wirft man Ihnen vor, Sie seien unnahbar. Strengen Sie sich an und zeigen Sie anderen Ihre Herzenswärme.

Geburtstagszahl 9
(Alle, die am 9., 18. oder 27. eines Monats geboren wurden)
Man hält Sie für überaus umgänglich und sucht Ihren Rat – Fremde bitten Sie, Ihnen den Weg zu weisen. Alle sind sich sicher, dass Sie Ihnen helfen können. Sie strahlen ein Selbstvertrauen aus, das andere Menschen dazu bringt, Ihnen vollkommen zu vertrauen – selbst ihre intimsten Geheimnisse ver-

trauen sie Ihnen an. Sie können allerdings auch *gönnerhaft* wirken und sollten bei Gesprächen auf Ihre Wortwahl achten. Ziehen Sie gesunde Grenzen im Umgang mit Ihrer Herkunftsfamilie, damit Sie glücklich sein und Ihren Seelenfrieden finden können.

Die Masterzahlen

Häufig fragen mich Leute, die am 11. oder 22. eines Monats geboren wurden, nach den so genannten Masterzahlen. Sie wollen wissen, warum ich nicht mehr über diese Zahlen spreche, denn irgendwann haben sie einmal gehört, es sei etwas Besonderes, an einem solchen Tag zur Welt zu kommen.

In gewisser Hinsicht haben sie Recht. Die Masterzahlen 11 und 22 besitzen eine ganz eigene Macht, auf die ich später noch eingehen werde. Aber lassen Sie uns zuerst herausfinden, ob Sie eine Masterzahl in Ihrem Geburtsdatum haben. Sie finden sie an zwei Orten:

1. Der Tag, an dem Sie zur Welt kamen, ist entweder der 11. oder der 22. eines Monats.
2. Wenn Sie Ihre Lebensaufgabenzahl errechnen, ergeben die Ziffern aus Tag, Monat und Jahr entweder eine 11 oder eine 22, bevor Sie sie auf eine einstellige Zahl reduzieren.

Ein Beispiel für den zweiten Fall ist der 3.1.1980. Wenn Sie die Ziffern addieren, erhalten Sie eine Masterzahl:

$3 + 1 + 1 + 9 + 8 + 0 = 22$

Wenn Sie an diesem Tag geboren wurden, haben Sie eine Masterzahl in Ihrer Tabelle. Hier noch zwei Beispiele:

George Carlin
12.5.1938
1+2+5+1+9+3+8=29
2+9=11
Die 11 ist die Masterzahl.

Clint Eastwood
31.5.1930

3+1+5+1+9+3+0=22
Die 22 ist die Masterzahl.

Was bedeutet es, wenn Sie eine Masterzahl in Ihrer Tabelle haben? Es bedeutet schlicht und einfach, dass Sie sich in diesem Leben nicht bequem zurücklehnen können – Sie haben Arbeit zu erledigen. Sie besitzen die Macht, etwas zu bewegen, und Ihre Zeit auf dieser Erde sollte einem höheren Zweck dienen. Zünden Sie eine weiße Kerze an, meditieren Sie und fragen Sie das Universum, welche Aufgabe auf Sie wartet. Dienen Sie ihr, indem Sie in einen Lehrberuf gehen oder provokante Bücher schreiben? Sollten Sie wunderbare Gebäude entwerfen? Oder ein Heilmittel für eine Krankheit finden? Kurzum, Menschen mit den Masterzahlen 11 und 22 besitzen oft einen brillanten Verstand – setzen Sie ihn ein!

Ein Wort der Warnung an die Masterzahlen

Es kann ein Segen sein, eine Masterzahl in seiner Tabelle zu haben. Es kann aber auch zu Unentschlossenheit und in einigen Fällen zu Niedergeschlagenheit führen. Wenn man die Last spürt, sein Leben »meistern« zu müssen, kann das Panik und Unsicherheit hervorrufen. Was ist, wenn etwas schief läuft? All Ihre großen Ideen liegen dann brach, weil Sie sich zu sehr davor fürchten, sie in die Tat umzusetzen. Die 11 und die 22 neigen zu diesen Ängsten. Als Masterzahl 11 sollten Sie die Zahl 1 studieren und sich klar machen, dass einige von ihren Eigenschaften auf Sie doppelt zutreffen (aufgrund der zweifach vorhandenen Energie der 1). Als Masterzahl 22 sollten Sie die 2 studieren und sich bewusst machen, dass einige der Eigenschaften dieser Zahl doppelt auf Sie zutreffen (aufgrund der zweifach vorhandenen Energie der 2). *Denken Sie immer daran,* dass die Masterzahl letztendlich auf eine 2 beziehungsweise auf eine 4 reduziert wird. Akzeptieren Sie diese einstellige Endzahl und machen Sie es sich selbst nicht so schwer. Als Masterzahl müssen Sie sich im Grunde nur eine einzige Frage stellen und die lautet: Was soll ich mit meinem Leben anfangen? Erst wenn Sie die Beantwortung dieser Frage in Angriff nehmen, werden Sie Zufriedenheit finden.

Dass Sie eine Masterzahl sind, macht Sie anderen Menschen nicht überlegen. Ob es Ihnen bewusst ist oder nicht, Ihr Verhalten weckt bei anderen bisweilen den Eindruck, Sie würden sich für etwas Besseres halten. Sie selbst wissen oft gar nicht, warum Ihr Gegenüber eine Verteidigungshaltung einnimmt. Denken Sie an diese Neigung und bemühen Sie sich, freundlich zu anderen zu sein und ihnen die Befangenheit zu nehmen.

Als Masterzahl 22 sollten Sie auf Ihre Wortwahl achten. Sie müssen nicht barsch sein und andere verbal exekutieren, auch wenn Sie überaus eloquent mit Worten umgehen können. Fördern Sie mit diesem Talent lieber den Frieden in Ihrem Leben, nicht den Konflikt. Als Masterzahl 11 haben Sie dasselbe Problem, aber aus anderen Gründen. Mit einer doppelten 1 flüstert Ihnen eine innere Stimme zu, Sie seien nicht gut genug und würden Ihr Leben nie auf die Reihe kriegen. Sogleich setzen Ihre Schutzmechanismen ein und unbewusst schalten Sie auf Abwehr. Bauen Sie diese Barrieren ab. Lernen Sie zu meditieren, sich zu entspannen und sich selbst mehr zu lieben, denn wenn Sie diese Furcht in sich heilen und diese negative innere Stimme zum Schweigen bringen, schaffen Sie mehr Freude und Liebenswürdigkeit in Ihrem Leben.

Wenn Ihre Lebensaufgaben- oder Geburtstagszahl eine dieser Masterzahlen aufweist, dann machen Sie sich klar, dass nur solche Menschen diese Zahlen erhalten, die hier sind, um andere zu inspirieren und der Menschheit zu dienen. Betrachten Sie es als ein Geschenk des Universums.

Die Macht der Null

Die Menschen der Antike sahen in der 0 die Gabe göttlicher Intuition, denn sie kennt keine Grenze. Wer eine 0 in der Geburtstagszahl hat, besitzt eine klare innere Stimme der Spiritualität. Wenn Sie auf diese Stimme hören, wird sich Ihr Leben zum Besseren verändern.

Wenn Sie an einem 10., 20. oder 30. eines Monats geboren wurden oder ihre Geburtstagszahl zu einer dieser Zahlen addiert werden kann, bevor Sie sie auf eine einstellige Endzahl reduzieren, dann kann das ein großer Segen sein. Es kann auch eine verborgene 0 in Ihrer Geburtstagszahl geben, ebenso wie bei den Masterzahlen. Hier zwei Beispiele:

Jodie Foster	Debbie Reynolds
19.11.1962	1.4.1932
1+9+1+1+1+9+6+2=30	1+4+1+9+3+2=20

Wenn Sie eine machtvolle 0 besitzen, gehören Sie zu diesen besonderen Menschen, die anderen helfen können, ihren Weg zu

Die Geburtstagszahl

finden. Sie besitzen die Fähigkeit, zu motivieren, zu inspirieren und aufzubauen. Je nachdem, ob Ihre Zahl eine 10, eine 20 oder eine 30 ist, gibt es für Sie eine jeweils passende Vorgehensweise.

Die **10** sollte sich als Mentor betätigen und andere ermutigen, sich auf die Verwirklichung ihrer Träume zu konzentrieren.

Die **20** erzielt die besten Ergebnisse durch Liebe, indem sie andere umfassend unterstützt und sie ermuntert, voranzuschreiten, ohne ihnen dabei in den Weg zu kommen.

Die **30** sollte andere beraten und den Menschen durch Kommunikation zu ihrem Ziel verhelfen.

Die **0** erkennt intuitiv das Beste in allen Zahlen, aber auch das Schlimmste. Sie besitzt großes Einfühlungsvermögen und ist ein hervorragender Problemlöser. Sie kümmert sich um andere aus eigenem Antrieb, muss jedoch darauf achten, dabei nicht so viele Schrammen davonzutragen, dass sie irgendwann alles hinschmeißt. Bei Menschen, die allzu negativ sind, besteht die Gefahr, dass die 0 ausgelaugt wird.

Wenn die 0 sich verliebt, möchte sie ihrem Partner das Gefühl geben, etwas ganz Besonderes zu sein – und häufig spielt sie ihre eigenen Talente dabei herunter, um den anderen nicht auszustechen. Das ist niemals gut. Wenn die Beziehung endet, kapselt sich die 0 ab, und es fällt ihr schwer, sich neu zu verlieben. Die Lösung besteht für die 0 darin, ihre von Gott gegebenen Gaben anzunehmen und sie in ihrem Leben mit so vielen Menschen wie möglich zu teilen. Es ist wichtig, dass die 0 niemandem erlaubt, sich ihr dabei in den Weg zu stellen.

Um Khalil Gibrans *Der Prophet* zu zitieren: »Seht zu, dass ihr nicht vor dem Lahmen hinkt und es für Freundlichkeit haltet.«

Die Einstellungszahl

Die größte Entdeckung meiner Generation ist die, dass ein Mensch nur durch Änderung seiner Einstellung sein Leben ändern kann.
William James

Wenn Sie die Lebensaufgabenzahl eines Menschen analysieren und das Ergebnis irgendwie nicht ganz zutreffend zu sein scheint, dann nehmen Sie sich seine Einstellungszahl vor. Sie erinnern sich sicher noch aus dem Kapitel »Entdecken Sie Ihre Zahlen« (Seite 21), dass man für die Einstellungszahl den Tag und den Monat der Geburt zusammenzählt und das Ergebnis dann auf eine einstellige Zahl reduziert. Hier ein Beispiel:

Julia Roberts kam am 28.10. zur Welt.
2 + 8 + 1 + 0 = 11
1 + 1 = 2
Julia Roberts hat die Einstellungszahl 2.

Wir wissen zwar, dass man nur aus der Lebensaufgabenzahl das wahre Wesen eines Menschen ersehen kann, aber, wenn wir uns das erste Mal mit einer Person unterhalten, wirkt zunächst die Einstellungszahl auf uns. Die Einstellungszahl beeindruckt die Menschen als Erstes. Wenn Sie eine Einstellungszahl besitzen, die für Ihre Lebensaufgabenzahl ein Problem darstellt, dann kennen die Menschen Sie nicht wirklich. Die anderen mögen glauben, Sie zu kennen, aber in Wahrheit wissen sie nicht, mit wem sie es zu tun haben. Nur solange Lebensaufgabenzahl und Einstellungszahl natürliche Partnerzahlen oder kompatible Zahlen sind, gibt es keine Missverständnisse.

Eine Klientin rief mich einmal an, weil sie aus dem Mann, mit dem sie sich traf, nicht schlau wurde. Er war am 6. August 1961 zur Welt gekommen. Sie meinte, er habe anfangs heftig mit ihr geflirtet und sei sehr süß gewesen, aber als sie dann miteinander ausgingen, wurde er sehr viel ernster und war ganz anders, als sie ihn zuerst eingeschätzt hatte. Ich ging mit ihr seine Zahlen durch.

Seine Geburtstagszahl war die 6, seine Lebensaufgabenzahl die 4 und seine Einstellungszahl die 5. In diesem Fall widersprach die 5 seiner wahren Persönlichkeit. Die 4 ist überaus ernst und diszipliniert. Ein Mensch mit der Lebensaufgabenzahl 4 arbeitet hart, aber wenn er nach Hause kommt, will er dort bleiben und sich entspannen. Sein Heim ist seine Zuflucht. Diese Merkmale treffen auch auf die 6 zu.

Die 5 trifft man andererseits nur selten zu Hause an. Die 5 ist immer unterwegs, auf der Suche nach Nervenkitzel und Abwechslung. Die 5 ist ein Charmeur, während die 4 ehrlich und zuverlässig ist und niemandem den Kopf verdrehen will. In diesem speziellen Fall hatte die Frau eine doppelte 5 in ihren Geburtszahlen, darum fühlte sie sich von der Einstellungszahl 5 ihres Verehrers angezogen. Ihr war nicht klar, dass all seine anderen Zahlen für sie ein Problem darstellten.

Als wir seine Zahlen analysiert hatten, fühlte sich meine Klientin nicht länger verletzt und zurückgestoßen, wenn ihr Freund still und nachdenklich wurde. Übrigens eine großartige Lektion, die wir alle lernen sollten: Immer die Einstellungszahl prüfen um sicherzustellen, dass sie mit dem Rest der Tabelle eines Menschen kompatibel ist – und auch mit unserer eigenen!

Sehen wir uns noch einmal das Beispiel Julia Roberts an. Julia hat die Einstellungszahl 2. Die 2 ist verliebt in die Liebe. Diese Einstellungszahl bringt uns dazu, wieder an Romantik zu glauben. Wenn Julia vor der Kamera steht, kaufen wir ihr einfach alles ab. Wenn Sie leidet, leiden wir mit ihr. Erinnern Sie sich an die Szene aus *Notting Hill*? Sie schaut Hugh Grant tief in die Augen und sagt: »Ich bin auch nur ein Mädchen, das vor einem Jungen steht und ihn bittet, es zu lieben.« Das rührt uns zu Tränen – eine echte 2 in Aktion! Doch wie steht es mit der Lebensaufgabenzahl von Julia Roberts? Sie ist eine 7, jemand, der nie all seine Gefühle preisgibt. Wir glauben zwar, das wir aufgrund ihrer Einstellungszahl 2 eine besondere Beziehung zu Julia haben, aber die 7 umgibt ein Geheimnis und wird uns niemals vollständig einweihen. Das ist der Unterschied zwischen der Einstellungszahl 2 und der Lebensaufgabenzahl 7. Die 2 liebt jedermann, doch die 7 ist enorm wählerisch.

Die Einstellungszahlen im Einzelnen

Einstellungszahl 1

Sie bitten nicht gern um Hilfe und können sich stets selbst motivieren. Für gewöhnlich gibt es ein Problem mit Ihrem Selbstwertgefühl: Sie denken oft, nicht gut genug zu sein. Aus diesem Grund brauchen Sie den Zuspruch anderer. Wenn man an Sie glaubt, gibt es nichts, was Sie nicht erreichen könnten; wenn man das nicht tut, rebellieren Sie.

Connie Chung	20.8.1946
Gloria Estefan	1.9.1957
Henry Ford	30.7.1863

Elton John   25.3.1947
Barbra Streisand   24.4.1942

Einstellungszahl 2
Sie sind unbekümmert und oft ein aufmerksamer Beobachter. Sie haben eine romantische Ader und Liebe ist Ihnen wichtig. Alles, was mit medialen Fähigkeiten zu tun hat, fasziniert Sie. Sie hatten auch schon Déjà-vu-Erlebnisse. Was Sie träumen, geht oft in Erfüllung. Sie sind in Kontakt mit Ihrer Intuition und der metaphysischen Seite des Lebens. Für andere empfinden Sie großes Mitgefühl und die Lebensgeschichten anderer faszinieren Sie. Nur selten kommt es vor, dass Sie sich langweilen.

Julia Roberts   28.10.1967
Harry Connick Jr.   11.9.1967
Mia Farrow   9.2.1945
Leeza Gibbons   26.3.1957
Janis Joplin   19.1.1943
Tennessee Williams   26.3.1911

Einstellungszahl 3
Sie neigen dazu, den Clown zu spielen. Sie besitzen viel Sinn für Humor und eine charismatische Aura. Möglicherweise werden Sie nie ganz erwachsen – das Peter-Pan-Syndrom. Wenn Sie guter Laune sind, zeichnen Sie sich durch ein breites Lächeln, strahlende Augen und großartige Konversation aus. Wenn Sie allerdings schlecht gelaunt sind, ist es keine Freude, in Ihrer Nähe zu sein. So wirken Sie auf andere.

Cuba Gooding Jr.   2.1.1968
Steven Spielberg   18.12.1947

Sarah Vaughan	27.3.1924
Truman Capote	30.9.1924
Clark Gable	1.2.1901
Alfred Hitchcock	13.8.1899

Einstellungszahl 4

Sie führen gern Listen. Manchmal werden Sie ganz still, und man weiß nicht, was Sie gerade denken. Sie halten sich über alles auf dem Laufenden, was passiert. Mit Vorliebe gehen Sie hinaus in die Natur oder reparieren beziehungsweise bauen etwas. Die Einstellungszahl 4 hat uns allen etwas beizubringen. Sie werden in dem, was Sie tun, zum Experten und geben Ihr Können anderen weiter. Zweifelsohne spielen Sie gern des Teufels Advokaten und bringen uns dazu, alle Seiten der Medaille zu sehen. Wenn Sie jemanden für unehrlich halten, werden Sie ihn damit konfrontieren.

Woody Allen	1.12.1935
Bette Midler	1.12.1945
Vanessa Redgrave	30.1.1937
Sylvester Stallone	6.7.1946
Bruce Willis	19.3.1955

Einstellungszahl 5

Sie sind verspielt und haben gern Spaß. Hier einige Beispiele meiner Klienten. Eine schickte mir ein Foto, wie sie in Sri Lanka auf einem Elefanten saß. Eine andere fuhr zu ihrem vierzigsten Geburtstag auf einem Floß durch den Grand Canyon und bestieg an ihrem fünfzigsten Geburtstag den Eiffelturm. Sehen Sie, wie die 5 losziehen und die Welt erforschen muss? Auch Sie können es kaum erwarten, alle Teile dieses Planeten kennen zu lernen, und wenn Sie in Monotonie gefangen sind, spielen Sie gern den Märtyrer. Es ist besser für Sie, da draußen zu sein. Bei Ihnen dreht sich alles um Abenteuer und Nervenkitzel. Sie flirten gern und normalerweise sind Sie der Mittelpunkt jeder Party.

Roseanne Barr	3.11.1952
Goldie Hawn	21.11.1945
William Hurt	20.3.1950
Ann-Margaret	28.4.1941
Marlo Thomas	21.11.1937

Einstellungszahl 6

Sie bemuttern andere gern – ob Mann oder Frau, es gefällt Ihnen einfach, sich um andere Menschen zu kümmern. Wenn Sie ein Kind mit der Einstellungszahl 6 haben, wird es bei Ihnen die Elternrolle einnehmen. Über Ihr Leben bestimmen Sie ganz allein, und Sie wollen nicht, dass man Ihnen sagt, was Sie zu tun haben oder wie Sie zu sein haben. Am nützlichsten fühlen Sie sich, wenn alles aus dem Ruder läuft und Sie das Ganze wieder auf Kurs bringen können. Wenn alles friedlich zugeht, wissen Sie nicht, was Sie mit sich anfangen sollen. Sie können für gewöhnlich großartig mit Kindern umgehen oder Ihr eigenes Geschäft führen. Wenn Sie einen Raum betreten, fühlen sich andere Menschen zu Ihnen hingezogen wie Motten zum Licht.

Gracie Allen	26.7.1902
Warren Beatty	30.3.1937
Johnny Carson	23.10.1925
Jamie Lee Curtis	22.11.1958
Michelle Pfeiffer	29.4.1958
Frank Sinatra	12.12.1915

Einstellungszahl 7

Bei Ihnen weiß man nie genau, was Sie gerade denken oder fühlen. Sie bleiben gern für sich und sind introspektiv. Sie müssen unbedingt in Erfahrung bringen, warum Sie hier sind: Sie haben kein Problem damit, eine direkte Frage zu stellen, aber wenn jemand etwas von Ihnen wissen will, bedenken Sie ihn mit misstrauischen Blicken. Anderen Menschen offenbaren Sie sich nur ganz allmählich. Sie können völlig dicht machen und Ihrem Gegenüber das Gefühl vermitteln, Sie hätten auch nicht das leiseste Interesse an dem, was er zu sagen hat, aber davon darf man sich nicht täuschen lassen: Sie tun das nur, weil Sie der geborene Beobachter sind. Ihnen entgeht trotzdem absolut gar nichts.

Lauren Bacall	16.9.1924
Alec Baldwin	3.4.1958
Shirley Jones	31.3.1934
Sean Penn	17.8.1960
Kathleen Turner	19.6.1954

Einstellungszahl 8

Sie haben kein Problem damit, anderen mitzuteilen, was Sie denken. Manchmal sind Sie dabei ein wenig zu plump. Bewahren Sie sich Ihren Sinn für Humor und konzentrieren Sie sich auf die positiven Dinge des Lebens. Wenn ich einem Menschen mit der Einstellungszahl 8 über den Weg laufe, dann liest er meistens eine Zeitschrift für Investoren beziehungsweise ein Buch über Brainstorming oder wie man sein Leben verbessern und finanziell unabhängig werden kann. Sollten Sie eine Familie haben, dann wollen Sie gut für Ihre Lieben sorgen. Ihre Kehrseite könnte so aussehen, dass Geld für Sie unerreichbar bleibt und Ihnen stets zwischen den Fingern zerrinnt. Sie sollten jeden Tag als Chance für einen Neubeginn betrachten. Lassen Sie die Vergangenheit los, sonst hegen Sie nur negative Gedanken, die das potenzielle Glück des heutigen Tages durchkreuzen können.

Nicolas Cage	7.1.1964
Peter Sellers	8.9.1925
Suzanne Somers	16.10.1946
Gene Wilder	11.6.1935
Shelley Winters	18.8.1922

Einstellungszahl 9

Sie sind eine Führungspersönlichkeit. Bei der Arbeit erledigen Sie nicht nur Ihre Aufgaben, sondern auch die aller anderen. Wohin immer Sie gehen, sieht man in Ihnen den Menschen, der das Sagen hat. Das Motto Ihres Lebens lautet im Grunde: »Sag mir, was ich tun soll, und ich tu's.« Wenn Sie emotionale Narben aus Ihrer Kindheit davongetragen haben, müssen Sie diese unbedingt loslassen. Falls nicht, kann das zu Depressionen führen. Sie helfen anderen, ohne lange zu überlegen, aber Sie müssen lernen, Grenzen zu ziehen, damit Sie emotional nicht völlig ausgelaugt werden.

Jim Carrey	17.1.1962
Hillary Rodham Clinton	26.10.1947
Greta Garbo	18.9.1905
Rita Hayworth	17.10.1918
Ricardo Montalban	25.11.1920
Sonny Bono	16.2.1935

Sich wiederholende Zahlen

Wenn eine bestimmte Zahl in Ihrer Tabelle mehrmals auftaucht, hat sie einen tief greifenden Einfluss auf Ihr Leben, auch wenn sie nicht mit Ihrer Lebensaufgabenzahl übereinstimmt. Obwohl Sie Ihrer Lebensaufgabenzahl folgen müssen, um wirklich glücklich zu werden, dürfen Sie eine sich wiederholende Zahl in Ihrer Tabelle nicht einfach ignorieren. Falls die Zahl, die mehrmals auftaucht, mit Ihrer Lebensaufgabenzahl identisch ist, heißt das natürlich, dass sich die Eigenschaften Ihrer Lebensaufgabenzahl nur noch verstärken.

Wir analysieren nun die Tabellen von Christopher Reeve und Angelina Jolie, um die Wirkung einer sich wiederholenden Zahl kennen zu lernen. Anschließend betrachten wir die Tabelle von Elizabeth Taylor, um zu zeigen, wie es sich auswirkt, wenn sich wiederholende Zahlen mit der Lebensaufgabenzahl identisch sind.

Christopher Reeve
86576, Einstellungszahl 7

Wenn wir Christopher Reeves Geburtszahlen (25.9.1952) addieren und anschließend reduzieren, stellen wir fest, dass er die Lebensaufgabenzahl 6 besaß. Als ich das errechnete, war mein erster Gedanke: Das ist die Vaterzahl, die Art Mensch, die unbedingt Kinder haben muss. Es überrascht also nicht, dass er aus einer früheren Beziehung zwei Kinder hatte und ein weiteres Kind mit seiner zweiten Frau. Er war ein Mann, der sich ohne Kinder nicht vollständig gefühlt hätte.

Sie wissen, dass ein Mensch mit der Lebensaufgabenzahl 6 gut Probleme lösen kann – darin zeichnet er sich aus. Wenn das Leben ruhig verläuft, denkt er: Das ist zu gut, um wahr zu sein. Die 6 hat eine magnetische Ausstrahlung und wenn sie einen Raum betritt, rufen wir spontan: »Hoppla, wer ist das denn?« Seien wir ehrlich: Es brauchte schon einen ganz besonderen Magnetismus, um einen der größten Superhelden aller Zeiten zu spielen! Christopher Reeve war dynamisch und Amerika liebte ihn dafür.

Seine Geburtstagszahl war die 7, und die 7 hat eine angeborene Sensibilität. Möglicherweise dachte man deshalb so lange fälschlicherweise, Christopher Reeve sei schwul. Wir hatten die Gerüchte doch alle gehört, schon bevor er Michael Caine in *Das Mörderspiel* küsste! Man glaubte das einfach, auch wenn es nicht stimmt. So ist die 7 eben ... ein sehr sanfter Mensch.

Reeve hatte eine 8 als Seelenzahl und bei dieser Schwingung ist Leid vorprogrammiert. Man muss seine Lektionen auf die harte Tour lernen. Mit Ratschlägen kommt die 8 nicht gut zurecht und immer wieder passieren ihr ungewöhnliche Dinge. Für die 8 ist das Leben nicht unbedingt ein ruhiger Segeltörn.

Christopher Reeve hatte außerdem die Powernamenzahl 5. Die 5 liebt den Nervenkitzel, Reisen und Abenteuer. Und sie ist ehrgeizig. Reeve war ein sehr aktiver Mann, der alle möglichen Sportarten betrieb. Wie wir alle wissen, nahm er gerade an einem Reitturnier teil, als er seinen folgenschweren Unfall erlitt.

Die erneut in seiner Geburtstagszahl auftauchende 7 bedeutet, dass er jemand war, der einen festen Glauben brauchte. Sein Leben legte für seine inneren Überzeugungen ein deutliches Zeugnis ab. Wenn man ihn in einem der Interviews seit seinem Unfall erlebte, hörte man heraus, dass er an eine Heilung glaubte und dass er alles tat, was er konnte, damit die Ärzte mehr über Wirbelsäulenverletzungen lernten. Kurz vor seinem Tod konnte er erstmals wieder etwas in seinen Fingern fühlen und sie auch leicht bewegen. Er konnte außerdem ohne Atemgerät sprechen. Typisch für die Überzeugung einer 7: Sie glaubt fest, dass nichts unmöglich ist.

Angelina Jolie
96645, Einstellungszahl 1

Angelina Jolie kam am 4. Juni 1975 zur Welt. Das bedeutet, dass sie zwar die Geburtstagszahl 4, jedoch die Lebensaufgabenzahl 5 hat. Wenn ich mir diese Zahlen ansehe, dann weiß ich, dass es eine Dualität in ihrer Tabelle gibt, die zu Verwirrung führt. Die Geburtstagszahl 4 sehnt sich nach Sicherheit, einem Heim und einer Familie, aber die Lebensaufgabenzahl 5 braucht ihren Freiraum, um alles zu tun, was sie will. Angelina muss die Welt erforschen und Dinge auf ungewöhnliche und andersartige Weise tun.

Angelina und Billy Bob Thornton trafen sich bei einem Filmdreh und heirateten impulsiv, ohne lange darüber nachzudenken. Billy Bob hat ebenfalls die Geburtstagszahl 4 und die Lebensaufgabenzahl 5. Da die Geburtstagszahlen mit den Lebensaufgabenzahlen in beiden Tabellen in Konflikt standen, gab es in dieser Beziehung eigentlich vier Personen.

Nach allem, was man hörte, waren Angelina und Billy Bob

unglaublich verrückt. Sex war ihre oberste Priorität. Sie trugen auch kleine Phiolen mit dem Blut ihres Partners um den Hals und kauften sich Grabsteine und eine Begräbnisstätte. Die ganze Liebesaffäre hatte etwas Makabres an sich.

Als ich Angelinas komplette Tabelle analysierte, war mir klar, dass sie für Veränderungen geboren war. Ihre Namenszahlen lauteten 9, 6, 6. Die 6 ist die Mutterzahl und sie hatte gleich zweimal die 6, was mir sagte, dass sich die Eigenschaften der 6 letztendlich durchsetzen würden. Die 9 macht den Menschenfreund aus. Tja, im Laufe der Zeit befasste sich Angelina tatsächlich mit diesen Aspekten ihrer Persönlichkeit.

Letzten Endes ging Angelina nach Kambodscha und als sie dort auf Tod, Zerstörung und hungernde Kinder traf, fühlte sie sich berufen, zu helfen. Sie fand auch das kleine Baby, das sie später adoptierte und Maddox nannte. Als Angelina und Billy Bob sich begegnet waren, sagte ich in einer Talkshow, wenn die Realität sie jemals einholen sollte, wäre es mit der Beziehung vorbei und genau das geschah dann auch. Elf Tage nachdem Angelina mit Maddox zurück in die Vereinigten Staaten geflogen war, zerbrach die Ehe mit Billy Bob.

Angelina hat jedoch die Seelenzahl 6 und findet als Mutter vollkommene Erfüllung. Sie hat außerdem eine 9 in ihrer Tabelle, die Zahl, die sich mit alten Familienwunden auseinander setzen muss, darum setzte sie zum Zeitpunkt der Adoption einen Schlussstrich unter die Beziehung zu ihrem Vater. Sie wollte mit der unaufgelösten Qual aus ihrer Kindheit nicht länger zu tun haben, denn sie hatte das Gefühl, er habe in ihrem Leben bereits genug Schaden angerichtet und mehr konnte sie nicht ertragen. Sie musste ihn loslassen.

Der kleine Maddox wurde der Mittelpunkt ihrer Welt. Immer wieder hat Angelina geäußert, dass sie seit geraumer Zeit keine Beziehung mehr zu einem Mann hatte und obwohl sie diesen Teil ihres Lebens vermisse, wolle sie nicht Gefahr laufen, eine zerstörerische Beziehung einzugehen, die ihrem Kind schaden könnte. Sie trinkt auch keinen Alkohol mehr, weil sie fürchtet, wenn sie jemals zu viel trinkt und Maddox sie mitten in der Nacht braucht, wäre sie im Kopf nicht klar genug für ihr Kind.

Angelina wurde als Botschafterin für die UN ausersehen, was ihre mitfühlende Seite bestätigt. Sie übt einen ungeheuren Einfluss aus, indem sie für die armen Kinder in Kambodscha eintritt, und macht die Welt dadurch nachhaltig zu einem besseren Ort. Als Numerologin überrascht mich das nicht; schließlich lebt sie nur in Übereinstimmung mit ihren Zahlen. Aber als Mensch bin ich wahrhaft beeindruckt, wie Angelina Jolie ihr Leben um 180 Grad gewandelt hat.

Elizabeth Taylor
98898, Einstellungszahl 9

Elizabeth Taylor hat die Lebensaufgabenzahl 8. Wie schon gesagt, muss die 8 in ihrem Leben viel durchmachen. Wenn Sie sich die Lebensgeschichte von Elizabeth Taylor anschauen, so hatte diese Frau immer gesundheitliche Probleme, die sie jedoch stets überwinden konnte. Sie hatte auch mit ihrem Gewicht zu kämpfen, aber wie die 8 nun einmal ist, war sie eine große Kämpferin und ging stets als Siegerin hervor.

Elizabeth Taylor ist nicht nur eine 8, sie ist eine *dreifache* 8! Wenn eine Zahl mehrmals auftaucht und sie auch noch mit der Lebensaufgabenzahl identisch ist, dann werden die Eigenschaften dieser Zahl deutlich verstärkt. Im Fall von Elizabeth Taylor erklärt die dreifache 8 ihre große Liebe zu den makellosen Diamanten, die sie sammelte. Ein perfektes Hobby für eine 8. Wenn ich sage, dass es bei der 8 darum geht, das Thema Geld zu meistern, dann meine ich, dass jemand mit dieser Zahl, der aus drei Dingen eines wählen soll, unweigerlich das teuerste aussucht, einfach deshalb, weil es am besten aussieht. Die 8 liebt Qualität – etwas, was Elizabeth Taylor ausstrahlt.

Ihre Geburtstagszahl 9 macht sie zu einer geborenen Anführerin. Wenn eine 9 etwas Gutes tut, folgen wir ihr; wenn die 9 etwas Böses tut, folgen wir ihr auch! Im Guten wie im Schlechten, die 9 geht voran und wir laufen hinterher; das gilt insbesondere für Elizabeth. Einen Großteil ihres Lebens wurden von Zeitschriften mit ihrem Konterfei auf dem Cover mehr Exemplare verkauft als von sonst jemandem, weil die Menschen schon immer von ihr fasziniert waren. Nicht nur, weil sie ständig neue Filme drehte, sondern weil wir nie genug von ihr bekommen konnten. Ich glaube, das liegt vor allem an der dynamischen Macht ihrer Zahlen.

Die 8 und die 9 sind in der Numerologie Problemzahlen füreinander, mit einer Tabelle wie der ihren (98898) darf man also sicher sein, dass sie zahlreiche innere Kämpfe zu bestehen hatte. Auf manche Menschen wirkt sie kalt und distanziert. Auch wenn sie Nähe zeigen möchte, könnte ihr das schwer fallen.

Wenn ich mir die Numerologie einiger der Männer anschaue, mit denen sie zusammen war, dann stelle ich fest, dass drei ihrer Liebhaber die Lebensaufgabenzahl 2 hatten – sehr verletzliche Männer also. Sie fühlt sich von diesem Typ angezogen – denken Sie nur an ihren Freund Michael Jackson. Zu den anderen sensiblen Männern in ihrem Leben gehörten Roddy McDowell, Montgomery Clift und James Dean. Die Einstellungszahl 2 bewirkte, dass Elizabeth sich zu ihnen hingezogen fühlte und sie sich zu Elizabeth hingezogen fühlten. Sie standen einander aufgrund ihrer Schwingungen nahe.

Sich wiederholende Zahlen im Einzelnen

Hier nun eine Erläuterung der Zahlen 1 bis 9 und was es bedeutet, wenn die betreffende Zahl in Ihrer numerologischen Tabelle mehrfach auftaucht:

Die mehrfache 1
Sie streben bei allem, was Sie tun, immer danach, der oder die Beste zu sein. Überwinden Sie die Stimme in Ihrem Kopf, die Ihnen ständig zuflüstert: »Nicht gut genug.«

Die mehrfache 2
Sie müssen lieben und geliebt werden, um glücklich zu sein. Arbeiten Sie daran, nicht allzu sensibel zu sein. Es ist in Ordnung, wenn Sie nicht die Schmerzen der ganzen Welt auf sich nehmen.

Die mehrfache 3
Sie müssen Wege finden, um zu kommunizieren – sei es durch das gesprochene oder das geschriebene Wort. Tun Sie alles, was nötig ist, um Ihren wunderbaren Sinn für Humor zu behalten, und glauben Sie stets an Magie.

Die mehrfache 4
Sie müssen Wege finden, kontinuierlich zu lernen. Hören Sie auf, großartige Ideen nur in Ihrem Kopf auszuleben und sie

dann sterben zu lassen. Gehen Sie das Wagnis ein! Tun Sie es einfach! Sie werden angenehm überrascht werden.

Die mehrfache 5
Sie müssen Wege finden, Ihr Leben zu feiern, und dürfen niemals jemand anderem die Kontrolle über sich überlassen. Ziehen Sie los und erforschen Sie die Welt. Erleben Sie neue und aufregende Dinge. Sorgen Sie aber auch für ein Gleichgewicht, damit Sie nicht in Depressionen verfallen.

Die mehrfache 6
Sie müssen sich einfach um die Menschen in Ihrem Leben kümmern und für Sie sorgen – fangen Sie damit aber bei sich selbst an. Überwinden Sie Ihren Stolz und lassen Sie es die anderen wissen, wenn Sie Hilfe brauchen. Es ist durchaus in Ordnung, sich eine Blöße zu geben.

Die mehrfache 7
Sie müssen sich die Zeit nehmen, allein in der Natur zu sein, um zu Ihrem wahren spirituellen Selbst zu finden, das keine Scheinheiligkeit kennt. Sie sollten Ihren ständigen Fluchtdrang überwinden und gesündere Ventile finden, beispielsweise ein Tagebuch führen, auf eine Kreuzfahrt gehen, vielleicht die sieben Weltwunder erforschen.

Die mehrfache 8
Sie müssen anderen gelegentlich erlauben, Ihnen zu helfen, anstatt immer alles allein zu erledigen. Sie besitzen die Fähigkeit zu großem Erfolg – oder Misserfolg. Für Sie gibt es keine Grauzone. Das Leben ist ein Geisteszustand: Senden Sie positive Energie aus und sie wird zu Ihnen zurückkommen.

Die mehrfache 9
Sie müssen den alten Schmerz aus Ihrer Kindheit loslassen. Teilen Sie Ihre Verantwortungen, anstatt sich die ganze Last allein aufzubürden. Niemand kann Ihre Gedanken lesen – lassen Sie andere wissen, wie Ihre Bedürfnisse aussehen, damit sie Ihnen auch etwas zurückgeben können.

Die Intensitätszahl

In Ihrem Namen hat jeder Buchstabe einen entsprechenden Zahlenwert. Die Zahl, die am häufigsten auftaucht, ist die so genannte Intensitätszahl, denn sie steckt besonders intensiv in Ihnen.

Ich möchte das am Beispiel von Bette Midlers Namen verdeutlichen:

Dreimal die 5.
Dreimal die 2.

Bette Midler hat dreimal die 5 und dreimal die 2 in ihrem Namen. Die 5 bedeutet, dass sie leidenschaftlich und abenteuerlustig ist und sich leicht langweilt. Sie manövriert sich immer wieder in dramatische Situationen. Wenn sie eine Angst kennt, dann die Angst vor Monotonie. Die 2 ist äußerst sensibel und sich ihrer Gefühlen wirklich bewusst.

Zwei völlig unterschiedliche Energien in ein- und derselben Person. Das bedeutet, dass sie ihre Gefühle unter Kontrolle hat, und wenn man an ihre darstellerischen Leistungen denkt, ist das auch sonnenklar. Wenn Sie singt, nimmt sie uns gefangen. Sie beherrscht den Raum, aber sie ist doch auch immer eine von uns. Auch wenn die 5 auf ihre Freiheit pocht, die 2 braucht andere Menschen. Das bedeutet, dass man in Bette Midlers Gegenwart niemals einen Moment der Langeweile erleben wird.

Betrachten Sie die Intensitätszahl als Karte, die der Betreffende in der Hinterhand hat. Sie kennen die Geburtsurkunde eines Menschen, den Tag seiner Geburt und seinen Namen. Das ist alles auch ganz interessant, aber Sie haben dennoch das Gefühl, als würde etwas fehlen? Dieses fehlende Glied finden Sie in der Intensitätszahl. Sie kann das abschließende Ingredienz sein.

Die Intensitätszahlen im Einzelnen

Intensitätszahl 1
Sie besitzen ein ungeheures Selbstbewusstsein und einen starken Willen, und Sie tun alles, was nötig ist, um der oder die Beste auf Ihrem Gebiet zu sein. Sie können führen, ohne jemals innezuhalten. Eine ständige Vorwärtsbewegung. Was bedeutet das? Ich möchte gewinnen, ich will gewinnen, ich werde gewinnen. Wenn ich im Namen eines Menschen mehrfach auf die 1 stoße, weiß ich, dass ich es mit jemandem zu tun habe, der sehr konkurrenzbewusst ist, ungeachtet seiner Lebensaufgabenzahl.

Intensitätszahl 2
Die 2 sucht einen warmen, behaglichen Ort. Sie ist nicht gern allein, daher ihr Bedürfnis nach Liebe. Wenn Sie in Ihrem Namen mehrfach die 2 finden und allein stehend und berufstätig sind, dann sind Sie sicher nicht glücklich. Sie brauchen eine

Partnerschaft. Darüber hinaus besitzen Sie eine sehr mediale Energie mit erstaunlichen Bauchinstinkten.

Intensitätszahl 3
Der Clown, der das Leben feiert. Kreativität macht einen großen Teil Ihres Lebens aus. Sie sind gesellig, kommen gern mit anderen Menschen zusammen und genießen deren Anwesenheit mit einer verspielten Qualität. Sie werden nie ganz erwachsen und in Ihren Augen funkelt in jedem Alter eine kindliche Begeisterung. Sie sollten auf einem Gebiet tätig werden, für das eine gute verbale Kommunikation Voraussetzung ist.

Intensitätszahl 4
Sie suchen nach der Wahrheit und bei Ihnen dreht sich alles um die Weitergabe von Wissen. Sie sind eigenwillig und haben das starke Bedürfnis, Ihren Ansichten auch Ausdruck zu verleihen. Wenn man etwas richtig getan haben will, muss man sich an Sie wenden, aber achten Sie darauf, dass Ihre großartigen Ideen nicht in Ihrem Kopf verkümmern. Setzen Sie sie um.

Intensitätszahl 5
Als Numerologin reagiere ich auf diese Intensitätszahl automatisch mit dem Satz: »Sie mögen Sex.« Jedes Mal lacht mein Gegenüber dann auf und sagt: »Aber sicher.« Für die Intensitätszahl 5 ist Sex romantisch und macht Spaß: die Kerzen, die Dessous, die Schönheit. Ein Mensch mit der Intensitätszahl 5 sagt: »Wie können wir das zu etwas Besonderem machen, nicht nur zu der typischen Nummer?« Sie sind jemand, der gern Partys feiert und das Leben genießt. Wenn Sie nicht aufpassen, bringen Sie sich leicht in Schwierigkeiten. Bei Ihnen dreht sich alles im Leben um Leidenschaft.

Intensitätszahl 6

Wenn Sie ein Mann sind, retten Sie gern die holde Maid in Not. Wenn Sie eine Frau sind, haben Sie einen Partner, der Ihr kleiner Junge ist. Menschen mit der Intensitätszahl 6 sollten sich klar machen, dass sie nicht alles allein tun müssen. Sie besitzen eine magnetische Ausstrahlung, und man fühlt sich unweigerlich zu Ihnen hingezogen. Sie wissen nicht, wie Sie Verantwortung delegieren können, und haben das Gefühl, alles selbst erledigen zu müssen, sonst wird es nicht getan. Lassen Sie sich von den Menschen in Ihrem Leben zeigen, dass sie für Sie da sind.

Intensitätszahl 7

Stets umgibt Sie die Aura des Geheimnisvollen. Sie lassen sich nicht gern in Ihre Karten schauen. Schnüffelei ertragen Sie nicht. Je häufiger die 7 in Ihrem Namen auftaucht, desto stärker ist Ihre spirituelle Seite ausgeprägt. Sie sind hier, um Ihren Glauben zu finden, und wer mit Ihnen zusammen ist, spürt Ihren sanften, liebevollen Geist. Wenn man Sie wütend macht, können Sie jedoch beißende Bemerkungen von sich geben, die ihr Ziel unweigerlich treffen. Sie behalten Ihre Gedanken gern für sich. Man sollte Ihre Stille also nicht persönlich nehmen.

Intensitätszahl 8

Die 8 steht für den Erfolg. Sie sind geschäftsorientiert und werden alles tun, was nötig ist, um in Ihrem Leben erfolgreich zu sein. Sie neigen dazu, ein Workaholic zu werden. Das Geheimnis ist der finanzielle Erfolg. Die Intensitätszahl 8 muss lernen, den Menschen in ihrem Leben mehr Beachtung zu schenken, denn für diese Menschen arbeitet sie ja überhaupt erst so schwer. Beherzigen Sie auch die Ratschläge anderer, das holt Sie aus Ihrer Opferrolle.

Intensitätszahl 9

Sie sind wohltätig und sorgen sich zutiefst um andere Menschen. Außerdem haben Sie den starken Drang, die Welt kennen zu lernen. Sie sollten reisen, sich die Welt ansehen, ein Tagebuch führen, Ihre Gedanken aufschreiben und den Schmerz der Vergangenheit loslassen. Wenn Sie Hilfe brauchen, dann bitten Sie darum. Verweigern Sie sich nicht Ihrer Führungsposition; Sie sind sehr gut darin, das Sagen zu haben.

Wie Sie den perfekten Partner finden

Wenn Sie wissen wollen, inwieweit Sie mit Ihrem Partner kompatibel sind, müssen Sie vor allem auf die Lebensaufgabenzahl und auf die Einstellungszahl achten. Idealerweise sind Ihre beiden Lebensaufgaben- und Einstellungszahlen entweder Natürliche Partnerzahlen oder Kompatible Zahlen. Sollte es sich jedoch um Problemzahlen handeln, werden Sie es mit Schwierigkeiten zu tun bekommen. Der dritte Faktor, der eine bedeutende Rolle spielt, ist die Anzahl der Zahlen, die Sie und Ihr Partner gemeinsam haben. Wenn Sie drei oder mehr Primärzahlen gemeinsam haben, sind Sie beide Seelengefährten. Eine Verbindung von Seelengefährten bedeutet im Grunde, dass die Partnerschaft niemals vorüber ist, auch wenn sie endet, ob sie nun gut oder schlecht war. Ihr Seelengefährte könnte ein Mensch sein, der Ihnen genau das beibringt, *was Sie in Ihrem Leben eigentlich gar nicht haben wollten,* oder der Ihnen jeden Tag Glücksgefühle beschert, nur weil Sie beide zusammen sein können.

Achtung: Verwenden Sie für die Analyse der persönlichen Zahlen den Namen, mit dem Sie Ihren Partner im Alltag ansprechen. Wenn Ihr Partner beispielsweise Robert Smith heißt, Sie ihn aber nur Bob nennen, dann addieren Sie die Buchstabenwerte von Bob Smith. Wenn Sie Cynthia Thompson heißen, Ihr Partner Sie aber Cindy nennt, dann verwenden Sie bei der Analyse den Namen Cindy Thompson.

Worauf man bei einem Partner achten sollte

Was ist eine natürliche Partnerzahl?
Natürliche Partnerzahlen sind Zahlen, die sich zutiefst ähnlich sind. Sie ordnen sich stets in Dreiergruppen. Die erste Gruppe besteht aus 1, 5 und 7; das sind die Verstandeszahlen. Die zweite Gruppe besteht aus 2, 4, und 8 – den Geschäftszahlen. Die dritte und letzte Gruppe besteht aus 3, 6 und 9, den kreativen Zahlen. Wenn sich zwei Menschen mit Natürlichen Partnerzahlen begegnen, wird automatisch eine Verbindung hergestellt. Die Beziehung entwickelt sich normalerweise harmonisch. Es existiert ein unmittelbares Verständnis. Sie müssen einem Natürlichen Partner nicht erklären, warum Sie etwas tun, weil er es höchstwahrscheinlich ganz genau so tun würde.

Was ist eine Kompatible Zahl?
Kompatible Zahlen sind in der Numerologie jene Energien, mit denen Sie sich verstehen, denen Sie aber hin und wieder erklären müssen, warum Sie etwas tun. Eine Kompatible Zahl genießt Ihre Gesellschaft und ist bereit, an der Beziehung zu arbeiten, wenn es mal nicht ganz so glatt läuft.

Was ist eine Neutrale Zahl?
Eine Neutrale Zahl ist eine Schwingung, der Sie zu Beginn gleichgültig gegenüberstehen. Die Beziehung kann im Laufe der Zeit zwei Richtungen einschlagen – friedlich oder Kampf bis aufs Blut. Sie müssen die Neutrale Zahl von Fall zu Fall erleben, bevor Sie Schlussfolgerungen ziehen können. Achtung: Nicht jede Schwingung hat eine Neutrale Zahl.

Was ist eine Problemzahl?

Problemzahlen können Sie im Grunde nicht verstehen. Es ist, als ob Sie beide verschiedene Sprachen sprechen. Verletzte Gefühle und Missverständnisse treten bei zwei Menschen, die in Ihrer Tabelle Problemzahlen haben, sehr häufig auf. Daran trägt keiner die Schuld. Es sind einfach unterschiedliche Schwingungen, die in verschiedene Richtungen pendeln. Achtung: Einige Numerologen bezeichnen Problemzahlen auch als »toxische Zahlen«. Ich verwende beide Ausdrücke; die Begriffe sind also austauschbar.

Übersicht der Zahlen und ihrer gegenseitigen Beziehungen

Im Folgenden finden Sie eine Liste aller 9 Zahlen in ihrer jeweiligen Beziehung zu den anderen Zahlen. Das gilt für *jede* Zahl in Ihrer Tabelle. Sie ersehen daraus, welche Zahlen für Sie eine Natürliche Partnerzahl, eine Kompatible Zahl, eine Neutrale Zahl oder eine Problemzahl darstellen. Sie können anhand dieser Liste die Übereinstimmung Ihrer Seelen-, Persönlichkeits-, Powernamen-, Geburtstags-, Lebensaufgaben-, Einstellungs- und Schicksalszahl mit denen Ihres Gegenübers prüfen.

Schwingung 1
Natürliche Partnerzahlen: 1, 5 und 7
Kompatible Zahlen: 2, 3 und 9
Problemzahlen: 4 und 6
Neutrale Zahl: 8

Schwingung 2
Natürliche Partnerzahlen: 2, 4 und 8
Kompatible Zahlen: 1, 3, 6 und 9
Problemzahlen: 5 und 7

Schwingung 3
Natürliche Partnerzahlen: 3, 6 und 9
Kompatible Zahlen: 1, 2 und 5
Problemzahlen: 4, 7 und 8

Schwingung 4
Natürliche Partnerzahlen: 2, 4 und 8
Kompatible Zahlen: 6 und 7
Problemzahlen: 1, 3, 5 und 9

Schwingung 5
Natürliche Partnerzahlen: 1, 5 und 7
Kompatible Zahlen: 3 und 9
Problemzahlen: 2, 4 und 6
Neutrale Zahl: 8

Schwingung 6
Natürliche Partnerzahlen: 3, 6 und 9
Kompatible Zahlen: 2, 4 und 8
Problemzahlen: 1, 5 und 7

Schwingung 7
Natürliche Partnerzahlen: 1, 5 und 7
Kompatible Zahl: 4
Problemzahlen: 2, 3, 8 und 9

Schwingung 8
Natürliche Partnerzahlen: 2, 4 und 8
Kompatible Zahl: 6
Problemzahlen: 3, 7 und 9
Neutrale Zahlen: 1 und 5

Schwingung 9
Natürliche Partnerzahlen: 3, 6 und 9
Kompatible Zahlen: 1, 2 und 5
Problemzahlen: 4, 7 und 8

Ein machtvolles Paar: Bill und Hillary Clinton

Bill Clinton
Geboren am 19.8.1946
68512, Einstellungszahl 9

Hillary Clinton
Geboren am 26.10.1947
55183, Einstellungszahl 9

Lassen Sie uns ansehen, wie stark die beiden miteinander verbunden sind. Drei ihrer fünf Primärzahlen sind gleich, was erklärt, warum ihre Partnerschaft funktioniert und warum sie trotz der öffentlichen Eheprobleme immer noch zusammen sind.

Ihre Einstellungszahlen sind identisch (9). Ihre Lebensaufgabenzahlen sind kompatibel (2 und 3). Drei von fünf Primärzahlen sind gleich (1, 5 und 8), was sie zu Seelengefährten macht. Sie haben alles, wonach ich in einer viel versprechenden langfristigen Bindung suchen würde.

Da eine Verbindung von Seelengefährten gut oder schlecht sein kann, sollten Sie sich bei der Analyse Ihrer Tabelle als Erstes folgende Frage stellen: »Ich habe zwar einen Seelengefährten gefunden, aber bin ich in dieser Beziehung auch wirklich glücklich?« Ich glaube, dass Bill und Hillary alles in allem tatsächlich glücklich sind. Sie finden eine ungeheure Erfüllung, weil ihre Mission im Leben ganz ähnlich ist, auch wenn sie getrennte Ziele verfolgen. Mit ihrer Einstellungszahl 9 sind beide Führungspersönlichkeiten und stehen im Interesse der Öffentlichkeit.

Die 8 ist eine Politikerzahl und die Zahl für Geldgeschäfte. Alle Menschen mit einer 8 müssen ihre Lektionen auf die harte Tour lernen. Bill und Hillary haben den Whitewater-Finanzskandal, Monica Lewinsky, die Amtsanklage und viele andere Schwierigkeiten durchgestanden. Sie haben ihre Kräfte vereint und alle großen Probleme gemeistert. Bill Clinton diente zwei Amtsperioden im Weißen Haus und Hillary hat ihren Sitz im Senat für den US-Bundesstaat New York mit überwältigender Mehrheit gewonnen.

Die 1 steht für Unabhängigkeit. Es geht bei diesen Menschen nicht um eitel Sonnenschein, sondern um das Gewinnen – und niemand könnte leugnen, dass Bill und Hillary darin wirklich gut sind. Die 5 kann in dramatische Situationen geraten, in denen Leidenschaft eine Rolle spielt – und das mussten wir immer und immer wieder den Zeitungsschlagzeilen über Bill entnehmen. Manchmal spielt die 5 auch den Märtyrer, was Hillary (eine zweifache 5) als betrogene Ehefrau hätte tun können, jedoch nicht tat.

Hillarys Lebensaufgabenzahl 3 motiviert die Menschen und baut sie auf, die Lebensaufgabenzahl 2 stiftet Frieden und Harmonie. Erinnern Sie sich an den Witz, wer Hillary Clintons Ehemann sein würde, wenn sie nicht Bill geheiratet hätte? Die Antwort: Der Präsident. Mit ihrer Lebensaufgabenzahl 3 und der Entschlossenheit, die ihr ganzes Wesen bestimmt, hätte nichts und niemand sie davon abhalten können, First Lady zu werden. Sie ist die Antriebsfeder und auf ihre Weise so machtvoll, dass sie ihren Mann vorwärts gedrängt hat. Da die 2 auch gern folgt, muss sie nicht immer führen. In diesem Fall hat er die Geburtstagszahl 1 und die Lebensaufgabenzahl 2. Das bedeutet, dass er zwar unabhängig und motiviert ist, aber manchmal gern anderen den Vortritt lässt. Hillary hält jedoch niemals inne. Der Spruch »Hinter jedem großen Mann steht eine große Frau« fasst diese Beziehung ausgesprochen gut zusammen.

Eigentlich suchen wir aber die Antwort auf die Frage, warum manche Partnerschaften so gut funktionieren und andere nicht. Was ihre Zahlen angeht, so müssen Bill und Hillary einfach zusammen sein. Sie verstehen sich, ob wir die Art ihrer Beziehung nachvollziehen können oder nicht. Wir können noch so viele Urteile über ihre Partnerschaft fällen, für die beiden funktioniert sie jedenfalls.

Bill und Hillarys Zahlentabelle

Erklärung der Zahlen	Bill	Hillary	Vergleich
Seelenzahl Was man im Innern fühlt. Nicht unbedingt das, was die Menschen sehen.	6	5	Problemzahlen
Persönlichkeitszahl Das Gesicht, das man der Welt zeigt.	8	5	Neutrale Zahlen

Erklärung der Zahlen	Bill	Hillary	Vergleich
Powernamenzahl Diese Zahl repräsentiert die Kraft Ihres Namens; es ist Ihre wichtigste Namenszahl.	5	1	Natürliche Partnerzahlen
Geburtstagszahl Das Bild, das die Menschen von Ihnen haben.	1	8	Neutrale Zahlen
Lebensaufgabenzahl Die Zahl, die Sie leben müssen, um glücklich zu sein. Die wichtigste Zahl in Ihrer persönlichen Numerologie.	2	3	Kompatible Zahlen
Einstellungszahl Der erste Eindruck, den andere von Ihnen erhalten.	9	9	Natürliche Partnerzahlen

Die Analyse Ihrer Tabellen

Vergleichen Sie Ihre Tabelle mit der Ihres Partners. Wenn Sie feststellen, dass es *ein oder zwei Problemzahlen* gibt, dann wissen Sie, dass Sie auf ein paar Hindernisse auf dem gemeinsamen Weg stoßen werden, jedoch auf nichts, was Sie nicht bewältigen könnten. Wenn Sie *drei Problemzahlen* haben, werden Sie immer an der Beziehung arbeiten müssen, um sie am Laufen zu halten. Wenn Sie *vier oder mehr Problemzahlen* haben und eine davon Ihre Lebensaufgabenzahl ist, dann sollten Sie sich ehrlich fragen, was Sie von dieser Beziehung haben. Erforschen Sie Ihr Inneres und wenn Sie dann immer noch denken, es sei der Mühe wert, dann brauchen Sie zumindest ehrliche Kommunikation und große Kompromissbereitschaft, um die Beziehung auf Dauer aufrecht zu erhalten. Denken Sie daran: Neutrale Zahlen müssen von Fall zu Fall bewertet werden.

Machen Sie sich Ihre Vorlieben bewusst

Der Schlüssel bei der Suche nach Ihrem perfekten Partner ist das Wissen darum, wonach Sie eigentlich suchen. Außerdem sollten Sie sich selbst gut genug kennen, um zu wissen, was für Sie am besten ist und welche Art Mensch Ihr Leben vervollständigen kann.

Mit wem auch immer Sie ausgehen, es ist der Mensch, für den Sie in diesem Augenblick bereit sind. Wenn Sie gerade eine schwere Zeit durchmachen und nur langsam heilen, dann gibt es bestimmte Menschen, die wegfallen, weil sie nicht mehr Teil Ihres Lebens sein können. Es geht allein um Ihre persönliche Reise. So habe ich beispielsweise das Gefühl, dass Menschen mit der Schwingung 2 für mich gut sind. Ich finde sie nett. Technisch gesehen ist es eine Lebensaufgabenzahl, mit der ich bestens auskomme.

Und doch habe ich Freunde, die Menschen mit der Schwingung 2 nicht ausstehen können, weil sie sie für allzu emotional oder fordernd halten. Sehen Sie sich Ihr eigenes Muster an und entscheiden Sie, mit wem Sie nicht zusammen sein können – Sie werden das deutlich erkennen, wenn Sie die Zahlen der Menschen in Ihrem Leben analysieren und dabei auf Wiederholungen achten. Bestimmte Zahlen tauchen immer wieder auf. Wenn ich in einem Menschen dieselben Zahlen sehe, mit denen ich bei jemand anderem bereits Probleme hatte, dann mute ich mir das nicht noch einmal zu.

Suchen Sie sich Schwingungen aus, mit denen Sie leichter zurechtkommen. Das macht ja gerade den Spaß aus; es ist ein Spiel, bei dem Sie auch noch erkennen, dass es das Schicksal nicht auf Sie abgesehen hat.

Ein Beispiel mit einer Schwingung 1: Lassen Sie uns annehmen, ich sei eine Lebensaufgabenzahl 1 und treffe auf eine andere Lebensaufgabenzahl 1. Doch jedes Mal, wenn ich mich bislang mit einer 1 traf, gab es Reibereien. Die 1 konkurrierte mit mir und schien zu denken, dass ich mich ihr überlegen fühle. Gleichgültig was ich sagte, es artete immer in einen Wettstreit aus. Obwohl ich theoretisch mit einer 1 kompatibel bin, ist es vielleicht am besten, nicht mit einer 1 zusammen zu sein. Wir geraten nur immer in einen Machtkampf und fragen uns, wer gewinnen wird. Es ist besser, eine Zahl zu wählen, die nicht so konkurrenzbewusst ist. Da die Schwingung 2 nicht gern konkurriert, wäre die 2 eine gute Wahl.

Jede Zahl hat eine positive und eine negative Seite. Sie werden im Laufe dieses Buches lernen, wie Sie sich selbst die Zahlen deuten. Sie sollten die Beziehung, in der Sie gerade sind, analysieren. Wenn Sie derzeit nicht in einer Beziehung sind, prüfen Sie frühere Beziehungen, über die Sie nie hinwegkamen. Dann schauen Sie, ob Sie ein Muster erkennen. Als Nächstes analysieren Sie Ihre Mutter beziehungsweise Ihren Vater – wer immer Ihrer Meinung nach den größeren Einfluss auf Sie hatte. Analysieren Sie anschließend beide, ob es nun eine gute oder eine schlechte Beziehung war, nur um zu sehen, wie die Zahlen aussehen.

Nehmen wir an, Sie sind eine Frau, die hervorragend mit Ihrem Vater auskommt. Wenn Sie einen Mann mit den Zahlen Ihres Vaters treffen, besteht die reelle Chance, dass Sie mit ihm kompatibel sind. Leider suchen wir uns unbewusst häufig die Zahlen des Elternteils aus, mit dem wir nicht auskamen, damit wir diese Beziehung »reparieren« können. Natürlich wissen wir alle, dass wir die Vergangenheit nicht ändern können. Sobald Sie das Muster in den Zahlen erkannt haben, können Sie völlig neue Entscheidungen treffen.

Jung und Verliebt: Gwyneth und Chris

Gwyneth Paltrow
Geboren am 28.9.1973
18912, Einstellungszahl 1

Chris Martin
Geboren am 2.3.1977
15622, Einstellungszahl 5

Erklärung der Zahlen	Gwyneth	Chris	Vergleich
Seelenzahl Was man im Innern fühlt. Nicht unbedingt das, was die Menschen sehen.	1	1	Natürliche Partnerzahlen
Persönlichkeitszahl Das Gesicht, das man der Welt zeigt.	8	5	Neutrale Zahlen

Powernamenzahl Diese Zahl repräsentiert die Kraft Ihres Namens; es ist Ihre wichtigste Namenszahl.	9	6	Natürliche Partnerzahlen
Geburtstagszahl Das Bild, das die Menschen von Ihnen haben.	1	2	Kompatible Zahlen
Lebensaufgabenzahl Die Zahl, die Sie leben müssen, um glücklich zu sein. Die wichtigste Zahl in Ihrer persönlichen Numerologie.	2	2	Natürliche Partnerzahlen
Einstellungszahl Der erste Eindruck, den andere von Ihnen erhalten.	1	5	Natürliche Partnerzahlen

Als Gwyneth Paltrow und Chris Martin zum ersten Mal miteinander ausgingen, wurde ich nach meiner Meinung zu dieser Partnerschaft gefragt – ob ich sie für gut hielt oder nicht. Ich war sehr beeindruckt, als ich die Zahlen sah. Die wichtigste Zahl, die Gwyneth und Chris gemeinsam haben, ist ihre Lebensaufgabenzahl und diese überaus Glück verheißende Zahl für die beiden ist die 2. Ein Mensch mit der Zahl 2 sehnt sich nach Liebe, Frieden und Harmonie. Es ist die Zahl, die sich immer sehr gut für eine Partnerschaft eignet, da eine 2 ihren Partner respektiert und auf seine Gefühle eingeht. Zwei Menschen, die beide eine 2 haben, freuen sich an ihrem gemütlichen Heim und einem Besucher fällt bestimmt als Erstes der angenehme Duft auf, der in der Luft liegt. Meistens zünden die beiden nämlich eine Kerze an und hören Musik.

Es ist die Natur der 2, offen und voller Zuneigung zu sein. Es gab ein anrührendes Foto im Magazin *People,* auf dem Gwyneth die Praxis ihres Arztes verließ, wo sie soeben erfahren hatte, dass sie schwanger ist. Ihr glücklicher Ehemann kniete neben ihr und küsste ihren Bauch. Genau das würde eine 2 tun. Und eine andere 2 würde es zu schätzen wissen. Partner, die beide die Lebensaufgabenzahl 2 haben, wollen dem anderen so eifrig eine Freude bereiten, dass einer kaum ein Kompliment ausgesprochen hat, da gibt es der andere schon zurück.

»Nach dir.«
»Nein, bitte, nach dir.«
»Oh, du bist ja so nett.«
»Nein, *du* bist so nett.«
»Ach, ich liebe dich.«
»Nein, nein, ich liebe *dich.*«

Gwyneth und Chris haben nicht nur dieselbe Lebensaufgabenzahl (2), sondern auch dieselbe Seelenzahl (1). Wenn Sie dieselbe Seelenzahl wie Ihr Partner haben, dann ist das, was Ihr Herz erfüllt, dasselbe, was auch sein Herz erfüllt. Die 1 ist die Zahl des Ehrgeizes, darum werden beide danach streben, in ihren jeweiligen Berufen ihr Bestes zu geben.

Hier haben wir zwei ehrgeizige Menschen aus dem Entertainmentgewerbe. Chris Martin ist Sänger und Musiker, Gwyneth Paltrow ist Schauspielerin – sie stehen also nicht in Konkurrenz zueinander. Das Baby ist für beide etwas ganz Besonderes, aber mehr noch für Gwyneth. Sie braucht einfach das

Gefühl, eine Familie ihr Eigen zu nennen. Gwyneth hat die 9 in ihrer Tabelle, deswegen ist das Verlassenwerden ein Thema für sie. Sie hat ihren Vater vergöttert und obwohl sie weiß, dass er sie nicht freiwillig verließ, fühlt sie sich dennoch verlassen. Sie versucht nun, sich wieder ganz zu fühlen, und eine neue Familie schließt für sie den Zyklus aus Vollendung und Neubeginn.

Chris Martin hat die 6 in seiner Tabelle. Die 6 ist die Vaterzahl. Seine Tabelle sagt mir, dass er ein wunderbarer Vater sein wird, sehr liebevoll und einfühlsam. Er verspürt auch den Drang, einer holden Maid in Not beizustehen. Gwyneth litt sehr, als ihr Vater starb, und es war Chris, der sie tröstete und ihr das Gefühl gab, geliebt zu werden. Er hat nicht nur die Lebensaufgabenzahl 2, er hat auch die Geburtstagszahl 2. Das bedeutet, bei Chris bekommt man, was man sieht. Er spielt keine Spielchen und er weiß, wer er ist.

Gwyneth hat dreimal die 1 in ihrer Tabelle und sie stellt sich oft selbst in Frage. So erstaunlich es für uns, die wir diese wunderbare Schauspielerin bewundern, auch sein mag, häufig fühlt sie sich »nicht gut genug«. Chris ist genau der Mann, der ihr diese Unsicherheit nehmen kann. Alles in allem hatten die beiden großes Glück, einander gefunden zu haben, und sie werden einem ebenso glücklichen Kind zweifelsohne wunderbare Eltern sein.

Affirmationen für den perfekten Partner

Die fundamentale Affirmation, um eine erfüllende Liebe in sein Leben zu ziehen:

»Ich begrüße eine liebevolle, fürsorgliche Beziehung zu einem Mann, der / zu einer Frau, die emotional für mich offen

ist: **Mein Partner ist ehrlich, leidenschaftlich und humorvoll. Wir gehen eine gleichberechtigte Lebenspartnerschaft ein.«**

Wie viele von Ihnen haben diese Affirmation gerade gelesen und dabei gedacht: Ach, ich wünschte, ich könnte so eine Partnerschaft haben. Wenn Sie allein stehend sind, bietet sich Ihnen die Gelegenheit, eine Liebe zu schaffen, die lohnend für Sie ist – vielleicht sogar zum ersten Mal in Ihrem Leben. Ich glaube, wir setzen alle eine defekte Mentalbrille auf, wenn wir nach Liebe suchen. Unsere »Mentalbrille« kann nur das anziehen, was wir für wahr halten. Wenn Sie aber niemals eine großartige Liebesbeziehung hatten, wie können Sie dann eine anziehen?

Der einzige Weg besteht darin, Ihr Unterbewusstsein neu zu programmieren. Das geschieht, indem Sie bestimmte Worte ständig wiederholen – so lange, bis Ihr Unterbewusstsein sie glaubt. Mit Ihren neuen Überzeugungen werden Sie förmlich zu einem Magneten und ziehen einen Menschen an, der liebevoll, emotional offen, fürsorglich und Ihnen ebenbürtig ist.

Ich weiß ganz sicher, dass diese Methode funktioniert. Ich hatte viele Klienten – weit über 500 unterschiedliche Menschen –, die auf diese Weise einen passenden Partner fanden und viele von ihnen haben auch geheiratet. Was haben Sie schon zu verlieren? Es ist ganz sicher die Mühe wert, diese Worte fünfzehn bis zwanzig Minuten täglich immer wieder aufs Neue zu wiederholen. Denken Sie daran: Sie programmieren Ihren Verstand neu, also müssen Sie diese Affirmation jeden Tag wiederholen. *Und Sie werden Ergebnisse erzielen!*

Außerdem bin ich der lebende Beweis. Im Moment führe ich die mit Abstand wunderbarste Liebesbeziehung meines gesamten Lebens, und sie ist zweifelsohne das direkte Ergebnis der oben aufgeführten Affirmation. Dieser Mann ist wahrhaft die Verkörperung von »ehrlich, leidenschaftlich, humorvoll und mir ebenbürtig«. Es versteht sich von selbst, dass ich wie elektrisiert bin!

Eine meiner Klientinnen jammerte: »Glynis, alle Männer, mit denen ich zusammen bin, betrügen mich.« Wie sieht ihre Überzeugung aus? Männer betrügen sie. Also werden die Männer sie auch betrügen. Ich schlug ihr vor, an die oben genannte Affirmation noch die Worte »**... und er ist mir treu**« anzuhängen.

Da wir gerade dabei sind: Fragen Sie sich, welche Problempunkte Sie haben, denn wie immer diese aussehen mögen, durch Ihre Liebesaffirmation müssen sie negiert werden.

Ein Klient klagte, die Frauen, die er treffe, seien alle bierernst, also fügte er der Affirmation hinzu: »**... und sie versteht jede Menge Spaß.**« Vielleicht möchten Sie »**... und er (sie) ist aufrichtig und ehrlich**« hinzufügen, wenn das bislang Ihr Problempunkt in Partnerschaften war. Was immer Sie mit einer Affirmation bekräftigen, das ziehen Sie auch in Ihr Leben. Treffen Sie ausschließlich auf bindungsscheue Männer? Sagen Sie: »**... und er liebt feste Bindungen.**« Wahrscheinlich wird der nächste Mann, dem Sie begegnen, gleich sagen: »Hi, ich bin Sam und ich wünsche mir eine feste Beziehung.« Manchmal geschieht es so schnell, dass Sie auflachen müssen.

Wenn eine Frau bisher regelmäßig auf passiv-aggressive Männer traf, könnte sie der Affirmation die Worte »**... und er ist auf echte Weise stark**« hinzufügen. Der nächste Mann in ihrem Leben wird fürsorglich, liebevoll und unterstützend sein.

Wiederkehrende Mängel oder ständig auftretende Probleme in Ihrem Leben entstammen einem negativen Feedback in Ihrem Unterbewusstsein. Sie spielen diese inneren Tonbänder schon eine ganze Weile ab, also fangen Sie gleich heute damit an, Ihrem Leben mittels positiver Affirmationen eine Wende zum Besseren zu verleihen. *Es gibt genug Gutes im Universum für uns alle.*

Die folgende Tabelle erzählt eine tief greifende Liebesgeschichte, die Sie ganz sicher inspirieren wird. Es ist eine Geschichte, die uns wissen lässt, dass außergewöhnliche Liebe möglich ist.

Wahre Liebe in Zahlen: Marion und David

Marion Cooper
Geboren am 5.11.1911
61751, Einstellungszahl 7

David Kaufman
Geboren am 14.5.1914
62857, Einstellungszahl 1

Erklärung der Zahlen	Marion	David	Vergleich
Seelenzahl Was man im Innern fühlt. Nicht unbedingt das, was die Menschen sehen.	6	6	Natürliche Partnerzahlen
Persönlichkeitszahl Das Gesicht, das man der Welt zeigt.	1	2	Kompatible Zahlen
Powernamenzahl Diese Zahl repräsentiert die Kraft Ihres Namens; es ist Ihre wichtigste Namenszahl.	7	8	Problemzahlen

Geburtstagszahl Das Bild, das die Menschen von Ihnen haben.	5	5	Natürliche Partnerzahlen
Lebensaufgabenzahl Die Zahl, die Sie leben müssen, um glücklich zu sein. Die wichtigste Zahl in Ihrer persönlichen Numerologie.	1	7	Natürliche Partnerzahlen
Einstellungszahl Der erste Eindruck, den andere von Ihnen erhalten.	7	1	Natürliche Partnerzahlen

Mein Leben lang war ich Zeugin der großen Liebe zwischen meiner Großmutter Marion Cooper und meinem Stiefgroßvater David Kaufman. Sie waren 57 Jahre lang zusammen, und als Dave starb, folgte ihm Marion innerhalb von sechs Wochen. Ihre Geschichte ist ein Beweis für die Macht der Zahlen.

Bevor Marion David traf, war sie mit Jackson Parks verheiratet. Jackson ist mein biologischer Großvater, und ich liebte ihn heiß und innig, aber numerologisch gesehen war er Gift für Marion. Jackson hatte die Geburtstagszahl 6 und die Lebensaufgabenzahl 6, Marion dagegen die Geburtstagszahl 5 und die Lebensaufgabenzahl 1. In einer 5–1-Verbindung hat keiner der beiden Partner die Kontrolle, aber die Lebensaufgabenzahl 6 muss einfach das Sagen haben – oder wenigstens das Gefühl haben, sie hätte es. Ihre wichtigsten Zahlen stellten also ernsthafte

Problemzahlen füreinander dar. Es überrascht daher nicht, dass die beiden die Scheidung einreichten, nachdem meine Mutter geboren war. Marion wurde allein erziehende Mutter und nahm eine Vollzeitstelle an.

Sechs Jahre später traf sie David Kaufman. Meine Großmutter war mittlerweile Journalistin geworden und verdiente ihren Lebensunterhalt damit, Berühmtheiten zu interviewen. Sie schrieb für *Photoplay, Movie Life* und andere führende Fan-Magazine jener Zeit. David war ein junger Nachrichtenmann – er wurde später der erste Fernsehkritiker von *Hollywood Variety*. Aber noch schrieb man das Jahr 1943 und es gab kein Fernsehen. David und Marion trafen sich auf einem Presseball und unterhielten sich gleich stundenlang miteinander. (Wenn zwei Menschen mit derselben Geburtstagszahl sich begegnen, in diesem Fall der 5, entsteht sofort ein Rapport.) Wenn man sich ihre Zahlen ansieht, entdeckt man, dass sie die Zahlen 5, 6, 7 und 1 gemeinsam haben. Wie Sie sich zweifelsohne noch erinnern, ist man auf einen Seelenpartner gestoßen, wenn man von den 5 Primärzahlen 3 gemeinsam hat. Noch am selben Abend bat David meine Großmutter, ihn zu heiraten. Die Sache ist umso erstaunlicher, als David 32 Jahre alt war und noch nie eine Frau getroffen hatte, die er hatte heiraten wollen, und doch wusste er instinktiv, dass er mit Marion zusammen sein musste.

Warum? David hat die Geburtstagszahl 5, die Lebensaufgabenzahl 7 und die Einstellungszahl 1. Marion hat die Geburtstagszahl 5, die Lebensaufgabenzahl 1 und die Einstellungszahl 7. Ihre Geburtstagszahlen sind natürliche Partnerzahlen und wenn dieser Fall eintritt, ist das wahrhaft der Himmel auf Erden. David machte Marion aufrichtig den Hof und fragte sie jeden Tag: »Willst du mich heiraten?« Eine Woche später wurden sie in Las Vegas Mann und Frau und lebten tatsächlich »glücklich bis ans Ende ihrer Tage«. In all den Jahren, die sie verheiratet waren, schenkte David Marion jeden Dienstag eine rote Rose, um sie an den Tag zu erinnern, an dem sie sich begegnet waren.

Ihre Liebe füreinander war außergewöhnlich und selbst als Kind konnte ich ihre liebevolle Verbundenheit spüren. Beide waren Schriftsteller und Journalisten, darum hatten sie eine Welt, die sie teilen konnten. Sie liebten Filme und das Reisen. Eine 1–5–7 braucht die Freiheit, nach Belieben zu kommen und zu gehen – und ihrer beider Bedürfnis zu kommen und zu gehen war so perfekt aufeinander abgestimmt, dass sie niemals auch nur eine Nacht getrennt verbrachten. Sie teilten sich auch die 6 als Seelenzahl, die Zahl der Fürsorglichkeit, und als meine Tante Laurie zur Welt kam, fühlten sich ihre Seelen vollständig.

Als Marion achtzig wurde, brach eine krankhafte Arterienerweiterung in ihrem Gehirn auf, die schon ihr ganzes Leben dort gelauert hatte. Eine schwierige Operation wurde durchgeführt und in der Narkose hatte sie ein Nahtoderlebnis. Später erzählte mir Marion, dass sie das oft berichtete Gefühl hatte, durch einen Tunnel in Richtung auf ein Licht zu kriechen. Sie wusste noch, dass sie in diesem Moment dachte: Du hast dich immer gefragt, wie es sein würde, zu sterben. Ist gar nicht so schlimm, oder? Sie kroch weiter, entdeckte einen Schatten im Tunnel und dachte: »Ach, ich hoffe, das ist David!« Als sie sich umdrehte und sah, dass er es tatsächlich war, rief sie »David!« Ihre Freude, ihn zu sehen, war so groß, dass sie spürte, wie sie ins Leben zurückgezogen wurde. Dann wachte sie auf.

Meine Großmutter lebte danach noch zehn Jahre – und es waren harte Jahre. Sie brach sich zwei Knochen und endete schließlich im Rollstuhl, aber die ganze Zeit war David an ihrer Seite. Nach zehn Jahren der Pflege schwand Davids Gesundheit und wenige Monate später starb er. Nur zwei Wochen nach seinem Tod fiel Marion ins Koma und innerhalb weniger Wochen folgte sie ihm.

Ich glaube, während ihrer Nahtoderfahrung in dem Tunnel hatte Marion das karmische Versprechen abgegeben, so lange auf diesem Planeten zu bleiben, wie David lebte. In ihrem letzten Lebensjahrzehnt waren sie jeden Tag zusammen. David pflegte sie aufopferungsvoll. Er liebte sie von ganzem Herzen und beschwerte sich kein einziges Mal, dass er nun nicht mehr reisen oder mit anderen gesellschaftlich verkehren konnte. Und Marion beschwerte sich nie über ihre nachlassenden Kräfte. Sie wussten beide, dass ihre außergewöhnliche Liebe ein Geschenk war und dass es eine besondere Ehre war, einen solchen Partner gefunden zu haben. Sie teilten eine Liebe, die wir alle verdienen – eine Liebe, die wir durch den aufmerksamen Einsatz der Numerologie bewusst einläuten können.

Was ist, wenn Ihre Zahlen nicht kompatibel sind?

Sie haben gelernt, dass die Lebensaufgabenzahlen die wichtigsten Zahlen sind, wenn Sie die romantische Kompatibilität zweier Menschen beurteilen wollen. Aber was ist, wenn Sie sich bereits in jemand verliebt haben, dessen Lebensaufgabenzahl eine Problemzahl für Sie darstellt? Heißt das, dass Sie die Beziehung sofort beenden sollten?

Die Numerologie ist die Wissenschaft der Zahlen, *aber auch die Wissenschaft der Hoffnung.* Sobald Sie die Bedeutung der Zahlen kennen, werden Sie in Ihrer Beziehung eine völlig neue Dimension entdecken – anders ausgedrückt, Sie können Wege finden, die Beziehung gesund zu halten, bevor sich nicht zu behebende Probleme entwickeln. Ich bin Optimistin – so lange wir auf der positiven Seite unserer Zahlen leben, gibt es so etwas wie echte Problemzahlen nicht. Es stimmt schon, manche Zahlen stellen für uns eine besondere Herausforderung dar, aber diese Herausforderung können wir meistern. Hier eine Geschichte:

Ich hatte eine Klientin namens Katie mit der Lebensaufgabenzahl 3, die Probleme mit einem Kollegen hatte. Alles, was er sagte, deutete sie falsch, und ständig hatte er das Gefühl, von ihr angegriffen und lächerlich gemacht zu werden. Als sie seine Zahlen analysierte und seine Tabelle erstellte, fand sie heraus, dass alle fünf Primärzahlen für ihre eigene Numerologie toxisch waren. Sie musste herzlich darüber lachen! Plötzlich verstand sie, warum sie mit ihm ständig Streit hatte. Ab diesem Zeitpunkt hörte sie auf, ihm immerzu die Schuld zu geben und wurde nach einer Weile sogar eine gute Freundin, weil sie verstand, wo seine Beweggründe lagen.

Wenn Sie eine Herausforderung für mich sind, dann bin ich eine Herausforderung für Sie. Das gilt auch im umgekehrten Fall: Wenn Sie mein Natürlicher Partner sind, dann bin ich Ihr Natürlicher Partner; wir müssen nur eine Augenbraue anheben und verstehen uns wortlos. Diese Erkenntnis ist ungeheuer befreiend; bei einem toxischen Zahlenverhältnis ist keiner von beiden »schlecht« – wir sind nur dazu ausersehen, das Leben mit unterschiedlichen Augen zu sehen. Mit Hilfe der Numerologie können wir mehr Verständnis füreinander aufbringen.

Wenn Sie eine numerologische Analyse für Ihre Familie erstellen – für Ihre Mutter, Ihren Ehemann, Ihren Exehemann – und Sie an all die Menschen denken, mit denen Sie sich nie verstanden haben, dann werden Sie allmählich ein Muster erkennen. Möglicherweise taucht in all deren Tabellen eine 5 oder eine 6 auf, beides Zahlen, die mit Ihnen nicht kompatibel sind. Oder vielleicht sagt Ihre Tabelle, dass Sie zwar theoretisch kompatibel sein *sollten,* aber in diesem Leben sind Sie es eindeutig nicht. Ich möchte, dass Sie sich klar machen, wie individuell Ihre Tabellen sind; die Zahlen lassen sich leicht errechnen, aber um herauszufinden, was hinter Ihrer ganz persönlichen Geschichte steckt, müssen Sie mit den Menschen in Ihrem Leben ein paar Hausaufgaben erledigen. Keine zwei Menschen sind identisch, selbst wenn es ihre Zahlen sind.

Wenn Sie jemandem erzählen, was man aufgrund seiner Zahlen schlussfolgern kann, und der Betreffende dann Einspruch erhebt, will er wahrscheinlich gar nicht wissen, wie seine Stärken und Schwächen aussehen. Er schätzt es nicht, dass Sie ihn wie ein offenes Buch lesen können. Verwenden Sie die Numerologie als Ihre ganz persönliche Trumpfkarte. Sie müssen die Informationen, die Sie über einen Menschen erhalten, nicht unbedingt immer mit ihm teilen.

Als Numerologin habe ich viele glückliche Paare erlebt, die aufgrund ihrer toxischen Zahlen technisch gesehen »Gift« füreinander waren. Sie können jedoch Ihre Partnerschaft funktionieren lassen, gleichgültig wie Ihre Zahlen aussehen. Wenn Sie Verständnis füreinander aufbringen, kann es wahre Einheit und Frieden geben.

Bitte machen Sie sich klar, dass eine Sucht selbst die günstigsten numerologischen Kombinationen ruinieren kann. Wenn Sie sich in einer Abhängigkeitssituation befinden, empfehle ich Ihnen ein Zwölf-Schritte-Programm. Die Anonymen Alkoholiker haben dieses Programm als Erste angewendet und mittlerweile gibt es entsprechende Programme für alles, von Drogenmissbrauch bis Sexsucht. Sie finden die Kontaktadresse für die Gruppe, die sich für Sie eignet, im örtlichen Telefonbuch oder in der Tageszeitung.

Es folgt eine Auflistung, wie die einzelnen Lebensaufgabenzahlen miteinander auskommen:

1–1

Lassen Sie uns über die 1–1-Partnerschaft sprechen. Bei der Vereinigung dieser beiden Kräfte entsteht eine explosive Verbindung, denn beide wetteifern darum, die Nummer eins zu sein. Wenn Sie harmonisch kooperieren, können Sie ein Geschäft führen und es zu einem Konzernimperium ausbauen. Aber in der Sekunde, in der sie miteinander konkurrieren, hebt das hässliche Gespenst von Eifersucht und Streit sein Haupt, und sie geraten in ernste Schwierigkeiten. Ihr unschöner Wettstreit lässt sie launisch, wütend und heimtückisch werden. Wenn mir zwei verliebte Menschen mit der Lebensaufgabenzahl 1 gegenüberstehen, rate ich ihnen: »Sehen Sie nur nach vorn. Sehen Sie ausschließlich auf die Vision dessen, was Sie zusammen erschaffen wollen.« Die 1 ist nicht nur sich selbst gegenüber sehr kritisch eingestellt, sie neigt auch dazu, ihre Kritik nach außen zu tragen. Lassen Sie uns annehmen, die beiden wollen eine Firma übernehmen. Wenn sie zusammenarbeiten, kann ihre kritische Einstellung sehr vorteilhaft sein, aber wenn sie die Gewohnheit annehmen, sich gegenseitig niederzumachen, werden sie sehr schnell ziemlich engstirnig und widerwärtig. Die Beziehung rutscht von »Wir können alles schaffen« zu »Wir schaffen gar nichts; wir kommen nicht mal aus dem Haus, weil wir uns dauernd streiten«. Mein Rat lautet, in der Spur zu bleiben und nie das eigentliche Ziel aus den Augen zu verlieren.

1–2

Die Verbindung einer 1 und einer 2 kann sehr beglückend sein. Lassen Sie uns annehmen, die 1 leitet ein Unternehmen und hat dort das Sagen. Mit der 2, die immerzu Umarmungen und Küsse braucht, als Partner wird die 1 stetig an die Liebe erinnert und daran, die Romantik aufrechtzuerhalten, die sie überhaupt erst zusammenbrachte. Sehen Sie, wie auf diese Weise ein Gleichgewicht entstehen kann? Sie haben das Beste aus beiden Welten. Die 2 hat den Vorteil, dass die 1 den Lebensunterhalt verdient. Dafür schafft die 2 ein wunderbares, behagliches Heim und ist für alles bereit, was das Leben bringen mag. Eine 1–2-Beziehung kann allerdings den Bach hinuntergehen, wenn die 1 ununterbrochen arbeitet und ständig unterwegs ist. Dann fühlt sich die 2 verlassen und verlangt nach mehr Aufmerksamkeit, was der 1 das Gefühl gibt, in der Falle zu sitzen. Ich habe die 1–2-Kombination oft genug gesehen, um zu wissen, dass die 1 und die 2 zwar sehr unterschiedlich sind, ihre Partnerschaft jedoch funktioniert, wenn beide die Bedürfnisse des anderen respektieren.

1–3

Diese Kombination kann funktionieren, weil die 3 normalerweise sehr gut darin ist, ihren Partner zu loben und ihm Anerkennung zu zollen – etwas, das die 1 unbedingt braucht. Die 1 ist dafür ehrgeizig und kann der 3 helfen, sich zu konzentrieren und ihre Träume zu verwirklichen. Ihre Gespräche sind ebenso stimulierend wie ihre körperliche Beziehung. 1–3-Paare halten die Romantik häufig lebendig, indem sie im Schlafzimmer Rollenspiele veranstalten. Niemand genießt es mehr, eine Rolle zu spielen, als die 3 – und niemand genießt eine Eroberung mehr als eine 1. Ein solches Paar muss nur vermeiden, dem Partner gegenüber allzu kritisch zu sein, da keine der beiden Schwingungen gut mit Kritik umgehen kann. Die 3 wird dann deprimiert, und die 1 sucht sich jemand anderen, der ihr das Gefühl gibt, etwas Besonderes zu sein. Die beiden müssen lernen, sorgsam auf ihre Wortwahl zu achten. Wenn sie das tun, geben sie ein hervorragendes Team ab und werden extrem glücklich miteinander.

1–4

Diese Schwingungen eignen sich besser für das Geschäftsleben als für die Liebe. In der Liebe ist die 1 spontan und voller Energie, wohingegen die 4 sich immer dann unwohl fühlt, wenn sie in einer Situation nicht die Kontrolle hat. Die 4 braucht Zeit, um alles genau zu durchdenken und einen Plan zu erstellen. Die 1 wartet jedoch nicht gern, und die Ungeduld der 1 wird die 4 vor den Kopf stoßen. Im Geschäftsleben verstehen die beiden sich jedoch prächtig und wenn die 4 eine gute Idee hat, kann die 1 sie sofort umsetzen. In einer solchen Situation weiß die 4 das Durchgreifen der 1 zu schätzen, denn die 4 ist dafür bekannt, dass sie großartige Ideen hat, die jedoch niemals realisiert werden. Bei dieser Partnerschaft muss das Paar lernen, ihre Unterschiede zu akzeptieren und Kompromisse zu schließen. Sie haben sehr gegensätzliche Energien, aber die Liebe besiegt alles.

1–5

1 und 5 sind beides Verstandeszahlen mit der Fähigkeit, einander zu verstehen. Beide teilen das Bedürfnis nach Freiheit und Unabhängigkeit innerhalb der Beziehung. In einer 1–5-Verbindung kann eine unglaubliche Übereinstimmung herrschen. Die 5 muss jedoch unnötige Dramatik vermeiden – beispielsweise sich die Probleme aller auf die eigenen Schultern zu bürden –,

weil die 1 sonst den Respekt verliert und beißenden Sarkasmus versprüht. Bei den erfolgreichsten 1-5-Paaren, die ich kenne, sind beide Partner berufstätig und »fast zu beschäftigt, um noch Zeit füreinander zu haben«. Sie sehen einander nicht so oft, wie sie das gern würden, aber wenn sie dann doch zusammenkommen, geht die Post ab! Sie finden es unglaublich aufregend, die Geschichten ihrer Abenteuer miteinander zu teilen. Merkwürdigerweise zerstört zu viel Nähe dieses starke Band.

1–6
Diese beiden führen oft heftige Machtkämpfe. Die 6 braucht das Gefühl, das Sagen zu haben und sich um alles und jeden kümmern zu können. Gleichzeitig hat die 1 den starken Wunsch, die Nummer Eins zu sein. Diese beiden besitzen ein ausgeprägtes Ego und wenn sie gegeneinander antreten, fällt das Ergebnis verheerend aus. Andererseits kann die Verbindung sehr gut funktionieren, wenn beide ein gemeinsames Projekt verfolgen, bei dem jeder eine wichtige, wenn auch vom anderen getrennte Rolle spielt und sich dafür anerkannt und geschätzt fühlt. Der Satz, den die Partner in einer 1-6-Beziehung vermeiden müssen, lautet: »Wenn ich es nicht selbst tue, wird es nie getan.« Diese Worte dürfen niemals fallen! Mein Rat: Loben Sie einander und ermutigen Sie sich, denn tief in Ihrem Herzen wissen Sie, dass es dann nichts gibt, was Sie nicht erreichen könnten.

1–7
Die 1 und die 7 sind Verstandeszahlen, darum denken und reden die beiden unablässig. Hier besteht die Gefahr, dass der Partner so lange analysiert wird, bis nichts mehr übrig bleibt. Es gibt einige fundamentale Unterschiede. Die 7 muss manchmal allein sein, um über alles nachzudenken und sich neu zu

orientieren. Die 1 könnte das persönlich nehmen. Ich warne die 1, das nicht zu tun, sondern einfach zu warten, bis die 7 zurückkommt – dann wird es besser als je zuvor. Wenn die 1 ständig an der 7 herumnörgelt, wird auf Dauer eine Beziehung zerstört, die wunderbar hätte sein können. Die 7 gewinnt Erkenntnisse, die für die 1 sehr wichtig sind; die 1 wiederum kann großartig motivieren (wie in einer 1–4-Beziehung) und kann die Träume der 7 praktische Realität werden lassen.

1–8

Die 8 kommt gut mit der 1 aus, weil die 1 ehrgeizig ist und Geld verdienen will. Wenn sie ihre Kräfte im geschäftlichen Bereich zusammenlegen, bilden sie ein blendendes Team. In der Liebe sind sie ein Extrem: entweder die reine Wonne oder ein Desaster. Beide Zahlen kommen nicht gut mit Kritik zurecht. Ich glaube, ihre persönlichen Maßstäbe stecken sie sich so enorm hoch, dass sie immer das Gefühl haben, irgendwie nicht ganz heranzureichen. Sie haben diese nagende innere Stimme, die sie klein macht, und das Letzte, was sie brauchen, ist ein Partner, der ihnen negatives Feedback gibt. Aus diesem Grund kann es ganz großartig anfangen, wenn sich eine 1 in eine 8 verliebt, aber eh man sich versieht, ertragen sie es schon nicht mehr, sich auch nur anzusehen. Die 1 muss unbedingt all das Gute anerkennen, das die 8 in ihr Leben bringt. Manchmal muss die 8 andererseits die 1 in der Beziehung gewinnen lassen. Das kann etwas ganz Einfaches sein, meinetwegen der 1 in einer Auseinandersetzung das letzte Wort zu gönnen. Der Satz »Du hast Recht, Schatz, was habe ich mir nur dabei gedacht?« kann Wunder wirken, wenn man versucht, der 1 das Gefühl zu vermitteln, geliebt und anerkannt zu werden. Der Schlüssel in dieser Beziehung ist die Kompromissbereitschaft, dann kann sich eine solide Partnerschaft entwickeln.

1–9

Das kann eine aufregende Partnerschaft werden, denn in der Numerologie ist die 1 die Zahl des Anfangs und die 9 die Zahl der Vollendung. Das bedeutet, all die Energie, die zwischen der 1 und der 9 enthalten ist, kann in dieser Beziehung zum Tragen kommen. Das ist wahrhaft faszinierend. Die 1 sollte jedoch vermeiden, die 9 für überlegen zu halten. Sonst geht sie wütend in die Defensive, was die 9 nur mit Mühe tolerieren kann. Die 9 hat das Problem, die Vergangenheit loslassen zu müssen, denn die 1 lebt vollkommen im Augenblick und es nervt sie, wenn alte Themen immer wieder aufs Neue aufgewärmt werden. Wenn dieses Paar lernt, in der Gegenwart zu leben und das zu akzeptieren, was sie haben, werden sie dem Himmel jeden Tag auf Knien danken, einfach deshalb, weil sie sich gefunden haben.

2–2

Mehr als alles andere braucht die 2 Liebe – sehr viel Liebe. Es gibt keine größere Liebe, als wenn eine 2 das Herz einer 2 gewinnt, denn beide teilen dasselbe Bedürfnis, Liebe zu geben und zu empfangen, und sie haben den allergrößten Respekt füreinander. Beide werden immer sehr höflich zueinander sein und immer darauf achten, dass sich ihr Partner umsorgt fühlt. Was kann da schief gehen? Nun, wenn sich einer von beiden angegriffen fühlt, kann er so heftig austeilen, dass er seinen Partner zutiefst verletzt. Sobald sich der Rauch gelegt hat, ist der Wütende voller Reue, aber sein Partner kann die Angelegenheit oft nicht verzeihen. Ich empfehle der 2 wärmstens, niemals in eine solch hässliche Situation zu geraten, denn in der Numerologie ist ihre Liebe wahrhaft ein Geschenk.

2–3

Die 2–3-Kombination kann sehr gut funktionieren. Die 3 ist der Erzähler und Alleinunterhalter, und die 2 gibt ein wunderbares Publikum ab. Die 2 kann eine große Stütze sein. Sie sehnt sich selbst nicht nach dem Rampenlicht, darum ist diese Liebesbeziehung eine großartige Synthese. Beide werden viel lachen, und es herrscht eine wunderbare körperliche Chemie zwischen ihnen. Wenn die 3 mit einer konkurrenzsüchtigeren Zahl eine Partnerschaft eingeht, entsteht Reibung, wohingegen die 2 kein Problem damit hat, hinter den Kulissen zu agieren, solange sie sich anerkannt fühlt. Die 2 ist in einer solchen Position glücklich, und sie ist die einzige Zahl in der Numerologie, von der man das aufrichtig sagen kann. Wenn eine 2 das liest und denkt: »Moment mal, ich bin aber sehr gern die Nummer eins«, dann erwidere ich: Prüfen Sie Ihre übrigen Primärzahlen. Ich wette, Sie finden dort eine 1 oder eine andere konkurrenzsüchtige Zahl.

2–4

Die 2–4-Kombination kann extrem erfüllend sein. Die 2 braucht das Gefühl, geliebt zu werden, und die 4 bietet gern Sicherheit. Wenn es also um Heim und Familie geht, sind diese beiden das perfekte Paar. Die 4 liebt es, etwas aufzubauen und Pläne zu schmieden, die 2 betätigt sich vorzugsweise als Friedensstifter. Wenn beide Zahlen die positive Energie ihrer Schwingung leben, ist es eine der besten Kombinationen in der Numerologie. Das Problem, das ein 2–4-Paar haben kann, ist der Umstand, dass die 2 ständig wissen will, wo die Beziehung gerade steht, aber wenn die 4 Sorgen hat, zieht sie sich in sich zurück. Wenn die 2 dann auf Kommunikation beharrt, zieht sich die 4 nur noch mehr zurück. Die 2 sollte das Schweigen der 4 also auf keinen Fall persönlich nehmen. Das ist eine gute Zeit für die 2, sich auf andere Dinge in ihrem Leben zu konzentrieren, die sie bislang vielleicht vernachlässigt hat. Sobald die 4 ihr Problem innerlich gelöst hat, kehrt sie zur 2 zurück, mit mehr Selbstsicherheit und Bereitschaft, ihre Liebe und Wertschätzung für die Geduld und das Verständnis der 2 zu zeigen.

2–5

Die 2–5-Kombination erfordert eindeutig etwas Arbeit. Die 2 braucht eine Familie und ein Heim. Die 5 braucht die Freiheit, nach Belieben zu kommen und zu gehen. Außerdem will sie die Kontrolle über die Aktivitäten des Paares ausüben. Wenn sich die 2 nicht geliebt oder vernachlässigt fühlt und das der 5 gegenüber äußert, kommt sich die 5 überfahren vor. Die 5 muss sich in diesem Fall die Zeit nehmen, die Güte und Liebe der 2 anzuerkennen, damit die 2 nicht in Panik gerät und die Beziehung zu zerbrechen droht. Wenn einer der beiden glaubt, nur *seine* Art zu leben sei die Richtige, ist die Beziehung nicht von Dauer. Dabei kann die 5 den Nervenkitzel bieten und die 2 einen warmen, sicheren Hafen, in dem die Liebe blüht. Ein 2–5-Paar muss seine Unterschiede akzeptieren und sich bewusst machen, dass es zusammen das Leben auf reichere Art und Weise erleben kann.

2–6

Eine 2 und eine 6 geben ein großartiges Liebespaar ab. Die 6 verkörpert die Familie und die 2 die Liebe. Wenn diese beiden Energien als Paar zusammenfinden, kann die daraus resultierende Verbindung ein Leben lang halten. Es ist jedoch wichtig, dass die 2 all das Gute lobt und anerkennt, das die 6 für sie tut. Die 6 wiederum muss die 2 wissen lassen, wie sehr sie all die kleinen Dinge zu schätzen weiß, mit denen die 2 ihrer beider Leben voller Romantik und roter Rosen bewahren will. Die 6 neigt dazu, sehr direkt zu sein, und muss lernen, ihre Worte vorsichtig zu wählen, um die Gefühle der 2 nicht zu verletzen. Die 2 ist unbekümmert und heiter, solange man sie nicht in die Defensive drängt; dann wird sie schrecklich. Wenn das in einer Beziehung häufiger passiert, kippt die Liebe, gleichgültig wie stark sie war. Das Bewusstsein für die wahren Bedürfnisse des Partners ist der Schlüssel für den Erfolg dieser Beziehung.

2–7

Bei einer 2–7-Verbindung ist es sehr wichtig, dass beide Partner auf der positiven Seite ihrer Zahlen leben. Wenn eine 7 beispielsweise keinen Glauben gefunden hat und immer noch zynisch ist, wird es die 2 auf Dauer auslaugen, die 7 glücklich zu machen. In der Numerologie gelten die 2 und die 7 als geborene mediale Zahlen. Wenn sie mit dieser Gabe in Einklang stehen, geben sie ein fröhliches Paar ab. Allerdings möchte die 2 ständig mit ihrem Partner verbal kommunizieren, doch die 7 hat bisweilen einfach nichts zu sagen. Im Kopf der 7 spielt sich ein ununterbrochener Dialog ab, was die 2 sehr einsam machen kann. Die 2 muss etwas finden, auf das sie sich in solchen Phasen konzentrieren kann – sei es ein Volkshochschulkurs, um eine neue Fertigkeit zu lernen, oder ein freiwilliges Ehrenamt in der Arbeit mit Alten und Kranken oder zum Schutz der Natur. Wenn dieses Paar in einem Heilberuf zusammenarbeitet, ist es sehr erfolgreich. Mit Geduld und der richtigen Beziehungsarbeit können die beiden ungeheuer glücklich werden.

2–8

Eine 2–8-Partnerschaft ist in geschäftlichen Dingen überaus effizient. Wenn sie auch in der Liebe ein Paar sind, sollten sie ihre Beziehung als geschäftliches Unternehmen betrachten, bei dem sich eine Zahl um die Familie kümmert und die andere die finanzielle Sicherheit liefert, die für den Haushalt nötig ist. Wenn die 8 der Brotverdiener ist, muss sie darauf achten, die 2 nicht wie ein Besitzstück zu behandeln, sondern als Person, die sie sehr schätzt. Die 8 muss versuchen, auf die Gefühle der 2 Rücksicht zu nehmen, denn die 8 ist eine sehr direkte Zahl und sagt leicht etwas, was für die 2 schmerzhaft ist. Die 2 fühlt sich normalerweise ganz wohl damit, jemandem zu folgen, den sie mag, und die 8 braucht jemanden, der ihr folgt. Probleme können entstehen, wenn eine negative 8 sich als Opfer fühlt und anderen für alles die Schuld gibt, was in ihrem Leben nicht funktioniert. Das ist hart für die 2, die ihrem Partner immer gefällig sein und ihn glücklich machen will. Die 2 wird sehr viel tolerieren, doch urplötzlich kommt sie dann an den Punkt, wo sie nicht mehr kann. Wenn Sie in einer 2-8-Beziehung leben, sorgen Sie dafür, dass sich die 2 anerkannt fühlt, dann wird die 2 dafür sorgen, dass sich die 8 geliebt fühlt. Mit etwas Verständnis auf beiden Seiten kann diese Kombination auch in der Liebe siegreich sein.

2–9

Der Grund, warum diese Beziehung funktioniert, ist der Umstand, dass die 2 Liebe braucht und ihren Partner immer wissen lässt, wie sie sich fühlt. In der Partnerschaft mit einer 2 wird die 9 stets daran erinnert, dass sich jemand sehr viel aus ihr macht. Denken Sie daran, die 9 ist für gewöhnlich die Person, die das Rudel anführt. Wenn sie etwas Gutes tut, folgt man ihr; wenn sie etwas Schlechtes tut, folgt man ihr auch. Wenn sich die 9 als Rudelführer überfordert fühlt, merkt das dann jemand? Alle denken, der 9 gehe es gut; sie scheint ja immer alles unter Kontrolle zu haben. Tja, die 2 spürt intuitiv, dass etwas nicht stimmt. Die 2 ist sehr fürsorglich und fragt: »Geht es dir gut?« Sie nimmt sich auch die Zeit, um der 9 zu sagen: »Was du da getan hast, hat mir ungeheuer imponiert.« Was kann in dieser Beziehung schief laufen? Die 2 hasst es, allein zu sein, und wenn die 9 loszieht, um die Erde zu retten, darf sie nicht vergessen, hin und wieder daheim vorbeizuschauen und die 2 mit ihrer Liebe zu verwöhnen, was die 2 unbedingt braucht. Wenn die 9 das nicht tut, sorgt sie für tiefe Risse in einer ansonsten liebevollen Beziehung.

3–3

Wenn ein 3–3-Paar auf der positiven Seite seiner Schwingung lebt, wäre mein erster Gedanke, dass den beiden absolut gar nichts unmöglich ist. Wenn beide Partner auf kreative Weise erfolgreich und finanziell stabil sind, kann das eine unglaubliche Verbindung ergeben. Wenn sie sich jedoch zu Beginn ihrer Karriere begegnen und noch zu kämpfen haben, sind sie geneigt, in die Arme des anderen zu flüchten und sich unverantwortlich zu verhalten. Vor Problemen davonzulaufen wird die Norm. Wenn dann die Rechnungen ins Haus flattern, kommt das böse Erwachen. Sollten beide auf künstlerischem Gebiet tätig sein, beispielsweise der Schauspielerei, könnte es dadurch Probleme geben, dass sie miteinander in Konkurrenz treten. In der Minute, in der einer den anderen kritisiert, entbrennt ein verbaler Krieg. Die 3 glaubt an Magie und wenn sich die beiden dazu entschließen, sich gegenseitig Kraft zu geben, können sie alles schaffen, was sie sich vornehmen.

3–4

Ein 3–4-Duo ist heikel: Die 3 ist spontan und geht gern Risiken ein, wohingegen die 4 alles plant, bevor sie auch nur einen einzigen Schritt wagt. Die durchschnittliche 4 möchte alles in Erfahrung bringen, was es über ihre Zukunft zu wissen gibt. Die 3 glaubt dagegen nur an den Augenblick. Die 3 und die 4 müssen sich wirklich anstrengen, um ihre Partnerschaft am Leben zu halten. Kompromisse auf beiden Seiten sind erforderlich. So könnte die 4 beispielsweise etwas Bestimmtes behaupten, es für fundiert halten und für sich denken, das sei nun das Ende der Unterhaltung. Ganz falsch. Die 3 ist ein natürlicher Kommunikator und hat immer zu allem eine Meinung. Je mehr die 3 redet, desto stiller wird die 4 – ein Verhalten, das die 3 in den Wahnsinn treibt. Wenn Sie eine 3–4-Beziehung führen, sollten Sie Folgendes beherzigen: Die 4 muss die Leidenschaft und die Liebe der 3 für das Leben akzeptieren – die 3 hat meistens großes Glück, also sollte sich die 4 nicht davor fürchten, ein wenig wagemutiger zu werden. Die 3 muss dankbar sein für die Loyalität der 4 und für das solide Fundament, das die 4 ihrem Leben verleiht. Die 3 kann ein wenig höher fliegen, weil sie ja weiß, was für ein starkes Netz da ist, das sie auffängt, falls sie fallen sollte.

3–5

Das 3–5-Paar freut sich an der gegenseitigen Gesellschaft. Sie sind das Leben jeder Party. Da die 5 der geborene Detektiv ist und die 3 gern Geschichten hört (sie muss einfach alles wissen), faszinieren sich die beiden endlos. Es erübrigt sich zu sagen, dass diese Energien in kreativen Berufen gut aufgehoben sind. Das Geld kann jedoch zum Problem werden, wenn sie ihr Budget und die Rechnungen nicht sorgfältig im Auge behalten. Am besten sollten sie jemanden engagieren, der sich um die finanziellen Dinge in ihrem Leben kümmert. Ich sage immer, dass die 3 und die 5 wie helle Lichter strahlen und, wie helle Lichter es eben tun, können sie auch Ungeziefer anziehen. Als Paar müssen sie darauf achten, sich nicht zu viele Menschen und Projekte aufzuhalsen, die ihnen alle Energie aussaugen; sonst sind sie bald so erschöpft, dass nichts mehr übrig ist, was sie einander noch geben können.

3–6

Das kann eine herrliche Partnerschaft ergeben, denn diese beiden sind verwandte Geister (kreativ). Der 3 gefällt der Magnetismus der 6 und sie kann der 6 Kraft geben. Die 6 vermittelt der 3 das Gefühl, umsorgt und geliebt zu werden. Ich habe auch erlebt, wie gut sich diese Kombination in geschäftlichen Dingen schlägt. Ein wichtiger Punkt ist jedoch, womit die 3 ihren Lebensunterhalt verdient. Ob es im Showbusiness oder in einem Frisörsalon ist, die 3 fühlt sich wie ein Star im Leben. Keine Mühe erscheint ihr zu groß, um dafür zu sorgen, dass die 6 glücklich ist und sich sicher fühlt. Wenn die 3 oder die 6 jedoch das Gefühl haben, nicht anerkannt zu werden, kann das eine ansonsten perfekte Verbindung zerstören. Über die sexuelle Chemie müssen sich die beiden freilich keine Sorgen machen – die bleibt bestehen. Das Paar sollte sich hin und wieder Zeit für romantische Kurzausflüge nehmen und nie vergessen, dass die beste Flucht immer noch die in die Arme des Partners ist.

3–7

In diesem Fall ziehen sich Gegensätze an. Das 3–7-Paar hat vor allem eines: eine phänomenale körperliche Chemie. Die 7 ist ausweichend und nicht immer bereit, ihre Gedanken zu teilen; die 3 sagt dagegen stets alles, was sie denkt und fühlt. Die 7 bewundert die charismatische Persönlichkeit der 3 und lernt, andere Menschen zu schätzen, indem sie sie durch die liebevollen Augen der 3 betrachtet. Die 3 freut sich über die Weisheit und die Worte der 7, wenn sie denn einmal etwas sagt. Die 3 mag Menschen, wohingegen die 7 nur eine bestimmte Menge an menschlichem Kontakt erträgt, dann entschuldigt sie sich, um wieder allein zu sein – vorzugsweise allein mit der Natur. Wenn die 3 diesen Aspekt der 7 akzeptieren kann, ist alles gut. Doch wenn die 3 das Gefühl hat, dass ihr die 7 nicht zuhört, und sie anfängt, die 7 in Frage zu stellen, wird sich die 7 noch mehr verschließen. Daraufhin fühlt sich die 3 ungeliebt und zurückgestoßen, was zu Depressionen führen kann. Wenn die 7 Kummer hat, neigt sie zu Zynismus, was der 3 ihre natürliche Vitalität rauben kann. Wenn diese beiden Zahlen in spiritueller Einheit vereint sind, werden sie ihr Leben jedoch gegenseitig bereichern.

3–8

In diese Beziehung muss viel Arbeit investiert werden. Die 8 geht in ihren Zielen so sehr auf, dass für sie alles andere zweitrangig wird, wodurch die 3 sich vernachlässigt fühlt, so als wäre sie nicht wichtig. Der Schlüssel zum Erfolg liegt in der Erkenntnis der 3, dass die 8 nur versucht, ihr Sicherheit zu bieten. Die 3 muss sich eigene interessante Aktivitäten suchen. Wenn die 8 und die 3 dann zusammen sind, müssen sie nicht bei dem verweilen, was sie trennt, sondern können ihre Abenteuer miteinander teilen und diesen privaten Moment auskosten. Eine 3–8-Partnerschaft ist im geschäftlichen Bereich sehr erfolgreich, vor allem wenn die 3 auf irgendeine Weise der Star des Projekts ist. Das kann auch die private Partnerschaft bereichern. Eine 8, die auf der positiven Seite der Schwingung lebt, kann sehr gut mit Geld umgehen und sorgt dafür, dass ihr Partner mit den schönsten Dingen umgeben wird. Was vermieden werden sollte: Wenn sich die 8 als Opfer fühlt und anderen dafür die Schuld gibt, reicht es der 3 bald und sie zieht weiter. Das muss jedoch nicht geschehen und eine 3–8-Verbindung kann zu einer überaus liebevollen und finanziell abgesicherten Beziehung führen.

3–9

Diese Beziehung wird reich an Gelächter und großartigen Gesprächen sein. Es ist zwingend notwendig, dass die 9 nicht alten Familienangelegenheiten Einlass in ihre gegenwärtige Beziehung zur 3 gewährt. Die 3 nimmt sich die Probleme der 9 zu Herzen, und wenn sie bei der Lösung des Problems nicht helfen kann, wird sie schlussendlich voller Verzweiflung aufgeben. Diese Beziehung basiert auf verbaler Kommunikation. Die 3–9-Verbindung ist intensiv und kann heftige Auseinandersetzungen mit leidenschaftlichen Versöhnungen im Schlafzimmer beinhalten. Dieses Paar muss sich die Zeit für romantische Fluchten nehmen. Das 3–9-Paar liebt neue Menschen, Orte und Ideen und hat zu allem eine Meinung, meistens dieselbe. Aber wie in allen Beziehungen, ist es die spirituelle Basis, die diese Verbindung auf Dauer aufrechterhält.

4–4

Zwei Menschen mit der Lebensaufgabenzahl 4 kommen sehr gut miteinander aus, weil beide ein großes Sicherheitsbedürfnis haben – sie müssen wissen, dass die Rechnungen bezahlt werden können. Sie respektieren einander und geben sich große Mühe, damit ihr Partner das Gefühl hat, alle Bedürfnisse erfüllt zu bekommen. Eine männliche 4 kümmert sich um seine Partnerin, indem er Reparaturen im Haus übernimmt oder ihr bei Computerproblemen hilft, eine weibliche 4 überwacht die Ausbildung der Kinder (schließlich ist die 4 der geborene Lehrer). Eine 4–4-Beziehung ist für gewöhnlich von langer Dauer, weil die 4 sich nicht gern verabredet, und sobald sie eine Bindung eingegangen ist, will sie, dass diese von Dauer ist. Das Paar ist also gut in der Liebe. Aber auch geschäftlich feiert es Erfolge, weil es die Arbeitslast gerecht aufteilt und vor allem gut in Detailfragen ist – beide machen sich Notizen und achten darauf, dass im Unternehmen alles seinen Gang geht.

4–5

Die 5 sprudelt vor Energie über. Sie liebt den Nervenkitzel. Allerdings kommuniziert die 5 auf gänzlich andere Weise als die 4, was mitunter zu Fehlinterpretationen und verletzten Gefühlen führt. Sie treten einander auf die Zehen, ohne es zu wollen. Die 4 ist sehr direkt, die 5 lässt dagegen ihren Charme spielen und nimmt auch Anstrengungen auf sich, damit sich ihr Partner wohl fühlt. Eine 4 bleibt auch dann in einer Beziehung, wenn es ihr dabei nicht gut geht, weil sie keine Veränderungen mag. Eine 5 hat dagegen manchmal das Gefühl festzustecken und würde am liebsten flüchten. Der Schlüssel für diese Beziehung liegt darin, sich gegenseitig zu respektieren und einander zuzuhören.

4–6

Diese Verbindung kann zu einer großartigen Ehe führen, vor allem wenn es Kinder gibt, denn beide teilen das Bedürfnis nach einem Heim und nach Sicherheit. Ist die Frau die 6, trifft das alte Sprichwort zu: »Wenn Mutti nicht glücklich ist, ist keiner glücklich.« Ist der Mann die 6, braucht er das Gefühl, König im eigenen Heim zu sein – und die 4 versteht das. Was es zu vermeiden gilt: Die 4 ist berüchtigt für ihre Plumpheit und sollte ihre Worte sorgfältig wählen, um heftige Kämpfe mit der 6 zu vermeiden. Wenn es in dieser Beziehung Kinder gibt, geht den Eltern der Wunsch, die Familie um jeden Preis zusammenzuhalten, über alles. Wenn es keine Kinder gibt, könnte es ein gemeinsames Geschäft oder das Haus sein, in das beide viel investiert haben und das sie nicht verlieren möchten. Jedenfalls unternehmen die zwei kolossale Anstrengungen, um zusammenzubleiben.

4–7

Diese beiden finden oft aus dem Bedürfnis nach Sicherheit zusammen und genau das festigt sie auch als Paar. An leidenschaftlicher Liebe fehlt es zumeist, und ich konnte feststellen, dass die 4 und die 7 manchmal außerhalb der Ehe eine Affäre eingehen, ihren Partner jedoch trotz allem nicht verlassen. Wenn Sie sich in einer solchen Beziehung befinden, legen Sie jetzt nicht das Buch aus der Hand, um Ihrem Partner einen Kinnhaken zu versetzen: Die meisten Menschen mit der Lebensaufgabenzahl 4 beziehungsweise 7 sind absolut treu. Finden Sie heraus, was Ihr Partner von Ihnen braucht. Ein großes Plus in dieser Beziehung ist der Umstand, dass die 4 genau jene Sicherheit bietet, in der die 7 ihre brillanten Ideen umsetzen kann. Im Gegenzug liefert die 7 der 4 faszinierende Einsichten in alle möglichen Bereiche. Die 4 ist oft ein Stubenhocker und die 7 kann sie ermutigen, sich die Wunder dieser Welt anzusehen. Die 4 erlebt Dinge, die sie ohne die 7 an ihrer Seite niemals erlebt hätte.

4–8

Die 4–8-Kombination kann funktionieren, weil beide geschäftstüchtig sind und sich ihre Lebensziele ähneln. Die 4 entwirft den Plan, mit dem sich der große Traum der 8 realisieren lässt. Da die 4 und die 8 nur auf die harte Tour lernen, müssen sie sich immer wieder neu fokussieren, um ihre Träume wahr werden zu lassen. Ihre Lebenslektionen sind häufig schwer, aber der Lohn ist es wert. In dieser Partnerschaft heißt das Schlüsselwort »Beharrlichkeit«. Die 4 muss vermeiden, es auf andere zu schieben, wenn etwas schief läuft. Die 8 sollte immer daran denken, dass man die eigene Macht aus der Hand gibt, wenn man die Schuld auf andere abwälzt. Beide Schwingungen können sehr hart arbeiten. In ihrer Partnerschaft ist es zwingend notwendig, dass sie hin und wieder eine Pause einlegen und gewissermaßen den Duft der Rosen schnuppern. Es fällt beiden schwer, ihre Liebe in Worte zu fassen, vor allem, wenn sie sich noch an alte Verstimmungen klammern. Daran muss das 4–8-Paar arbeiten, insbesondere wenn sie Kinder haben wollen. Die beiden sind extrem loyal und beschützen die Menschen, die sie lieben. Es ist eine weise Entscheidung, schon zu Beginn der Partnerschaft Geld zu investieren, damit sie bald das Nest bauen können, in dem sie sich sicher fühlen. Wenn die 4 und die 8 auf derselben Wellenlänge liegen, sind ihnen keine Grenzen gesetzt!

4–9

Hier lautet mein erster Gedanke, dass die 4 und die 9 ihr Leben völlig unterschiedlich führen. Die 9 hilft der Welt gern mit großen Gesten, beispielsweise mit öffentlichen Auftritten bei Wohltätigkeitsveranstaltungen oder Telefondienst in einem Krisenzentrum. Sie gibt so viel, dass sie manchmal das Gefühl bekommt, im Gegenzug nicht genug zurückzuerhalten. Die 4 sollte den humanitären Instinkten der 9 wohlwollend gegenüberstehen. Sie sollte der 9 ihr Ohr leihen, wenn diese den Stress nicht länger erträgt. Die 4 wird von dem Wissen und der

Einsicht der 9 beeindruckt sein; einen intelligenten Partner zu haben, bedeutet der 4 sehr viel. Die 9 muss sich klar machen, dass das Heim für die 4 ein heiliger Ort ist, an dem sie sich ausruhen und ihre Zukunft planen kann. Die 4 ist nicht so gesellig wie die 9. Die 9 muss das akzeptieren und erkennen, dass die wahre Gabe der 4 ihre zutiefst loyale Einstellung zu der gemeinsamen Beziehung ist. Die 4 sollte gegenüber der Familie der 9 nicht allzu kritisch sein – die 9 nimmt sich das zu Herzen und das könnte das Ende der Beziehung einläuten. Wenn die 4 und die 9 sich auf die Stärken des anderen konzentrieren, erblüht ihre Verbindung.

5–5

Eine Beschreibung, die haargenau auf diese Beziehung zutrifft, lautet: »Es wird keinen Moment langweilig.« Zwei Menschen mit der Lebensaufgabenzahl 5 sind wie Rennwagen bei Tempo 200 – ohne dass einer von beiden sich die Mühe machen würde nachzusehen, ob die Bremsen auch funktionieren. Gibt es eine Katastrophe oder nicht? Nur die beiden wissen es. Ihre Freunde werden sich ihre Meinung zu dieser Beziehung gebildet haben, aber am besten diskutieren die beiden reale Probleme nur miteinander. In ihrem Leben herrscht immer irgendein Drama. Die 5 sollte versuchen, sich nicht zu sehr auf die Probleme anderer einzulassen. Auf sexuellem Gebiet sind sie für gewöhnlich wild und explosiv. Die 5 kann nicht gut mit Geld umgehen und hat auch kein großes Interesse daran, obwohl sie natürlich gern Geld ausgibt. Wenn möglich, sollte sie jemand engagieren, der sich für sie um finanzielle Dinge kümmert. Reisen sind wichtig, um die Liebe lebendig zu halten. Eine ideale Berufskombination für ein 5–5-Paar wäre Pilot und Stewardess oder Privatdetektivin und Partner. Die 5 ist auch ein geborener Alleinunterhalter. Die Beziehung hat dann eine Chance auf Langlebigkeit, wenn beide ihre Arbeit lieben und ihr Leben immer voller Abwechslung ist. Falls nicht, kann ihre Beziehung zu einer Seifenoper verkommen. Mein Rat: Surfen Sie auf der Welle Ihrer Energie! Niemand versteht das Leben so zu feiern wie eine 5, geschweige denn wie zwei Fünfen.

5–6

Obwohl die 5 und die 6 theoretisch Gift füreinander sind, hat mich diese Kombination im wirklichen Leben schon oft überrascht. Die 5 liebt ihre Freiheit und die 6 ist sehr häuslich. Betrachten wir zwei Klienten von mir, die es geschafft haben, eine solche Beziehung funktionieren zu lassen: Der Ehemann arbeitet in der Entertainmentindustrie und hat zweimal die 5 in seinem Geburtsdatum. Er ist ständig auf Reisen und sie haben Kinder. Seine Einstellungszahl ist die 6, die Vaterenergie. Wenn er nach Hause kommt, spielt er gern den Daddy. Seine Frau ist eine 6. Sie gründete einen Coffeeshop – eine Drive-Through-Kaffeebar – und mittlerweile besitzen sie und ihre Freundin drei Filialen. Ihre drei Niederlassungen nehmen sie sehr in Anspruch, aber sie schlägt sich sehr gut. Anstatt zu lamentieren, dass ihr Ehemann ständig unterwegs ist, ist sie mit eigenen Aufgaben so sehr beschäftigt, dass sie ihr Leben ebenfalls aufregend findet. Die 6 ist vor allem anderen eine Fürsorgerin, und sie hat erkannt, dass die Kinder von dieser Situation profitieren, weil beide Elternteile erfolgreiche Rollenvorbilder sind. Diese Kinder wissen, dass sie alles erreichen können, was sie sich vornehmen – sie müssen ja nur auf ihre Mom und ihren Dad schauen. Würde die 6 auf der negativen Seite ihrer Zahl leben, würde sie ständig jammern: »Wo ist er nur? Warum kommt er nicht zum Abendessen nach Hause? Ich habe mir so viel Mühe mit unserem zu Hause gegeben und geputzt und getan, und er sieht es nicht einmal.« Da sie ein eigenes Geschäft und Kinder hat, ist meine Klientin nicht in diese Falle getappt. Das hat mir gezeigt, dass diese beiden Zahlen zusammen funktionieren können, auch wenn aus numerologischer Sicht die erste Einschätzung ein klares »Nein« wäre.

5–7

Es ist zwingend notwendig, dass 5–7-Paare auf Reisen gehen und gemeinsam die Welt genießen. Wenn sie allzu lange an einem Ort verweilen muss, wird die 5 ruhelos. Und weil die 7 psychisch auf ihren Partner eingestellt ist, wird sich auch die 7 unwohl fühlen. Die 5 muss ständig in Bewegung sein, wohingegen die 7 nur ihre Fantasie bemühen muss, um Abenteuer zu erleben. Die 5 sollte Rücksicht darauf nehmen, dass die 7 hin und wieder allein sein muss. In Wahrheit brauchen beide ihr Rückzugsgebiet. Wenn die 5 die 7 umarmt, spürt sie die Sanftmut der 7. Obwohl eine 7 oft nur schwer zu verstehen ist, durchschaut die 7 immer ihren Partner, es ist also sinnlos, sich irgendwelche Geschichten auszudenken. Die 5 ist ein geborener Detektiv, es besteht also die Chance, dass sie das Geheimnis der 7 knackt. Das verleiht der Beziehung eine gewisse Würze, und im Schlafzimmer kann es überaus aufregend werden. Wenn das Paar einen Ort findet, an dem es sich niederlassen will, sollte es in der Nähe eines Gewässers sein. Wasser übt eine nachhaltige Wirkung auf die 7 aus. Auch die 5 weiß die Schönheit der Natur zu schätzen. Ich möchte die 5 warnen, die 7 nicht zu einer verbalen Konfrontation zu zwingen. Die 7 reagiert erst, wenn man sie in die Defensive drängt, dann jedoch wird sie zum Gegenangriff starten und die 5 verbal exekutieren, wovon sich die 5 nur schwer wieder erholt.

5–8

Die 5–8-Kombination funktioniert, weil beide dynamische Persönlichkeiten sind. Der 8 wird häufig vorgeworfen, ein Workaholic zu sein. Sie ist so sehr damit beschäftigt, ihre Ziele zu erreichen, dass sie kaum je eine Pause einlegt, um den Duft von Rosen einzuatmen. Wenn die 5 und die 8 zusammenfinden, haben sie eine fantastische Zeit. Beide wissen die Annehmlichkeiten des Lebens zu schätzen: guter Wein, elegante Hotels, die beste Küche, kostbarer Schmuck, feine Stoffe und so weiter. Wenn eine 5 eine grandiose Idee hat, beispielsweise ein Restaurant mit gutem Essen und Showeinlagen zu eröffnen, erledigt die 8 den ganzen Papierkram und gemeinsam verwandeln sie ihr Projekt in einen gewaltigen finanziellen Erfolg. Geschäftlich arbeiten sie effizient zusammen und auf der persönlichen Ebene genießen sie einander. Wenn die 8 arbeitet und Geld verdient, kann die 5 umso mehr spielen. Beide tun, was sie lieben, und sie kommen sich dabei nicht in die Quere. Was da noch schief gehen kann? Die 5 flirtet gern, doch das kann die 8 nicht tolerieren! Bisweilen ist die 8 sehr genügsam und möchte ihr Geld auf der Bank horten. Damit kann sich die 5 nicht abfinden. Eine 5 ist hier, um das Leben in großem Stil zu feiern, und die 8 sollte nachgeben und mitfeiern. Falls nicht, kann das der Todesstoß für eine ansonsten wunderbare Verbindung sein.

5–9

Bei dieser Paarung ist es für beide Partner extrem wichtig, einander zu ermutigen, damit jeder seine wahre Größe erreichen kann. Sowohl die 5 als auch die 9 lieben es, im Leben auf der Gewinnerseite zu stehen; sie verbringen jedoch ihre Zeit auch gern mit Menschen, die ebenfalls ihre persönlichen Ziele erreicht haben. Die 9 macht sich daran, die Welt zu erobern, und die 5 schaltet ihren Charme ein, um ihr den Weg zu ebnen. Wenn sie Kinder haben, sind sie gute Eltern. Die 5 wird dafür sorgen, dass sich die Kinder an unendlich vielen Tagen als etwas Besonderes fühlen (Feiertage und Partys in etwas Magisches zu verwandeln ist die besondere Gabe der 5). Die 9 wird den Kindern beibringen, wie man die Welt ganz pragmatisch zu einem besseren Ort macht, beispielsweise durch das Sammeln von Unterschriften für kommunalpolitische Petitionsschriften oder von Kleidern für Obdachlose. Aber: die 5 und die 9 können so beschäftigt sein, dass sie einander aus den Augen verlieren. Sie sollten hin und wieder eine Pause in ihren Tagesabläufen einlegen, um zusammen zu sein und die Verbindung lebendig zu erhalten. Eifersucht hat hier keinen Platz – sie kann eine 5–9-Beziehung schneller beenden als jedes andere Gefühl.

6–6

Ehe, Heim und Familie wurden geradezu für die 6 erfunden. Die typische 6 fühlt sich nicht vollständig, wenn sie nichts hat, was sie bemuttern kann – sei es eine Familie oder ein Unternehmen. Die 6 will sich um jeden kümmern. Die beiden geben ein enorm dynamisches Paar ab! Da sie geborene Innenausstatter sind, kann man sich vorstellen, wie herrlich ihr Heim aussehen wird, ausgestattet mit wunderbaren Möbeln, Kunstobjekten und Accessoires. Die 6 besitzt jedoch eine Neigung zum Zweifel; sie darf nicht nervös werden, wenn in der Partnerschaft alles glatt läuft. »Das ist zu schön, um wahr zu sein« ist ein Satz, den ganz sicher eine 6 geprägt hat. Es ist zwingend notwendig, dass sie diesen Satz aus ihrem Gedankengut streicht, denn die 6 ist eine machtvolle Persönlichkeit und kann sich selbst förmlich ins Unglück hineindenken. Sie muss die Liebe, die ihr zuteil wurde, akzeptieren: »Ja, wir haben einander gefunden, und wir verdienen diese Liebe.«

6–7

An dieser Verbindung muss gearbeitet werden, aber sie steckt durchaus voller Möglichkeiten. Wenn die 6 und die 7 auf der positiven Seite ihrer Zahlen leben, ist die 7 spirituell und die 6 bietet ihr ein entzückendes Heim, in dem sie ihre Gemeinsamkeit pflegen können. Die 7 braucht Freiraum, freut sich aber über die Gesellschaft der 6, solange die 6 die 7 nicht in ihrer Konzentration stört. Sie darf die 7 in ihrer Meditation nicht unterbrechen, denn die 7 braucht das für ihren Seelenfrieden. Wenn die 6 Probleme hat, muss die 7 auf sie eingehen und darf sich nicht ausklinken, wenn die 6 kommuniziert. Falls doch, ist die 6 zutiefst verletzt und kann der 7 nur schwer vergeben. Die 6 und die 7 sind stolz darauf, gute Eltern zu sein und spielen eine aktive Rolle im Leben ihres Kindes. Eine ganz andere Geschichte ist es jedoch, wenn Missbrauch von Betäubungsmitteln getrieben wird. Das Paar sollte in der Nähe eines Gewässers – See, Fluss oder Meer – wohnen, denn Wasser übt einen beruhigenden Einfluss auf die 7 aus. Die 6 braucht ein Heim, das sie in einen sicheren Hafen verwandeln kann. Die 7 sollte die 6 ermutigen, ihre kreativen Energien einzusetzen um beispielsweise ein eigenes Geschäft zu eröffnen. Wenn die 6 und die 7 dasselbe spirituelle Fundament teilen, kann diese Beziehung ein Leben lang halten.

6–8

Die 6–8 kann sich als sehr gute Verbindung erweisen. Die 8 ist geschäftsorientiert und die 6 besitzt eine magnetische Persönlichkeit. Wo immer dieses beeindruckende Duo auftaucht, erregt es Aufsehen. Für gewöhnlich hat die 8 große Ideen und die 6 hilft ihr, sie umzusetzen. Die 6 sorgt auch dafür, dass beide ein gemütliches Heim haben, in dem sie entspannen können. Eine gute Chemie zwischen ihnen ist grundsätzlich vorhanden, aber weil beide so beschäftigt sind, müssen sie Spontaneität entwickeln und die Chemie immer und überall zulassen. Der Körperkontakt verleiht ihnen einen Energieschub, und sie merken erst hinterher, wie dringend sie ihn gebraucht haben. Die 8 ist stolz darauf, wie sehr sie die 6 im Schlafzimmer befriedigen kann, und die 6 sollte nie zögern, der 8 genau zu sagen, was sie sich wünscht. Mein Rat: Lassen Sie die 8 nicht raten – sprechen Sie es aus! Sagen Sie der 8, was Sie mögen. Die 8 kann keine Gedanken lesen. Wenn etwas schief läuft, sollte die 8 vermeiden, sich als Opfer zu fühlen und anderen die Schuld in die Schuhe zu schieben. Die 6 wird versuchen, alles wieder ins Lot zu bringen, verliert jedoch bald die Geduld, wenn die 8 mit Schuldzuweisungen nicht aufhört. Abgesehen davon wird die 6 die Stärken der 8 noch unterstreichen, und die 8 wird stolz darauf sein, die 6 als Partner zu haben und mit ihr das Leben verbringen zu dürfen.

6–9

Die 6 und die 9 geben sowohl in geschäftlicher als auch in privater Beziehung ein tolles Team ab, da sie jederzeit intuitiv wissen, wie sie einander zu nehmen haben. Sie respektieren einander und genießen die gegenseitige Gesellschaft. Es ist schwer, einen Menschen mit der Lebensaufgabenzahl 6 zu beeindrucken. Er ist schnell übersättigt, aber die 9 ist die höchste Zahl und wirkt schon beeindruckend, wenn sie nur reglos dasteht. Die 9 strahlt eine Aura der Autorität aus, von der sich die 6 angezogen fühlt. Eine 6 denkt in Gegenwart der 9: »Ich mag diesen Menschen wirklich und vielleicht kann ich etwas von ihm lernen.« Die 9 reagiert auf die Kraft der 6 und ihre Fähigkeit, die Richtung vorzugeben und ein behagliches Umfeld zu schaffen. Wenn das Paar Kinder hat, wird die 9 von den legendären Vorzügen der 6 als Vater beziehungsweise Mutter schwer beeindruckt sein. Die 6 erblüht angesichts von Lob und Wertschätzung der 9. Eine Partnerschaft wie diese kann ein Leben lang halten.

7–7

Ich habe beobachtet, dass eine 7 und eine 7 großartige Freunde abgeben. Sie amüsieren sich großartig miteinander und freuen sich an der Gesellschaft des anderen. Es ist eine wunderbare Verbindung, denn sie wissen sofort, wenn der andere gestresst ist. Die 7 hört der 7 aufmerksam zu und erteilt ihr wohlgemeinte Ratschläge, und beide fühlen sich gut dabei. Viele Schwingungen haben Probleme damit, dass die 7 oft für sich allein sein will, aber niemand versteht das besser als eine andere 7, denn sie nimmt es niemals persönlich. Die beiden müssen allerdings am körperlichen Aspekt ihrer Beziehung arbeiten. Die mentale Seite ist perfekt, aber oft mangelt es an körperlicher Nähe, weil die 7 zum Einzelgängertum neigt. Der perfekte Urlaub für dieses Paar ist an Bord eines Ozeankreuzers oder an einem Ort mitten in der Natur, beispielsweise Hawaii oder Tahiti. Die beste Berufswahl für zwei Menschen mit der Lebensaufgabenzahl 7 ist eine gemeinsame Karriere in der Schriftstellerei oder in der Musik.

7–8

Zu Beginn der Beziehung können die 7 und die 8 gar nicht voneinander lassen, weil sie sich im Schlafzimmer buchstäblich gegenseitig verjüngen. Trotzdem ist es wichtig, dass die 8 nicht versucht, das Leben der 7 zu kontrollieren. Die 7 braucht viel Schlaf, allein schon, um mit der 8 mithalten zu können. Die 8 neigt zwar dazu, zu viel zu arbeiten, aber das ist der 7 ganz recht, weil sie regelmäßig allein sein möchte. Doch wenn Kinder im Spiel sind, müssen die 7 und die 8 daran arbeiten, emotional für ihren Nachwuchs erreichbar zu sein. Die 7 sollte alle finanziellen Angelegenheiten der 8 überlassen, denn auf diesem Gebiet kennt die 8 sich aus. Wenn die 7 allerdings das Gefühl hat, dass die 8 nie Zeit für sie hat, dann muss sie einen Zugang zur Geschäftswelt der 8 finden. Wenn die 7 sich wie eine Auster verschließt und ihre Probleme nicht diskutieren will, können Blumen und eine Karte, auf der die 8 ihr versichert, wie sehr sie sie liebt, wahre Wunder wirken. Der Schlüssel, um diese Beziehung funktionieren zu lassen, liegt darin, dass die Partner ihre Worte sehr sorgsam wählen, denn beide sind dafür bekannt, oftmals allzu plump zu sein. Sie sollten alles nur Mögliche tun, um unnötige Konflikte zu vermeiden.

7–9

Die 7 und die 9 gelten in der Numerologie als toxische Zahlen. Doch wenn beide eine spirituelle Basis haben – und wenn die 7 an Gott glaubt und nicht Gott spielt –, wird die 9 ihre Beziehung sehr genießen. Als erste Gemeinsamkeit werden sie ihr Bedürfnis nach intellektueller Stimulation entdecken. Dieses Paar kann andere Menschen völlig vergessen, weil beide ganz darin aufgehen, was sie einander zu bieten haben. Ihr Verstand arbeitet wie ein einziger. Was kann da schief laufen? Wenn die 7 allzu zynisch wird und sich weigert, die positive Seite einer Situation zu sehen, reagiert die 9 frustriert, gibt schließlich auf und will nur noch weg. Ein weiteres Problem kann sich durch das Schwelgen der 9 in alten Familienverstrickungen ergeben, wie es oft der Fall ist, wenn eine 9 auf der negativen Seite ihrer Zahl lebt. In diesem Fall wird sich die 7 zurückziehen und die 9 nicht länger trösten. Doch die gegenseitige Unterstützung und das Zuhören sind das Fundament dieser Liebe. Es können Frieden und Harmonie herrschen, weil die 7 und die 9 so viel am Laufen haben, dass beide ihren Freiraum brauchen. Es stört sie nicht, wenn der Partner gelegentlich nicht da ist. Und wenn sie dann wieder zusammenkommen, freuen sie sich darauf und halten sich für überaus glücklich, dass sie einen so verständnisvollen Partner gefunden haben.

8–8

Eine 8 kommt gut mit einer anderen 8 zurecht, wenn sie ihre Beziehung wie ein geschäftliches Unternehmen behandeln. In diesem Fall wäre es das Geschäft der Liebe. Mein Rat: Respektieren Sie, was der andere zu sagen hat, und sorgen Sie dafür, dass die andere 8 weiß, wie viel Ihnen an ihr liegt. Ich habe schon immer erklärt, dass die 8 Probleme damit haben kann, mit einer anderen 8 zusammen zu sein, weil beide nur auf die harte Tour lernen. Wenn also einer von beiden leidet, wer soll ihn dann trösten? Für ein 8–8-Paar ist es daher besonders wichtig, sich stets von neuem die Definition von Wahnsinn in Erinnerung zu rufen: »Ein und dieselbe Sache immer und immer wieder tun und jedes Mal ein anderes Ergebnis erwarten.« Vermeiden Sie es, im Kreis zu laufen. Sie sollten einander auch nicht kritisieren. Eine 8 kann mit Kritik nicht besonders gut umgehen. Der Schlüssel liegt in der beiderseitigen Kompromissbereitschaft, dann kann eine solide Partnerschaft entstehen.

8–9

Obwohl diese Zahlenkombination als toxisch gilt, kann sie funktionieren, wenn die 8 bereit ist, die Intelligenz und Weisheit zu respektieren, mit denen die 9 gesegnet ist. Die 9 muss sich klar machen, dass die 8 zwar nicht auf dieselbe Weise denkt wie sie, aber dennoch viel zu bieten hat. Wenn die 8 auf der negativen Seite ihrer Zahl lebt, kann sie durch ihre Gier in Schwierigkeiten geraten. Die 9 wird eine solche Verirrung nicht tolerieren. Wenn die 9 versucht, die 8 zu erleuchten, darf sie das unter keinen Umständen in einem Tonfall tun, der als herablassend gedeutet werden könnte. Wenn sie ihre Vorgehensweise nicht behutsam anpasst, wird die 8 wild um sich schlagen und die Gefühle der 9 tief verletzen, was häufig zu einem Schaden in der Beziehung führt, der unmöglich wieder behoben werden kann. Wenn die 8 und die 9 sich von der besten Seite zeigen, hegen beide den starken Wunsch, die Welt zu verbessern. Sie werden Ehrenämter übernehmen, Benefizveranstaltungen für Bedürftige organisieren oder Unterkünfte für Obdachlose gründen. Auf dieser Ebene ist die Welt allein schon deshalb ein besserer Ort, weil sie sich gefunden haben.

9–9

Wenn zwei Menschen mit der Lebensaufgabenzahl 9 zueinander finden, gilt das als besonders herausragende Verbindung, weil beide hier sind, um die Welt zu einem besseren Ort zu machen. Für gewöhnlich arbeiten beide an humanitären Aufgaben. Wenn sie ihre Kräfte vereinen, leisten sie Beeindruckendes. Die beiden stellen Großes auf die Beine. Sie besitzen Weisheit und Wissen und lernen unablässig voneinander. Sie sind fasziniert davon, wie ihr Partner die Welt interpretiert – und das kann interessanterweise völlig unterschiedlich sein. Jetzt fragen

Sie sich vielleicht, was in einer solchen Beziehung schief gehen kann? Tja, die beiden halten einander den Spiegel vor. Wenn es also einen Makel gibt, wird der Partner ihn vergrößern. Sie können ihr ganzes Leben damit verbringen, ihre Eltern zu beobachten und immer wieder durchzugehen, was in ihrer Kindheit »verbockt« wurde. Sie versuchen verzweifelt, gute Eltern zu sein. Wenn sie Kinder haben und etwas schief läuft (was unweigerlich der Fall sein wird), dann schwelgen sie in Depressionen. Es ist zwingend erforderlich, dass sie sich selbst verzeihen, eben auch nur Menschen zu sein. Die 9 besitzt eine alte Seele und die beiden sollten einander großen Respekt zollen. Anders als andere Zahlenkombinationen haben sie die Chance auf eine Liebe, die so groß ist, dass sie das rein Körperliche und Persönliche transzendiert.

Meine Gedanken zum Thema Untreue

Gleichgültig, welche Zahl Sie haben, wenn es in Ihrer Ehe noch Platz für eine Affäre gibt, dann sollten Sie die Ehe beenden. Ich sage das, weil ich der festen Überzeugung bin, dass jeder Mensch das Recht hat, umfassend und ganz und gar geliebt zu werden. Ich habe Klienten, die mir erzählen: »Wir haben seit fünf Jahren nicht mehr miteinander geschlafen« oder »Wir haben absolut nichts gemeinsam und am besten kommen wir miteinander aus, wenn wir uns überhaupt nicht unterhalten.« Das ist kein Leben und ganz sicher auch nicht das, was Sie sich erträumt und vorgestellt haben.

> Lady Diana
> 17877, Einstellungszahl 8
>
> Wir alle wurden Zeuge ihrer traurigen und lieblosen Ehe. Sie hat ungeheuer gelitten. Doch schließlich fand sie zu sich selbst, wurde stark, traf einen neuen Mann und zog in einen Kreuzzug gegen die furchtbaren Landminen, die so viele wehrlose Menschen zu Krüppeln machen. Die Fotos, die kurz vor ihrem Tod aufgenommen wurden, zeigen eine glückliche Frau – im Fitnessstudio oder beim Spielen mit ihren Kindern. Sie war quasi eine von uns und versuchte nichts weiter, als ihren Alltag zu leben. Und dann *Bumm!* Im Alter von 36 Jahren wurde sie von diesem Planeten gerissen.
>
> All jenen von uns, die chronisch Kummer leiden und denken: »Dieser Mann hat mich nie richtig behandelt, aber vielleicht wird er das ja eines Tages tun« oder »Ich hasse diesen Job, aber ich brauche das Geld und irgendwann suche ich mir eine bessere Stelle«, kann ich nur zurufen: Womöglich kommt dieser Tag nie! Gott hat uns aus gutem Grund an unseren Platz gestellt. Ich glaube, Sie sollten jeden Tag beten. Aber wenn jemand Sie verbal oder körperlich misshandelt, dann machen Sie, dass Sie fort kommen. So eine Behandlung hat niemand verdient. Und falls Sie jemand benutzen, um Ihnen Sicherheit zu geben, dann wachen Sie auf – es ist an der Zeit, dass Sie Ihre eigenen Talente nutzen. Das Schöne an der Numerologie ist, dass Sie einen Blick auf Ihre möglichen Fertigkeiten werfen und ein Risiko eingehen können, weil Gott die Menschen belohnt, die rechtschaffen sind. Wenn Sie in einer Beziehung verharren, die eine Lüge ist, dann ist das keine Rechtschaffenheit.

Ein Wort zu platonischen Beziehungen

Romantische Liebe ist nicht die einzige Art von Beziehung, der wir im Leben begegnen, und es ist auch nicht der einzige Bereich, in dem Kompatibilität wichtig ist. Vor kurzem entdeckte ich ein Beispiel dafür in meinem eigenen Leben.

Meine Wohnung ist gleichzeitig mein Arbeitsplatz, es ist also gemütlicher als in einem Bürogebäude. Wenn ich jemanden einstelle, dann suche ich vor allem Menschen, die Verantwortung zeigen und ihre Aufgabe erledigen, dennoch muss ich auch auf Kompatibilität achten, denn was sich in meinem Büro abspielt, lässt sich nur schwer von dem trennen, was in meinem Heim abläuft. Ich achte in erster Linie auf die Lebensaufgabenzahl der Bewerber und halte nach Menschen Ausschau, deren Zahl eine Natürliche Partnerzahl oder eine Kompatible Zahl zu meiner eigenen ist.

Vor kurzem stellte ich jedoch jemanden ein, dessen Lebensaufgabenzahl nicht kompatibel ist. Ich dachte mir, dass ich nach zwei Jahrzehnten des Studiums der Numerologie die Herausforderung einer konträren Lebensaufgabenzahl durch schiere Willenskraft meistern könnte. Leider irrte ich mich – und ich lernte meine Lektion auf die harte Tour. *Wenn wir das Gefühl haben, dass eine Situation außer Kontrolle gerät, verhalten wir uns entsprechend der Charakteristika unserer Lebensaufgabenzahl – gleichgültig, wie unsere anderen Zahlen aussehen.* Wenn unsere Lebensaufgabenzahlen miteinander in Konflikt stehen, laden wir die Probleme förmlich ein.

Mein neuester Angestellter war jemand, den ich seit vielen Jahren oberflächlich kannte. Nennen wir ihn einfach Joe. Joe war ein netter Kerl und brauchte diesen Job. Es war das erste Mal, dass wir so eng miteinander arbeiteten. Ich mochte Joe sehr, aber ich musste feststellen, dass wir ständig aneinander gerieten. Er stritt sich wegen jeder Kleinigkeit mit mir, und es schien ihn auch noch zu amüsieren.

Ich hatte gewusst, dass seine Lebensaufgabenzahl eine Herausforderung für mich sein würde, aber als die Lage richtig kompliziert wurde, beschloss ich, mir auch noch seine restlichen Zahlen anzusehen. Ich stellte fest, dass er fünf Problemzahlen zu mir hatte und *plötzlich ergab alles einen Sinn!* Wenn man jemand mit so vielen Problemzahlen in sein Leben lässt, dann kann das nur schief gehen. Wie ich schon an anderer Stelle in diesem Kapitel sagte, muss man sich in Sachen Kompatibilität die Anzahl der gemeinsamen – beziehungsweise der konträren – Zahlen vornehmen. Wenn man eine oder zwei Problemzahlen teilt, kann man die Schwierigkeiten leicht aus der Welt räumen. Bei drei Problemzahlen muss man immer an der Beziehung arbeiten. Bei vier oder gar fünf Problemzahlen ist man in der Beziehung ständig deprimiert oder hoffnungslos. Und genau so erging es Joe und mir.

Interessanterweise gibt es noch ein Teil zu diesem Puzzle. Vor einigen Jahren hatte Joe doch tatsächlich seinen Namen geändert. Vor der Namensänderung hatten er und ich *identische* Namenszahlen. Dadurch waren wir nicht nur Seelengefährten, sondern teilten auch viele Ansichten über das Leben. Durch die Namensänderung wurden alle drei Zahlen Problemzahlen zu meinen Namenszahlen. Wir strahlten nicht länger die Natürliche Partnerzahlenenergie aus, die wir zuvor geteilt hatten – unser einst erstaunlich enger Rapport war verschwunden. Schließlich mussten sich unsere Wege trennen, damit wir nicht den Verstand verloren. Ich hege keinen Groll gegen ihn, weil Problemzahlen immer in beide Richtungen gehen.

Joe und ich waren in der Lage, unsere Probleme zu lösen, indem wir uns entschieden, nicht länger miteinander zu arbeiten, aber eine solche Lösung ist nicht in jedem Fall möglich. In unserem Leben müssen wir oft Möglichkeiten einer friedlichen Koexistenz mit Menschen finden, deren Zahlen für uns ein Problem sind. Aus diesem Grund ist es auch so wichtig, die Menschen und ihre Unterschiede anhand der Zahlen verstehen zu lernen. Sobald man die Zahlen fest im Griff hat, kann man Persönlichkeitsunterschiede vorhersagen und sich entsprechend darauf vorbereiten. Und falls Sie das Sagen haben und in Ihrem Unternehmen die Kontrolle über die Einstellungen ausüben, dann achten Sie auf die Zahlen und engagieren Sie, wann immer möglich, Menschen mit kompatiblen Zahlen. Auf diese Weise schaffen Sie eine produktivere, harmonischere Atmosphäre, in der Ihre Angestellten aufblühen und erstklassige Arbeit leisten.

Die Weltzahl

Jetzt, da Sie mit der Macht der Zahlen schon etwas vertrauter sind, verstehen Sie, dass jede Zahl in unserem Leben eine relevante Schwingung beinhaltet. Wir haben bereits darüber gesprochen, dass das Datum, an dem Sie zur Welt kamen, den Ton Ihres Lebens bestimmt, aber wir haben noch nicht über die Rolle gesprochen, die das heutige Datum spielt. Es gibt mehrere Möglichkeiten, wie das heutige Datum Ihr Leben beeinflussen kann: durch die Weltzahl, das Persönliche Jahr und den Persönlichen Tag. In diesem Kapitel konzentrieren wir uns auf die Weltzahl.

Die Weltzahl ist die Zahl, auf die sich die momentane Jahreszahl reduzieren lässt. Werfen wir einen Blick auf das Jahr 2005:

2005
2 + 5 = 7
2005 hat die Weltjahrzahl 7.

Ein Jahr mit der Weltjahrzahl 7 ist eine Zeit, um Innenschau zu betreiben, keine Zeit für ausgedehnte Kommunikation. Wenn Sie normalerweise viel reden, dann sollten Sie in diesem Jahr Ihre Gedanken lieber aufschreiben. Wenn Sie gern die großen Fragen stellen: »Wer bin ich? Was bin ich? Warum bin ich hier?«, dann ist die 7 ein Jahr, in dem Sie Antworten erhalten. Dieses Jahr ist eine Probe Ihres Glaubens; es geht um wahre

Spiritualität. Sie werden in diesem Zyklus innerlich wachsen. Die Welt wird sich mit dem scheinbar endlosen Konflikt im Nahen Osten beschäftigen müssen, ihn jedoch auf andere Weise sehen.

In diesem Jahr müssen wir unser Bewusstsein als Volk auf eine höhere Stufe erheben und erkennen, dass der gesamte Planet eine Einheit bildet. Wenn ein Mensch stirbt, dann stirbt auch ein Teil in jedem von uns. Ein nicht ersetzbares Glied der Lebenskette ist verschwunden. Das Weltjahr 7 ist eine Zeit, in der wir uns klar machen müssen, dass Krieg nicht die Antwort ist.

Bei all jenen, die ein festes Fundament im Glauben haben, könnten die innigsten Gebete erhört werden. Für jene, die nicht sicher sind, ob es einen Gott gibt, ist dies die Zeit, über die Möglichkeit einer höheren Macht nachzudenken. Sie sind nicht allein. Hören Sie auf Ihr Herz. Die leise Stimme in Ihrem Innern kann durch Meditation, Yoga und Einssein mit der Natur stärker werden. Versuchen Sie, ins Freie zu gehen, vor allem in die Nähe eines Gewässers. Bis zum Jahresende werden wir viel darüber gelernt haben, wie eng wir alle als Menschen miteinander in Verbindung stehen – und ebenso mit unserem wunderbaren Planeten. Die Welt wird eine große Wahrheit in Sachen Gewalt verstehen: Wenn wir jemanden verletzen, ist das wie ein Bumerang und kehrt direkt zu uns zurück. Im Weltjahr 7 werden wir erkennen, dass wir Schritte in Richtung auf einen gerechten und dauerhaften Frieden unternehmen müssen. Unser Überleben hängt davon ab.

Wenn Weltzahl und Lebensaufgabenzahl identisch sind: Catherine Zeta-Jones

Wenn die Weltzahl mit Ihrer Lebensaufgabenzahl identisch ist, kann sich dieses Jahr für Sie als ungewöhnlich machtvoll erweisen. Lassen Sie uns einen Blick auf jemand werfen, mit dessen Leben wir vertraut sind: die Schauspielerin Catherine Zeta-Jones.

Catherine Zeta-Jones
18975, Einstellungszahl 7

Das Jahr 2003 war ein Jahr mit der Weltzahl 5, denn 2 + 0 + 0 + 3 = 5. Catherine wurde am 25. September 1968 geboren, weshalb sie die Lebensaufgabenzahl 5 hat. Das bedeutet, dass 2003 ein denkwürdiges Jahr in Catherines Leben werden musste – und genauso kam es auch! Sie erhielt den Oscar für ihre Rolle in *Chicago*, sie gewann einen Rechtsstreit über die Summe von 1,6 Millionen Dollar gegen das Magazin *Hello!*, das nicht genehmigte Fotos von ihrer Hochzeit veröffentlicht hatte, und sie brachte ihr zweites Kind zur Welt. In der Nacht der Oscar-Verleihung – im achten Monat schwanger und einfach strahlend aussehend – sang und tanzte sie mit Queen Latifah und die beiden lösten stürmischen Beifall aus. Sie schloss außerdem mehrere lukrative Werbeverträge ab, unter anderem mit T-Mobile und Elizabeth Arden. Ein ziemlich fantastisches Jahr, alles in allem.

Da Catherine aus numerologischer Sicht so interessant ist, schauen wir uns auch gleich noch den Rest ihrer Tabelle an, wenn wir schon dabei sind.

Was motiviert diese unglaublich antriebsstarke Frau? Die Antwort liegt in ihrer Lebensaufgabenzahl 5: Die 5 braucht den Nervenkitzel in ihrem Leben. Sie wird ruhelos, wenn sie nicht immer mehrere Eisen im Feuer hat. Catherine hat auch eine 8 in ihrem Namen, deshalb bedeutet ihr finanzielle Stabilität sehr viel. Sowohl ihr Ruf als auch ihre körperliche Schönheit sind ihr wichtig, aus diesem Grund hat sie das Magazin *Hello!* verklagt, denn dort wurden wenig schmeichelhafte Fotos von ihr abgedruckt. Eines der Fotos zeigte sie beim Essen des Hochzeitskuchens; Catherine fand, es ließe sie wie eine zwanghafte Esserin aussehen, ein Bild, das für sie als 5 völlig inakzeptabel ist.

Die 5 wird oft mit einer Katze verglichen, die ihren Körper auf anmutige Weise bewegt und deren Augen wie Magneten wirken. Catherine Zeta-Jones ist gleichermaßen faszinierend.

Was ihre Beziehung zu Michael Douglas angeht, so ist die Ehe aus numerologischer Sicht absolut nachvollziehbar. Sowohl Catherine als auch Michael wurden am 25. September geboren. Menschen, die am selben Tag das Licht der Welt erblickten, sehen im anderen ihr Spiegelbild – sie fühlen sich sofort voneinander angezogen und zueinander hingezogen. Michael Douglas hat die Persönlichkeitszahl 6, die Vaterzahl. Es ist daher keine Überraschung, dass er zu Catherine gleich bei ihrer ersten Begegnung sagte: »Ich möchte der Vater Ihrer Kinder sein.« Zwei Babys später ist das Paar glücklicher denn je.

Natürlich klatscht man über den Altersunterschied. Schließlich sind 25 Jahre keine Kleinigkeit. Aber interessanterweise ist das für mich kein Problem. Vielmehr bin ich besorgt, dass Michael die Lebensaufgabenzahl 7 hat, Catherine dagegen die Lebensaufgabenzahl 5. Diese Zahlen sind zwar Natürliche Partnerzahlen, aber die 7 agiert in einem sehr viel langsameren Tempo als die 5. Es erfordert große Anstrengung von Seiten der 7, um mit der natürlichen Energie der 5 mithalten zu können. Hier kommt der Altersunterschied zum Tragen: Wenn dieses Energiedefizit schon bei Gleichaltrigen auftritt, wie gravierend muss es dann erst bei 25 Jahren Altersunterschied sein? Ich glaube, im Laufe der Zeit wird es für die beiden aus eben diesem Grund zunehmend schwieriger, ihr Leben miteinander zu teilen. Catherine muss sich extrem beschäftigt halten, um sich nicht über die Tatsache aufzuregen, dass Michael bisweilen hinter ihr herzuhinken scheint. Catherine Zeta-Jones ist eine Kraft, mit der man rechnen muss, und sie wird uns noch viele Jahre lang bezaubern.

Die Rolle des Jahrhunderts

Der Jahrtausendwechsel war ein enorm wichtiges Weltjahr. Das Jahrhundert mit der »19« ist zu einem Jahrhundert mit der »20« geworden. Da die 19 auf eine 1 reduziert wird, die 20 jedoch auf eine 2, haben wir ein Jahrhundert verlassen, das durch Eigenschaften der 1 bestimmt war, und ein Jahrhundert begonnen, das von der 2 charakterisiert wird.

Wie wir bereits wissen, kann die 1 recht selbstsüchtig sein. Es überrascht daher nicht, dass wir soeben einhundert Jahre hinter uns gebracht haben, in denen die Nationen sagten: »Wir zuerst.« Die großen Geißeln unserer Zeit – Armut und Krieg – waren ein direktes Ergebnis dieser mangelnden Bereitschaft, mit anderen zu teilen. Die Welt rief: »Wir an erster Stelle, ihr an zweiter ... sonst läuft gar nichts.« Die 1 steht allein und vergisst, wie einsam es an der Spitze sein kann. Außerdem ist die 1 unabhängig und in der zweiten Hälfte des vorigen Jahrhunderts mussten wir mit ansehen, wie immer mehr Paare auseinander gingen. »Wenn ich nicht glücklich bin«, erklärten die Leute allzu rasch, »dann lasse ich es eben bleiben.«

Das Jahr 2000 war ein Wendepunkt, der einen Richtungswechsel in eine bessere Zukunft einläutete. Wir sind jetzt in einem Jahrhundert der 2. Die 2 braucht Liebe. Sie ist empfindsam und hat keine Angst zuzugeben, wenn sie etwas verletzt. Dieses Jahrhundert wird uns auf eine andere Ebene der Wahrheit führen und lässt der Liebe jene Energie zukommen, die bislang dem Erreichen persönlicher Ziele zugeflossen ist. In diesem Jahrhundert werden wir auch die Mentalität »Echte Männer weinen nicht« weitgehend hinter uns lassen. Männer erlangen die Freiheit, ihre Emotionen zum Ausdruck zu bringen und das Klischee vom wortkargen, harten Kerl aufzuweichen.

In diesem Jahrhundert wird es sehr viel mehr zu lieben geben. Die 2 sehnt sich nach bedingungsloser Liebe und will, dass alles funktioniert, darum werden in diesem Jahrhundert mehr Menschen heiraten und auch zusammenbleiben. Die 2 strebt Harmonie und Frieden an, darum werden wir in diesem Jahrhundert lernen, dass Krieg nicht die Antwort ist. Es wird herrlich sein, den Aufstieg der harmonischen Energie der 2 zu beobachten, die in den nächsten einhundert Jahren vorherrschen wird.

Jetzt wird es persönlich: Individuelle Jahres-, Monats- und Tageszahlen

Das Konzept der Weltzahl haben wir jetzt verstanden, lassen Sie uns nun über eine Zahl sprechen, die Ihnen näher liegt: Ihre persönliche Jahreszahl, die sich ergibt, wenn man die Weltzahl mit Ihren Geburtszahlen kombiniert.

Die persönliche Jahreszahl

Wie Sie bereits wissen, erhalten Sie die Einstellungszahl aus der Zahl, die sich aus dem Monat und dem Jahr Ihrer Geburt ergibt. Hier nun der Weg zur Persönlichen Jahreszahl:

Weltzahl + Einstellungszahl = Persönliche Jahreszahl

Ziehen wir als Beispiel den Schauspieler Bill Murray heran, der 2004 phänomenale Erfolge erlebte. Murray kam am 21.9.1950 zur Welt, folglich hat er die Einstellungszahl 3. Das Jahr 2004 hatte die Weltzahl 6.

6 + 3 = 9
Bill Murray hatte 2004 die Persönliche Jahreszahl 9.

In einem Jahr mit der Persönlichen Jahreszahl 9 wird man für all die Anstrengungen belohnt, die man in den vergangenen neun Jahren unternommen hat. 2004 gewann Bill den Golden Globe als Bester Schauspieler im Bereich Komödie / Musical – es war seine zweite Nominierung, aber das erste Mal, dass er die Auszeichnung erhielt. Der Film *Lost in Translation* wurde von Kritikern wie Fans gleichermaßen umjubelt. Bill ist auf dem Gipfel einer sehr erfolgreichen Karriere angekommen, die ihn vom Komödienfach, über Liebesfilm und Drama bis zu seinem neuesten Film führte, der eine Mischung aus allen drei Genres darstellt. Da Bill die Persönliche Jahreszahl 9 hatte, war es nur folgerichtig, dass man seinem brillanten Talent endlich die verdiente Anerkennung zollte. Lassen Sie uns einen genaueren Blick auf Bill Murray und seine Zahlen werfen:

Bill Murray
41539, Einstellungszahl 3

Seine Tabelle verdeutlicht, warum sich Bill Murray so hervorragend für Rollen im Komödienfach eignet. Er kam an einem Dritten zur Welt, darum wirkt er schon von Natur aus wie ein Komödiant. Außerdem hat er die Einstellungszahl 3 und hält immer Ausschau nach einer guten Pointe. Die 3 ist der geborene Komiker. Die Zahlen 3, 6 und 9 gehören vor eine Kamera und dieser Mann hat gleich zweimal die 3 *und* eine 9 in seiner Geburtstabelle.

Manche Menschen bringen einen schon zum Lachen, wenn man sie nur ansieht. Bill Murray gehört zu diesen Menschen, aber er musste viel durchmachen, um dorthin zu gelangen, wo er heute ist. Es ist nichts Komisches an der knochenharten Arbeit, die er für seinen Erfolg leisten musste. Dennoch bringt er sein Publikum immer wieder zum Lachen. Bei der Verleihung der Golden Globes hielt er eine überaus humorvolle Dankesrede: »Ich würde ja gern all den Menschen bei Focus und Universal danken, aber weil es dort ausnehmend viele Leute gibt, die sich den Erfolg dieses Films ans eigene Revers heften, weiß ich leider nicht, wo ich anfangen soll.«

Bills Bereitschaft zu harter Arbeit zeigt sich ebenfalls in seiner Tabelle. Er hat die Seelenzahl 4, die auf schwierige Lektionen hinweist – er ist zwar fleißig, hat aber auch seine Höhen und Tiefen. Es gab eine Zeit in seiner Karriere, Ende der Achtziger, als er vier Jahre lang in eine tiefe Depression fiel und seine hochfliegenden Pläne zurückschrauben musste. Er konnte nur in einer Reihe kleinerer Rollen auftreten, weil er mental einfach überstrapaziert war.

Seine Persönlichkeitszahl ist die 1, darum möchte er immer der Sieger sein. In dem Buch *Audition: Everything an Actor Needs to Know to Get the Part* schrieb Michael Shurtleff: »Das Komödienfach fußt nicht auf Freundlichkeit – es fußt auf knallhartem Konkurrenzkampf.« Das trifft voll auf Bill Murray zu. Seine Komik ist beißend und boshaft, wird aber mit solcher Finesse vorgetragen, dass man einfach lachen muss. Die 1 weist auf sein Bedürfnis hin, sich mit anderen zu messen und zu siegen. Der Name Bill Murray ergibt die Powernamenzahl 5 – dieser Mann sprüht förmlich vor Elektrizität und das spürt man sofort.

Bills Lebensaufgabenzahl ist die 9, was bedeutet, dass er mit seiner Herkunftsfamilie noch unerledigte Angelegenheiten hat. Er stammt aus einer Familie, in der es acht Brüder und eine Schwester gab. Die Schwester wurde Nonne. Die Kinder buhlten immer um die Aufmerksamkeit des Vaters. Unter anderem imitierten sie ihre überarbeitete Mutter – und niemand konnte darüber mehr lachen als sie.

Über Bill erzählt man sich die Geschichte, dass er als Kind auf dem Esstisch James Cagney imitierte. Dabei fiel er herunter und schlug sich den Kopf am Metallbein des Tisches an. Das war ohne Zweifel ziemlich schmerzhaft, aber als er aufsah und feststellte, wie hysterisch sein Vater darüber lachte, konnte er nicht anders, als ebenfalls zu lachen – und gleichzeitig zu weinen.

Sein Bedürfnis nach Applaus ist gewaltig und in einer so großen Familie kämpft man beinahe um jeden Preis um Aufmerksamkeit. (Glauben Sie mir, ich weiß, wovon ich spreche – ich habe elf Geschwister und zweimal die 3 in meinen Geburtszahlen, also kann ich mit Bill Murray mitfühlen!)

Wie wir 2004 alle miterleben konnten, erhält Bill endlich die wohlverdiente Anerkennung. Um Dominic Wills zu zitieren: »Von vielen Schauspielern sagt man, sie hätten einen langen Weg hinter sich, aber Bill Murrays Weg zu Ruhm und Ehre war wahrhaft eine Reise von epischen Ausmaßen. Als großartiger Komiker und exzellenter Schauspieler verdient er wirklich jedes Lob, das er kriegen kann.«

Die persönlichen Jahreszahlen im Einzelnen

Persönliche Jahreszahl 1

Wenn Sie die Persönliche Jahreszahl 1 haben, ist es an der Zeit, bei dem, was Sie tun, die Nummer eins zu werden. Im Vorjahr hatten Sie die Persönliche Jahreszahl 9 – ein Jahr der Klärung, in dem Sie alles vorbereitet haben. Jetzt ist die Zeit gekommen, die Ernte einzubringen! Sie sind an der Reihe, der oder die Beste auf Ihrem Gebiet zu werden – die anderen sollten zu Ihnen aufschauen. Der Augenblick ist gekommen, in dem Sie die Glaubwürdigkeit verbreiten, die Sie auch verdienen. Sei es im Beruf oder in der Liebe, greifen Sie im Persönlichen Jahr 1 nach den Sternen.

Persönliche Jahreszahl 2

Arbeiten Sie in diesem Jahr an Ihrer emotionalen Seite. Lassen Sie uns annehmen, Sie waren im vorigen Jahr (einem Jahr mit der Persönlichen Jahreszahl 1) so mit Ihrer Arbeit beschäftigt, dass Sie im Persönlichen Jahr 2 bereit sind, sich der Liebe zu widmen. Jetzt ist eine gute Zeit, an Intimität und Beziehungen zu arbeiten. Achten Sie darauf, Ihren Partner nicht zu vernachlässigen, auch wenn Sie ganz darin aufgehen, Ihren großen Traum zu verwirklichen. Bei der Persönlichen Jahreszahl 2 geht es um Zuneigung, darum, Zeit mit einem Menschen zu verbringen, der Ihnen wichtig ist, und Ihre wahren Gefühle zu teilen. In diesem Jahr sollten Sie die Deckung aufgeben und sich nicht davor fürchten, »Ich liebe dich und ich brauche dich« zu sagen. Sie werden feststellen, wie lohnend es ist, über Ihre emotionale Seite zu sprechen. Ihre Persönliche Jahreszahl 2 ist die richtige Zeit, endlich den Urlaub zu nehmen, um den Ihr Partner Sie schon so lange bittet – pflegen Sie gesunde, liebevolle Beziehungen und zeigen Sie den Menschen, die Ihnen wichtig sind, wie sehr Sie sie schätzen.

Persönliche Jahreszahl 3

Die Persönliche Jahreszahl 3 ist eine Zeit, in der Sie Ihre kreative Seite unter die Lupe nehmen sollten. Wenn Sie ein Sänger sind, aber niemals singen, dann sollten Sie jetzt eine Karaoke-Bar aufsuchen. Wenn Sie noch nie als Schauspieler aufgetreten sind, aber die Auffassung vertreten, dass Sie das durchaus könnten, dann nehmen Sie jetzt Schauspielunterricht. In diesem Jahr geht es darum, zum eigenen Ausdruck zu finden, sich schick zu machen, glamouröser zu werden, ein Risiko einzugehen, ein Restaurant aufzusuchen, von dem Sie immer dachten, es sich nicht leisten zu können, ihr eintöniges Alltagsleben zu einem romantischen, magischen Ort zu machen. Leben Sie Ihr Leben in großem Stil: Das will die Persönliche Jahreszahl 3. Der Sinn für Humor ist hierbei sehr wichtig, denn die 3 ist ein Clown. Wenn Sie normalerweise eine stille, introvertierte Zahl sind – beispielsweise eine Lebensaufgabenzahl 7 –, dann werden Sie im Persönlichen Jahr 3 feststellen, wie Sie sich öffnen und mehr von sich preisgeben. Wenn Sie mit einer 7 verheiratet sind, die üblicherweise still ist, dann machen Sie sich in einem Persönlichen Jahr 3 darauf gefasst, dass Ihr Partner verbal viel empfänglicher auf Sie eingeht.

Persönliche Jahreszahl 4
Die 4 ist der Experte, darum ist dies ein Jahr, um Ihre Fertigkeiten auszubauen. Wenn Sie eher intellektuell veranlagt sind, dann sollten Sie in diesem Jahr Bücher lesen. Nehmen wir an, Sie sind gut im Baseball; vielleicht können Sie in diesem Jahr Trainer werden. Wenn es etwas gibt, das Sie gut können, dann setzen Sie Ihre diesbezüglichen Fertigkeiten auch ein, denn in diesem Jahr sollten Sie andere Menschen an Ihrem Wissen teilhaben lassen. Das Persönliche Jahr 4 bringt außerdem das Bedürfnis nach mehr Häuslichkeit mit sich; es ist eine gute Zeit, von der Wohnung, die Ihnen ohnehin nie gefiel, in ein eigenes Haus mit Garten zu ziehen. Erstellen Sie einen Plan für Ihre Zukunft und fangen Sie gleich heute an, danach zu leben.

Persönliche Jahreszahl 5
Ein Jahr mit der Persönlichen Jahreszahl 5 wird stürmisch. Ihre Energien verzetteln sich; die Dinge, an denen Sie sich versuchen, klappen meist nicht. Wenn Sie ein Haus kaufen wollten, kommt der Vertrag nicht zustande. Wenn Sie einen neuen Job am anderen Ende der Welt antreten wollten, erhalten Sie telefo-

nisch die Absage, dass man Sie für die nächsten sechs Monate nun doch nicht braucht. Das sind die Höhen und Tiefen eines Persönlichen Jahres mit der Zahl 5 und Sie sollten sich einfach damit abfinden. Wenn in einem solchen Jahr nichts so läuft, wie man es sich wünscht, wie soll man dann am besten vorgehen? Einfach weitermachen! Wenn Sie können, dann gehen Sie jetzt auf Reisen. Ziehen Sie in die Welt hinaus – lernen Sie so viel wie möglich von diesem Planeten kennen. Es ist aber auch ein Jahr, in dem Sie keine langfristigen Verpflichtungen eingehen sollten. Wenn Sie sich Hals über Kopf in jemand verlieben, dann warten Sie bitte bis zum Ende dieses Jahres, bevor Sie heiraten! Ich habe zu viele Geschichten von Frauen gehört, die sich in einem Persönlichen Jahr 5 in der Liebe böse die Finger verbrannt haben. Eine Klientin hatte einen One-Night-Stand und musste feststellen, dass sie schwanger wurde. Eine andere glaubte, den Mann ihrer Träume gefunden zu haben – bevor sie herausfand, dass der Kerl schwer drogenabhängig war. In einem Persönlichen Jahr 5 schaut man sich am besten die neuesten Filme an, liest faszinierende Bücher und versucht, möglichst nicht den Verstand zu verlieren. Und wenn alles außer Kontrolle zu geraten scheint, dann denken Sie an die Binsenweisheit: »Auch das geht vorüber.«

Persönliche Jahreszahl 6
In einem Jahr mit der Persönlichen Jahreszahl 6 sollte man heiraten oder ein Kind bekommen. Wenn Sie in diesem Jahr jemand treffen und heiraten, dann stehen die Vorzeichen für diese Verbindung gut. Nach dem verrückten Persönlichen Jahr 5 sind Sie nun bereit, sich häuslich niederzulassen! Die 6 ist der Inneneinrichter, und ich konnte feststellen, dass sich Menschen in ihrem Persönlichen Jahr 6 oft zu Hause umschauen und sa-

gen: »Höchste Zeit, hier zu renovieren. Wir müssen alles streichen. Und die Küche wird neu eingerichtet.« Jetzt ist eine gute Zeit, sich Ihre Umgebung anzuschauen und etwas zu verändern. In einem Persönlichen Jahr 6 gefällt es Ihnen nicht, wenn man Sie herumkommandiert oder Ihnen sagt, was Sie zu tun haben. Vielleicht verspüren Sie sogar den Wunsch, Ihr eigenes Unternehmen zu gründen. Die 6 schafft auch ein magnetisches Kraftfeld, das die Menschen zu ihr hinzieht. Auch wenn Sie jemand sind, der lieber ignoriert wird, müssen Sie in diesem Jahr damit zurechtkommen, im Mittelpunkt der Aufmerksamkeit zu stehen. Höchstwahrscheinlich ist Ihre Intuition in diesem Jahr in den meisten Fällen zutreffend – in einem Jahr mit der 6 würde ich mir selbst vertrauen. Verträge kommen auf Sie zu, weil man plötzlich mit Ihnen handelseinig werden will. Nach dem bizarren Persönlichen Jahr 5, in dem nichts richtig funktionierte, ergeben sich nun wunderbare Gelegenheiten. Im Persönlichen Jahr 6 meinen die Leute, was sie sagen, und dringen damit auch zu Ihnen durch.

Persönliche Jahreszahl 7

In einem Persönlichen Jahr mit der 7 wird Ihr Glaube auf die Probe gestellt. Sie sehen sich Ihr Leben an und sagen: »Mein Gott, ich kann nicht glauben, dass ich an diesem Punkt angelangt bin.« Wenn Sie ein zutiefst spiritueller Mensch sind, besteht die Chance, dass Sie das in hohem Maße bewegen wird. Ein solches Jahr dreht sich vor allem um Emotionen. Sie hinterfragen alles: »Gibt es einen Gott? Was mache ich hier?« Es ist eine Zeit der Innenschau. Ich empfehle Ihnen, esoterische Buchhandlungen zu durchstöbern und sich mit Religion und Spiritualität zu befassen. Es ist auch ein Jahr für Beratung und Therapie. Obwohl Sie mit Ihren Gedanken vermutlich lieber allein sein möchten, kann Ihnen ein Therapeut manchmal helfen, schwierige Phasen durchzustehen und wirklich zu wachsen. In einem Persönlichen Jahr mit der 7 müssen Sie in die Nähe von Wasser (und sei es auch nur ein Whirlpool), denn im Wasser bündeln sich Ihre Energien. Meiner Erfahrung nach fällt es in einem Persönlichen Jahr 7 schwer, mit dem Partner zu sprechen. Sie durchleben womöglich eine innere Achterbahn, aber dabei dreht es sich nur um Sie, nicht um Ihren Partner. Geben Sie sich bitte Mühe und seien Sie offen und ehrlich, damit Ihr Partner in dieser Zeit nicht denkt, er (oder sie) hätte etwas falsch gemacht.

Persönliche Jahreszahl 8

In einem Persönlichen Jahr mit der 8 kann Ihnen Geld in Hülle und Fülle zufließen. Die finanzielle Absicherung Ihrer Familie scheint in diesem Jahr wichtiger zu sein, als mit ihr zu kommunizieren, achten Sie also darauf, Ihre Familie hin und wieder wissen zu lassen, wie sehr Sie sie lieben. In einem Persönlichen Jahr 8 sollten Sie arbeiten, Ihren Lebensunterhalt verdienen, für sichere Verhältnisse sorgen und den Job erledigen. Es ist ein gutes Jahr für Investitionen, denn die Energie ist auf Ihrer Seite. Es ist das Jahr, in dem Sie Ihr Einkommen in den Griff bekommen. In einem Persönlichen Jahr mit der 8 sollten Sie jedoch darauf achten, nicht unsensibel gegenüber den Gefühlen anderer zu sein, während Sie Ihre Träume verwirklichen. Von manchen Personen in Ihrem Leben fühlen Sie sich vielleicht verbal attackiert oder allzu heftig kritisiert. Nehmen Sie es nicht persönlich – das ist deren Problem. Sorgen Sie nur dafür, dass Sie den Menschen, die Sie lieben, Wärme und Zuneigung schenken, dann wird sich alles regeln. Wenn Sie sich bewusst anstrengen, kommen Sie in diesem Jahr sowohl persönlich als auch beruflich weiter.

Persönliche Jahreszahl 9
Wenn Sie sich in einem Jahr mit der Persönlichen Jahreszahl 9 befinden, sollten Sie sich Ihr Leben anschauen und sich fragen: »Moment mal, was geht hier ab? Was ist es wert, gerettet zu werden? Was nicht? Was sollte gehen?« Wenn Sie Dinge besitzen, die Sie seit sechs Monaten oder länger nicht mehr angeschaut haben, dann lassen Sie sie los. Sie können in diesem Jahr endlich entrümpeln. Es ist eine gute Zeit, Schränke auszumisten, neue Entscheidungen zu treffen und Raum zu schaffen für all das Gute, das auf Sie zukommt. Wenn Sie in dieser Zeit wichtige Telefonate zu führen haben, kommen Sie definitiv durch. Und wenn Sie telefonisch Dinge in Bewegung setzen wollen, dann werden die Ampeln für Sie in diesem Jahr auf Grün stehen. Sie werden feststellen, dass Sie endlich über das Vorzimmer hinauskommen! Und all die Pläne, die nie verwirklicht werden konnten? In einem Persönlichen Jahr mit der 9 werden sie endlich realisiert!

Ihr persönlicher Monat

Um Ihren Persönlichen Monat zu errechnen, nehmen Sie Ihre Persönliche Jahreszahl und addieren sie zum gegenwärtigen Monat hinzu. Die Zahl, die Sie dabei erhalten, ist Ihr Persönlicher Monat.

Jemand, der beispielsweise am 5. Mai 1952 geboren wurde, hat 2005 das Persönliche Jahr 8 (Weltzahl 7):

Addieren Sie Monat und Tag: $5 + 5 = 10 = 1 + 0 = 1$
Rechnen Sie die 1 der Weltzahl 7 hinzu; das ergibt 8.
$1 + 7 = 8$

Die Persönliche Jahreszahl ist also die 8. Addieren Sie die 8 zum gegenwärtigen Monat und Sie erhalten die Persönliche Monatszahl. Hier ein paar Beispiele:

Juli: 8 + 7 = 15 = 1 + 5 = 6 (Persönliche Monatszahl: 6)
August: 8 + 8 = 16 = 1 + 6 = 7 (Persönliche Monatszahl: 7)
September: 8 + 9 = 17 = 1 + 7 = 8 (Persönliche Monatszahl: 8)

Die persönlichen Monatszahlen im Einzelnen

Persönliche Monatszahl 1

Eine gute Zeit, um unabhängiger zu werden. Lernen Sie, Ihre Probleme in Angriff zu nehmen. Sie können bei der Lösung um Hilfe bitten, aber erwarten Sie nicht, dass Ihnen andere die Probleme abnehmen. Es ist ein großartiger Monat, um Projekte zu vollenden, Verträge zu unterzeichnen und eine neue Unternehmungen anzugehen. Dieser Monat eignet sich auch gut für Reisen. Beenden Sie jetzt ungute Beziehungen, im geschäftlichen wie im privaten Bereich.

Persönliche Monatszahl 2

In diesem Monat sollten Sie sich entspannen. Es ist kein Monat für neue Abenteuer, aber eine gute Zeit, alte Freunde zu besuchen und sich an Bewährtes zu halten. Die Menschen sind mehr als bereit, Ihnen zu helfen. Lassen Sie es zu. Vermeiden Sie düstere Gedanken. Konzentrieren Sie sich auf Ihr Liebesleben. Nehmen wir an, Sie hätten die Lebensaufgabenzahl 1 und sind es gewöhnt, die Nummer eins zu sein: Dann ist das jetzt der Monat, einen Schritt zurückzutreten und sich zu entspannen; werden Sie zur Abwechslung einfach einmal zum Beobachter.

Persönliche Monatszahl 3

Was macht einen Monat mit der 3 aus? Viel Energie und Spaß. Besuchen Sie eine Show, eine Party – alles, wo Sie sich spielerisch austoben können. Den ernsthaften Zahlen wie der Lebensaufgabenzahl 4 oder 7, die sonst sehr verschlossen sind, würde ich raten, in diesem Monat das innere Kind herauszulassen und mit ihm zu spielen.

Persönliche Monatszahl 4

Jetzt ist eine gute Zeit, um eine Aufgabe zu beenden, die Sie bislang vor sich hergeschoben haben. Gleichen Sie Ihr Konto aus, streichen Sie Ihr Haus oder schneiden Sie Ihre Rosenbüsche zurück. Ordnen Sie Ihre finanziellen Angelegenheiten. Sie werden in diesem Monat effizienter sein und diese Aufgaben, die Sie sonst immer für besonders mühsam halten, erscheinen Ihnen auf einmal viel einfacher. Sorgen Sie dafür, sich um alles und jeden zu kümmern. Es wäre klug, sich in einem Persönlichen Monat mit der Zahl 4 um all die persönlichen Dinge zu kümmern, die Sie vernachlässigt haben.

Persönliche Monatszahl 5

Viele der Dinge, die in diesem Monat geschehen, sind im nächsten Monat aus und vorbei. Es ist kein Monat für langfristige Vereinbarungen. Die Leute scheinen irgendwie unbeständig; auch Ihre eigenen Gefühle sind wankelmütig. Gehen Sie es locker an und verlieren Sie nicht Ihren Sinn für Humor. Es ist ein hervorragender Monat, um eine Party zu veranstalten oder eine Wochenendreise zu unternehmen. Am besten tut man bei einem Persönlichen Monat 5 so, als befinde man sich in einem Actionfilm – organisieren Sie sich eine Tüte Popcorn und schauen Sie einfach zu.

Persönliche Monatszahl 6

Ein guter Monat, um das Haus zu dekorieren. Romantik liegt in der Luft und neue Bekanntschaften können sich zu dauerhaften Freundschaften entwickeln. Es ist auch eine gute Zeit, um eine desillusionierte Liebesbeziehung zu beenden. Jetzt ist die Familie am wichtigsten. Rufen Sie einen Angehörigen oder einen Freund an, den Sie schon lange vernachlässigt haben. Dieser Monat eignet sich bestens, um sich wieder den grundlegenden Dingen zuzuwenden: Heim und Familie.

Persönliche Monatszahl 7

Ein Großteil des Lebens scheint ein Kampf gegen die Zeit zu sein – es gibt so viel zu tun, in so kurzer Zeit. In diesem Monat können Sie Luft holen. Lehnen Sie sich zurück und schauen Sie in sich; machen Sie Inventur. Selbst wenn Sie ein Partylöwe sind, sollten Sie sich jetzt etwas Zeit nehmen. Schenken Sie Ihren Gefühlen Beachtung – durch sie spricht Ihre innere Weisheit mit Ihnen. Leben Sie schlicht, vereinfachen Sie Ihre Ernährungsweise und versuchen Sie, es mit dem Alkohol nicht zu übertreiben. Seien Sie still und zentriert. Wenn Sie in diesem Monat an den Strand kommen, machen Sie Spaziergänge im Sand, lesen Sie dort ein Buch oder schauen Sie einfach auf das Meer hinaus. Lernen Sie die Natur zu schätzen. Klettern Sie auf einen Berg, paddeln Sie im Kanu einen Fluss hinunter. In diesem Monat sollten Sie die Schönheit der Natur erfahren und genießen. Es ist eine gute Zeit, Innenschau zu betreiben und Ihre Gedanken aufzuschreiben, konzentrieren Sie sich auf Ihre Affirmationen.

Persönlicher Monat 8

Eine gute Zeit, um einen Blick auf Ihre Finanzen zu werfen und mit Geld besonders vorsichtig umzugehen. Legen Sie ein Sparkonto an. Achten Sie unbedingt darauf, Schlüssel, Erinnerungsstücke oder andere Dinge, die für Sie von Bedeutung sind, nicht zu verlegen oder zu verlieren. In diesem Monat ist man zerstreut und macht oft Fehler. Streiten Sie jetzt nicht, Sie könnten einen Freund verlieren. Niemand ist vollkommen – gerade in diesem Monat sollte man das nicht vergessen.

Persönlicher Monat 9
Eine gute Zeit für Veränderungen. Entledigen Sie sich der Kleidungsstücke, die Sie nicht mehr tragen. Werfen Sie Papiere weg, die Sie nicht länger benötigen. Spenden Sie alte Bücher an Wohltätigkeitsorganisationen oder bringen Sie sie in ein Antiquariat. Dieser Monat eignet sich auch bestens für einen Umzug. Die 9 ist gern wohltätig. Spenden Sie in diesem Monat (die Rücklagen finden Sie in dem Umschlag, den Sie vor sechs Monaten beiseite gelegt haben) oder betätigen Sie sich ehrenamtlich. Die Entscheidungen, die Sie in diesem Monat treffen, werden Ihnen den Rest des Jahres ein gutes Gefühl vermitteln.

Wie man jeden Tag im Einklang mit den Zahlen lebt: Der 31-Tage-Kalender

Ich werde oft gefragt, ob es bestimmte Tage gibt, die günstiger sind als andere, um wichtige Entscheidungen zu treffen, eine Reise anzutreten, sich mit einem geliebten Menschen auszusprechen oder sich auch nur einen Tag freizunehmen. Die Antwort ist ein lautes *Ja!* Es gibt in jedem Monat bestimmte Tage, die von Natur aus günstig für Ihre Lebensaufgabenzahl sind. Wenn sich der Monatstag auf Ihre Lebensaufgabenzahl oder eine andere Zahl, die eine Natürliche Partnerzahl zu Ihrer Lebensaufgabenzahl darstellt, reduzieren lässt, dann gilt dieser Tag als besonders günstig für Sie. Die Schwingung dieses Tages ist auf Ihrer Seite.

Lassen Sie es mich anhand eines Beispiels verdeutlichen. Wenn Sie die Lebensaufgabenzahl 3 haben, dann ist jeder Tag, der sich auf eine 3 reduzieren lässt, besonders günstig für Sie. Außerdem sind die 3, die 6 und die 9 Natürliche Partnerzahlen für die 3 – alle Tage, die sich auf diese Zahlen reduzieren lassen, sind ebenfalls günstig. (Frischen Sie, falls nötig, Ihr Gedächtnis auf hinsichtlich der Natürlichen Partnerzahlen im Kapitel »Die Lebensaufgabenzahl«, Seite 30.)

Es ist daher vernünftig, alle großen Schritte in Ihrem Leben an einem Tag mit einer Kompatiblen Zahl oder besser noch einer Natürlichen Partnerzahl zu tun. Dazu zählen Hochzeiten, der Vertragsabschluss beim Hauskauf, ein Umzug, die Unterschrift unter einen wichtigen Vertrag oder Bewerbungsgespräche.

Der 1. Tag eines Monats

Dieser Tag hat die Zahl 1. Suchen Sie nach einer Möglichkeit, sich wie ein Sieger zu fühlen. Kaufen Sie ein neues Outfit oder nehmen Sie das Abendessen in einem Nobelrestaurant ein. Rufen Sie einen Freund an oder gehen Sie einer Sportart nach, die Sie mögen – beispielsweise Tennis, Radfahren, Golf. Es ist eindeutig ein Tag, um sich körperlich zu betätigen. Wenn Sie sich in einer Beziehung befinden, die Ihnen Kummer bereitet, ist heute ein guter Tag, sie zu beenden. Wenn Sie darüber nachdenken, Ihre Arbeitsstelle zu kündigen, dann sollten Sie heute die Stellenanzeigen lesen. An diesem Tag geht es ausschließlich darum, dass Sie das Steuerruder Ihres Lebens aktiv in die Hand nehmen!

Dies ist ein besonders guter Tag für die 1, die 5 und die 7.

Der 2. Tag eines Monats

Dieser Tag hat die Zahl 2. Heute dreht sich alles um Freundschaft, Frieden und Harmonie. Versuchen Sie, ihn mit einem geliebten Menschen zu verbringen. Wenn es jemanden gibt, der Ihnen wirklich am Herzen liegt, dann nehmen Sie den Telefonhörer zur Hand und vereinbaren Sie ein Treffen. Schicken Sie einem lieben Menschen Blumen, nur um ihm eine Freude zu bereiten. Hören Sie Musik, die Sie glücklich macht. Gönnen Sie sich eine Massage. Wenn Sie mit jemandem im Streit liegen, dann ist heute der Tag, einen Kompromiss zu schließen. Meiden Sie emotionale Vampire – sie stehlen Ihnen nur die Freude. Schenken Sie ihnen ein breites Lächeln und gehen Sie Ihrer Wege.

Dies ist ein besonders günstiger Tag für die 2, die 4 und die 8.

Der 3. Tag eines Monats

Dieser Tag hat die Zahl 3. Ergreifen Sie jede sich bietende Gelegenheit zur Selbstverwirklichung. Umgeben Sie sich mit humorvollen Menschen, die in Kontakt mit ihrem inneren Kind stehen. Gehen Sie tanzen, besuchen Sie eine Karaoke-Bar, schauen Sie sich einen Kinofilm an. Heute dreht sich alles darum, die kreative Seite des Lebens zum Ausdruck zu bringen. Tun Sie einem völlig Fremden etwas Nettes. Daraus kann nur Gutes entstehen. Lachen Sie so oft wie möglich. Wenn Sie Ihre Lieblingskomödie auf Video haben, dann werfen Sie Ihren Videorekorder an. Es ist auch ein guter Tag, um etwas zu verkaufen. Wenn Sie eine Idee haben, die Sie Ihrem Chef schon lange vortragen wollten, dann ist heute der Tag, um das endlich zu tun. Und seien Sie nicht überrascht, wenn Sie eine Prämie oder gar eine Gehaltserhöhung bekommen!

Dies ist ein besonders günstiger Tag für die 3, die 6 und die 9.

Der 4. Tag eines Monats

Dieser Tag hat die Zahl 4. Es ist ein perfekter Tag, um Ihre offenen Rechnungen zu begleichen. Wenn Sie die Hausarbeit in letzter Zeit haben schleifen lassen, dann ist heute der ideale Tag für einen Hausputz. Versuchen Sie, etwas Neues zu lernen. Nehmen Sie das Buch zur Hand, das Sie immer schon lesen wollten. Was immer Sie tun, vermeiden Sie Konfrontationen. An einem 4. streiten die Leute gern und das ist nur Zeitverschwendung. Wenn Sie normalerweise freimütig sind, dann beißen Sie sich heute bitte auf die Zunge. Falls Sie das nicht tun, werden Sie Ihre Worte ganz sicher bereuen!

Heute ist ein ganz besonders günstiger Tag für die 2, die 4 und die 8.

Der 5. Tag eines Monats

Dieser Tag hat die Zahl 5. Es könnte Ihr Glückstag sein – gehen Sie ein Risiko ein oder spielen Sie Lotto. Tun Sie etwas Besonderes für sich. Gönnen Sie sich eine Massage, kaufen Sie ein neues Kleidungsstück, gehen Sie zum Friseur. Wenn Sie eine Gruppe von Freunden zu einem spontanen Abendessen zusammentrommeln können, wird es zweifelsohne ein toller Abend. Versuchen Sie gar nicht erst, diesen Tag kontrollieren zu wollen – er wird vielmehr Ihnen den Weg vorgeben. Heute sollten Sie keine wichtigen Entscheidungen fällen. Wenn Sie übereilt handeln, wird es Ihnen später Leid tun. Sie könnten ein Rätsel an Ihrem Arbeitsplatz lösen oder ein Geheimnis, das Ihre Familie betrifft, entschleiern – heute ist eindeutig ein guter Tag, um den Detektiv in Ihnen zu wecken und ihn ermitteln zu lassen!

Das ist ein besonders günstiger Tag für die 1, die 5 und die 7.

Der 6. Tag eines Monats
Dieser Tag hat die Zahl 6. Wenn Sie normalerweise gern unter Leute gehen, ist heute ein guter Tag, um zu Hause zu bleiben. Nehmen Sie einmal genauer unter die Lupe, was in Ihrer Familie vor sich geht. Wenn Sie allein stehend sind, dann greifen Sie zum Telefonhörer und plaudern Sie mit jemandem, den Sie länger nicht gesprochen haben. Heute reagieren Sie sensibler auf Gerüche und Anblicke. Betrachten Sie Ihre Umgebung. Ist die Zeit gekommen, etwas zu verändern? Schon eine Kleinigkeit, die Sie für Ihr Haus oder Ihre Wohnung kaufen, kann Ihnen ein besseres Gefühl vermitteln. Legen Sie beruhigende Musik auf. Zünden Sie eine Duftkerze als Aromatherapie an. Sie werden sich danach eindeutig besser fühlen.

Dies ist ein besonders günstiger Tag für die 3, die 6 und die 9.

Der 7. Tag eines Monats
Dieser Tag hat die Zahl 7. Sie sollten sich heute die Zeit nehmen, etwas zu lernen und nach der Wahrheit zu suchen. Verbringen Sie Zeit für sich allein. Gehen Sie hinaus in die Natur, ans Meer, in die Berge. Wenn Sie für gewöhnlich gern kommunizieren, dann ist heute der Tag, um still zu sein und einfach nur zu beobachten. Wenn Sie eher der stille Typ sind, ist es ein guter Tag, um das auszusprechen, was Sie denken. Wenn Sie ein Problem haben, dann zünden Sie eine weiße Kerze an, schließen Sie die Augen und fragen Sie Ihre innere Stimme um Rat. Sie werden eine Antwort erhalten.

Heute ist ein besonders günstiger Tag für die 1, die 5 und die 7.

Der 8. Tag eines Monats
Dieser Tag hat die Zahl 8. Sie sollten auf ein bestimmtes Ziel hinarbeiten und sich ganz darauf konzentrieren. Achten Sie auf

Ihre Finanzen, sonst könnten Sie eine Investition tätigen, die Sie später bereuen. Seien Sie offen für Ratschläge und fahren Sie vorsichtig. Leider bekommt man am 8. Tag eines Monats häufig einen Strafzettel für zu schnelles Fahren oder verursacht sogar einen Unfall. Bewahren Sie Ihren Sinn für Humor und gehen Sie Auseinandersetzungen aus dem Weg. Das Leben ist zu kurz für unnötige Schlachten.

Heute ist ein besonders günstiger Tag für die 2, die 4 und die 8.

Der 9. Tag eines Monats
Dieser Tag hat die Zahl 9. Wenn Sie bislang vermieden haben, sich mit einer negativen Familienangelegenheit auseinander zu setzen, dann ist heute der Tag, diesen Punkt endlich anzugehen. Heute können Sie auch eine schwierige Situation im Büro oder zu Hause in die Hand nehmen. Ihre Initiative wird Früchte tragen. Sollten Sie einen wichtigen Anruf hinausgeschoben haben, dann ist heute der Tag, ihn endlich zu tätigen. Achten Sie auf Ihre Worte, dann wird die Sache für Sie positiv ausgehen. Heute sollten Sie Toleranz an den Tag legen und zeigen, dass Sie dazugelernt haben. Sie können neue Freundschaften schließen und neue Orte aufsuchen. Wenn Sie sich heute ein Ziel setzen, werden Sie es definitiv auch erreichen!

Heute ist ein besonders günstiger Tag für die 3, die 6 und die 9.

Der 10. Tag eines Monats
Dieser Tag hat die Zahl 1. Verschwenden Sie keine Sekunde, denn dieser Tag steckt voller günstiger Gelegenheiten und möglicherweise erhalten Sie keine zweite Chance. Seien Sie positiv eingestellt, werden Sie aktiv und stellen Sie sich den Problemen, die Ihnen in letzter Zeit Sorgen bereiten. Wenn Sie körperlich fit werden wollen, dann könnten Sie heute einen per-

sönlichen Fitnesstrainer engagieren. Wenn Sie ein Projekt fertig stellen müssen, wenden Sie sich an einen Experten. Der Schlüsselbegriff für diesen Tag lautet »aktiv werden«.

Heute ist ein besonders günstiger Tag für die 1, die 5 und die 7.

Der 11. Tag eines Monats

Der elfte Tag reduziert sich auf die Zahl 2, er ist aber auch eine Masterzahl. Lassen Sie alles Materielle hinter sich. Die Schwingung des heutigen Tages ist auf sehr hohem Niveau und überaus spirituell. Ihre Intuition ist stark. Erzwingen Sie nichts und seien Sie still. Bemühen Sie sich, Ihren inneren Frieden zu wahren. Geben Sie sich dem Fluss des Tages hin und stellen Sie sicher, dass Sie überall pünktlich eintreffen. Zwingen Sie niemandem Ihre Ansichten auf. Seien Sie heute wie ein reines Licht, denn Sie können die Menschen, die Sie heute treffen, wahrhaft inspirieren.

Heute ist ein besonders günstiger Tag für die 2, die 4 und die 8.

Der 12. Tag eines Monats

Dieser Tag hat die Zahl 3 – ein ganz besonders Glück verheißender Tag. Sie sollten sich auf die Socken machen und sich amüsieren. Es gibt viel zu tun, aber Sie haben mehr als genug Energie, um mit allem zurechtzukommen, was sich heute ergibt, und dennoch genügend Zeit, die Sie für Ihr Vergnügen abzweigen können. Wenn Sie heute arbeiten müssen, dann verabreden Sie sich mit einem guten Freund zum Mittagessen. Pflegen Sie einen spielerischen Umgang mit Ihrem Partner – heute Nacht dreht sich alles um Sinnlichkeit und Leidenschaft.

Heute ist ein besonders günstiger Tag für die 3, die 6 und die 9.

Der 13. Tag eines Monats

Dieser Tag hat die Zahl 4, was bedeutet, dass heute kein guter Tag ist, um nach Nervenkitzel Ausschau zu halten. Ein solcher Tag ist vor allem von Routine geprägt. Gehen Sie pragmatisch an diesen Tag heran: Erledigen Sie die anstehenden Pflichten. Lesen Sie ein gutes Buch. Gleichen Sie Ihr Konto aus. Wenn es Freitag, der dreizehnte ist, verschwenden Sie keine Energie an den Gedanken, dass Sie heute Pech haben könnten. Möglicherweise müssen Sie heute eine schwere Lektion lernen, aber wenn Sie diese Lektion *wirklich* verinnerlichen, wird es die Mühe wert sein!

Heute ist ein besonders günstiger Tag für die 2, die 4 und die 8.

Der 14. Tag eines Monats

Dieser Tag hat die Zahl 5 – ein Tag voller Überraschungen. Alles ist möglich. Der heutige Tag strahlt Nervenkitzel und Abenteuer aus. Kleiden Sie sich so, dass Sie Eindruck schinden können. Wenn Sie eine Frau sind, dann nehmen Sie sich die Zeit, um Ihre Frisur und Ihr Make-up besonders intensiv zu stylen. Wenn Sie ein Mann sind, ziehen Sie sich besonders sorgfältig an. Alle werden staunen und Sie werden eine Menge Spaß haben. Seien Sie spontan und gehen Sie ein Risiko ein. Besuchen Sie ein Restaurant oder ein Viertel der Stadt, in dem Sie noch nie waren. Wenn es an Ihrem Arbeitsplatz jemand gibt, auf den Sie ein Auge geworfen haben, dann laden Sie ihn (oder sie) auf eine Tasse Kaffee ein. Heute können Sie ruhig etwas riskieren – lassen Sie sich überraschen, was daraus wird!

Ein besonders günstiger Tag für die 1, die 5 und die 7.

Der 15. Tag eines Monats

Dieser Tag hat die Zahl 6. Wenn Sie einen juristischen Streitfall oder vor kurzem eine Auseinandersetzung mit Ihrem Partner hatten, dann ist heute der Tag, um das Kriegsbeil zu begraben und zu sagen, dass es Ihnen Leid tut. Heute können alle Konflikte beigelegt werden. Es ist auch ein guter Tag für gesellschaftliche Ereignisse, Konferenzen oder einfach ein Treffen mit Freunden.

Heute ist ein besonders günstiger Tag für die 3, die 6 und die 9.

Der 16. Tag eines Monats
Dieser Tag hat die Zahl 7. Sie sollten Ruhe und Frieden suchen, weit weg von Menschen und Ablenkungen. Sie brauchen Zeit für sich, um zu meditieren oder einfach über alles nachzudenken. Es ist auch ein guter Tag für all jene, die sich mit Studium oder Forschung beschäftigen. Wenn Sie sich entspannen wollen, gehen Sie ins Wasser – ob Ozean, Swimmingpool oder einfach eine ausgedehnte Dusche, es wird Ihre Gedanken klären und Ihnen Gelassenheit schenken.

Heute ist ein besonders günstiger Tag für die 1, die 5 und die 7.

Der 17. Tag eines Monats
Dieser Tag hat die Zahl 8. Ein guter Tag im Hinblick auf Finanzen oder umfangreiche Geschäftspläne. Sie sollten sich konstruktiv bemühen, heute etwas Greifbares zu produzieren. Achten Sie auf Details und seien diese noch so unbedeutend. Bleiben Sie offen für Ratschläge. Führen Sie Tagebuch und erstellen Sie eine Liste all dessen, was notwendig ist, um Ihre persönlichen Ziele zu erreichen. Das perfekte Zitat für den heutigen Tag lautet: »Wenn Sie mehr wollen, werden Sie selbst wertvoller!«

Heute ist ein besonders günstiger Tag für die 2, die 4 und die 8.

Der 18. Tag eines Monats

Der Tag hat die positive Zahl 9. Es ist ein Tag der persönlichen Zufriedenheit und des erfüllten Ehrgeizes. Tun Sie etwas Besonderes für Ihre Familie – sie wird es zu schätzen wissen. Lassen Sie alles los, was Ihnen nicht länger zuträglich ist – Ideen, Angewohnheiten und Beziehungen. Wenn Sie zu Hause Dinge haben, die Sie schon längst loswerden wollten, dann ist heute ein guter Tag dafür. Werfen Sie die Sachen weg oder schenken Sie sie einer wohltätigen Einrichtung. Sie werden es nicht bedauern.

Heute ist ein besonders günstiger Tag für die 3, die 6 und die 9.

Der 19. Tag eines Monats

Dieser Tag hat die Zahl 1. Werden Sie unabhängig. Tun Sie, was Sie tun wollen. Suchen Sie Orte auf, mit denen Sie nicht vertraut sind. Treffen Sie sich mit innovativen Menschen. Probieren Sie neue Ideen aus. Heute ist ein guter Tag für Bewerbungsgespräche, vor allem, wenn Sie sich auf eine Führungsposition bewerben. Um den Stress zu mindern, sollten Sie sich sportlich betätigen. Vertrauen Sie auf sich und Ihre Intuition. Seien Sie originell, kreativ und ehrgeizig. Lassen Sie Ihre Anstrengungen nicht von Wut oder Ungeduld sabotieren. Heute sollten Sie Ihre persönliche Macht akzeptieren.

Ein besonders günstiger Tag für die 1, die 5 und die 7.

Der 20. Tag eines Monats

Wahren Sie an diesem Tag mit der Zahl 2 den Frieden. Heute sollten Sie besonders umgänglich sein. Tun Sie mehr, als von Ihnen erwartet wird. Bieten Sie einer Wohltätigkeitsorganisation Ihrer Wahl freiwillig Ihre Dienste an. Wenn Sie normalerweise gern reden, dann hören Sie heute lieber zu. Seien Sie geduldig und diplomatisch. Beobachten Sie und schreiben Sie Ihre Gedanken auf. Nehmen Sie sich die Zeit, anderen die Befangenheit zu nehmen, und gehen Sie rücksichtsvoll auf deren Gefühle ein. Heute haben Sie die Macht, wahre Gelassenheit zu erleben.

Ein besonders günstiger Tag für die 2, die 4 und die 8.

Der 21. Tag eines Monats
Dieser Tag hat die Zahl 3 – lachen Sie und amüsieren Sie sich! Menschen sind heute besonders wichtig. Es ist ein guter Tag für Geselligkeit. Singen, tanzen und spielen Sie. Sie sollten sich selbst verwirklichen. Alles dreht sich heute um die Freude am Leben. Sehen Sie so gut wie möglich aus und fühlen Sie sich einfach blendend. Kosten Sie die Freude aus, die in Ihnen steckt, und teilen Sie sie mit anderen. Schenken Sie Ihrer Kreativität freien Ausdruck. Es ist ein guter Tag zum Einkaufen – suchen Sie ein ganz besonderes Geschenk für den Menschen, den Sie lieben.

Heute ist ein besonders günstiger Tag für die 3, die 6 und die 9.

Der 22. Tag eines Monats
Der 22. Tag wird auf die 4 reduziert und ist darüber hinaus ein Masterzahlentag. Vergessen Sie sich und Ihre Interessen. Streben Sie heute nach selbstlosen Taten. Sie müssen an diesem Tag eine Möglichkeit finden, es anderen Menschen leichter zu machen. Wenn Sie Dinge tun, die nur Ihnen selbst zugute kommen, wird das ins Auge gehen. Je bedeutender Ihre großzügige Geste, desto größer fällt der karmische Lohn aus. Überlegen Sie sich etwas Einfallsreiches, um einen positiven Unterschied zu machen. Sie werden überrascht sein, wie viel Freude Ihnen das bereitet.

Heute ist ein besonders günstiger Tag für die 2, die 4 und die 8.

Der 23. Tag eines Monats

Dieser Tag hat die Zahl 5. Es ist der perfekte Tag, um ein privates Rätsel zu lösen. Mit anderen Worten, wenn Ihnen etwas schon lange Kummer bereitet und Sie die Wahrheit über jemand oder etwas herausfinden wollen, dann ist heute der Tag, um Detektiv zu spielen. Versuchen Sie, flexibel zu sein. Heute ist ein guter Tag, um zu reisen oder eine Party zu veranstalten. Sehen Sie sich den neuesten Film an oder gehen Sie einkaufen. Heute sollten Sie nicht zu Hause bleiben und nichts tun. Wenn Sie das Haus nicht verlassen können, dann lesen Sie wenigstens ein spannendes Buch oder sehen Sie sich einen spannenden Film im Fernsehen an.

Ein besonders günstiger Tag für die 1, die 5 und die 7.

Der 24. Tag eines Monats

Dieser Tag hat die Zahl 6. Machen Sie Inventur. Sehen Sie sich Ihr Heim an. Können Sie es gemütlicher gestalten? Was ist mit Ihnen? Können Sie sich verschönern? Prüfen Sie Ihre Ernährungsweise. Sind Anpassungen nötig? Werfen Sie einen kritischen Blick auf Ihre Persönlichkeit. Könnten Sie fröhlicher sein? Was ist mit Ihren Verantwortlichkeiten – kommen Sie allen nach? Stecken Sie Ihre Nase in die Angelegenheiten anderer Leute? Wenn ja, lassen Sie es bleiben. Schulden Sie noch jemandem Geld? Heute sollten Sie konkrete Rückzahlungsvereinbarungen treffen. Bleiben Sie zu Hause. Freuen Sie sich an der Gesellschaft Ihrer Familie und unterhalten Sie sie. Füllen Sie den Tag mit Musik. Heute ist auch ein guter Tag, um in ein neues Heim zu ziehen.

Ein besonders günstiger Tag für die 3, die 6 und die 9.

Der 25. Tag eines Monats

Dieser Tag hat die Zahl 7. Ein guter Tag, um allein zu sein – wenigstens für ein paar Stunden. Seien Sie still. Lesen Sie. Hören Sie auf Ihre Seele. Wenden Sie sich von der Geschäftswelt ab. Wenn Sie heute dem Geld nachsetzen, wird es sich Ihnen entziehen. Doch wenn Sie ruhig sind und warten, kommen die Dinge auf Sie zu. Beschäftigen Sie sich mit Spiritualität oder Wissenschaft. Machen Sie einen ausgedehnten Spaziergang oder eine Fahrt aufs Land. Die 7 offenbart immer etwas. Meditieren Sie. Seien Sie offen für eine persönliche Botschaft des Universums.

Heute ist ein besonders günstiger Tag für die 1, die 5 und die 7.

Der 26. Tag eines Monats

Dieser Tag hat die Zahl 8. Ehrgeiz regt sich in Ihnen. Es ist die Zeit des Fortschritts. Strahlen Sie Erfolg aus. Dieser Tag ist ein besonders guter Tag für Geschäfte. Verhalten Sie sich in Hinblick auf Ihr Leben wie eine Führungspersönlichkeit. Organisieren Sie es straff durch. Handeln Sie nach bestem Ermessen. Bezahlen Sie Ihre Rechnungen. Erledigen Sie alle finanziellen und rechtlichen Angelegenheiten. Heute ist der beste Tag, um Verträge aller Art zu unterzeichnen. Suchen Sie ein Fitnessstudio auf oder lassen Sie sich von Kopf bis Fuß gründlich untersuchen. Heute sollten Sie auf keinen Fall »nur eine Sekunde« illegal parken und glauben, Sie würden schon keinen Strafzettel bekommen – das werden Sie doch.

Ein besonders günstiger Tag für die 2, die 4 und die 8.

Der 27. Tag eines Monats

Dieser Tag hat die Zahl 9. Heute ist die ganze Welt Ihre Familie. Seien Sie fürsorglich. Helfen Sie jedem, dem Sie helfen können. Verschenken Sie etwas. Seien Sie großzügig und freundlich. Heute ist kein Tag, um etwas anzufangen – beenden Sie etwas. Suchen Sie Abschluss und Vollendung. Entrümpeln Sie Schränke und Schubladen. Wenn Sie etwas besitzen, das Sie nie benutzen, dann verschenken oder verkaufen Sie es. Setzen Sie Ihre kreativen Talente ein. Ein großartiger Tag für öffentliche Auftritte. Was Sie hergeben, wird zu Ihnen zurückkehren – also geben Sie nur Ihr Bestes.

Heute ist ein besonders günstiger Tag für die 3, die 6 und die 9.

Der 28. Tag eines Monats
Dieser Tag hat die Zahl 1. Wenn Sie in einer unglücklichen Beziehung feststecken, sollten Sie heute ein Ultimatum stellen. Es gibt wirklich keinen Grund, warum Sie sich schlecht behandeln lassen sollten. Wenn Sie das Gefühl haben, dass etwas nicht richtig ist, dann sollten Sie heute sagen, was Sie denken. Das gilt auch für geschäftliche und finanzielle Angelegenheiten. Heute ist darüber hinaus ein guter Tag, um etwas zu kaufen oder zu verkaufen. Es ist ein Tag der Bewegung – eindeutig kein Tag, um etwas auf die lange Bank zu schieben!

Ein besonders günstiger Tag für die 1, die 5 und die 7.

Der 29. Tag eines Monats
Dieser Tag hat die Zahl 2. Es ist ein Tag für Gedanken und Pläne, kein Tag zum Handeln. Denken Sie über Ihre Probleme nach und wie man sie am besten lösen könnte. Schließen Sie heute auf keinen Fall eine Vereinbarung ab, weder ein mündliches Versprechen noch einen unterschriebenen Vertrag. Arbeiten Sie lieber alle Details aus, damit Sie klar und deutlich sehen, worauf Sie sich da einlassen. Wenn Sie in einer Beziehung sind

oder mit jemandem das erste Mal ausgehen, dann ist heute ein wunderbarer Abend für Romantik.

Ein besonders günstiger Tag für die 2, die 4 und die 8.

Der 30. Tag eines Monats
Dieser Tag hat die Zahl 3 und Lachen ist heute die beste Medizin! Nehmen Sie nichts und niemanden allzu ernst. Rufen Sie einen alten Klassenkameraden an, um sich gemeinsam an lustige Begebenheiten von früher zu erinnern. Wenn Sie lange keinen Kontakt mehr zu jemandem hatten, den Sie sehr schätzen, dann ist heute der Tag, um verlorene Zeit aufzuholen. Tun Sie etwas Verrücktes. Nehmen Sie Tanzunterricht, sehen Sie sich einen alten Komödienklassiker an oder machen Sie sich zurecht und gehen Sie aus. Heute werden Sie auffallen, also lassen Sie den Star in sich heraus!

Ein besonders günstiger Tag für die 3, die 6 und die 9.

Der 31. Tag eines Monats
Dieser Tag hat die Zahl 4. Er eignet sich besonders gut dafür, früh aufzustehen und so viel wie möglich aus diesem Tag herauszuholen. Machen Sie sich eine Tasse Kaffee und betrachten Sie, wenn irgend möglich, den Sonnenaufgang. Die Schönheit der Natur wird Sie heute ganz besonders berühren. Und dann nehmen Sie all Ihre noch offenen Projekte in Angriff. Bezahlen Sie Ihre Rechnungen. Begleichen Sie ausstehende Briefschulden. Gleichen Sie Ihr Konto aus. Seien Sie organisiert und verlässlich. Erledigen Sie Reparaturarbeiten. Die Arbeit, die Sie heute erledigen, wird von Bedeutung sein und macht Sie bereit für einen brandneuen Monat.

Heute ist ein besonders günstiger Tag für die 2, die 4 und die 8.

Namensgebung nach Zahlen

Sie sind mittlerweile vertraut mit der pythagoreischen Tabelle, daher wissen Sie auch, dass die Zahlen in den Buchstaben des Alphabets schwingen und besonders wichtig sind in Bezug auf Ihren Namen. Ihr Name kann tatsächlich eine Veränderung Ihrer Persönlichkeit bewirken und anders als bei Ihren Geburtszahlen können Sie an diesem Punkt aktiv eingreifen.

Im Laufe Ihres Lebens werden Sie feststellen, wie wichtig es ist, die richtigen Namen auszusuchen – sei es bei der Namensgebung für Ihr Kind, Ihr Geschäft oder für den Titel Ihres Buches, wenn Sie Schriftsteller sind. Jede dieser Entscheidungen wirkt sich auf die Menschen und Dinge aus, denen Sie einen Namen gegeben haben. Lesen Sie weiter und finden Sie heraus, wie Sie diese Macht zu Ihrem Vorteil nutzen können.

Das Alphabet und der erste Vokal

Jeder Buchstabe hat einen Zahlenwert. Ich möchte diese Information möglichst einfach halten. Nehmen Sie beispielsweise Ihren Vornamen. Es stimmt, dass jeder Buchstabe Ihres Namens mit einer anderen Energie schwingt, und es gibt viele Informationen, die Sie aus dem Studium der einzelnen Buchstaben ziehen können.

Aber im Interesse der Einfachheit sehen wir uns nur den ersten Vokal genauer an. Der erste Vokal ist besonders wichtig, denn das ist die Schwingung, die Ihr ganzes Leben lang in Ihrer Seele vibriert. Als Nächstes nehmen wir uns die Intensitätszahl des Namens vor oder die Zahl, die am häufigsten auftaucht. (Mehr über die Intensitätszahl erfahren Sie im Kapitel »Die Intensitätszahl« auf Seite 156.)

Der erste Vokal Ihres Namens

Der erste Vokal Ihres Vornamens sagt uns, wie Ihre innere Wahrheit aussieht. Etwas, das Sie immer fühlen werden. Wenn ich jemand mit dem Namen Bob begegne, frage ich stets: »Bob, haben Sie Kinder?« Das O in seinem Namen verkörpert die 6, die Elternzahl. Sie wären erstaunt, wie oft das tatsächlich zu-

---

Der Y-Faktor

Denken Sie daran, dass das Y als Vokal zählt, wenn es einem Konsonanten folgt (beziehungsweise als erster Buchstabe des Namens einem Konsonanten vorangeht). Und es gilt als Konsonant, wenn es einem Vokal folgt (beziehungsweise als erster Buchstabe des Namens einem Vokal vorangeht).

Hier zwei Beispiele:
Kenned*y* – Das Y folgt dem Konsonanten D, also ist es in diesem Fall ein Vokal.

*Y*o-yo Ma – Das Y steht vor dem Vokal O, also zählt es in diesem Fall als Konsonant.

trifft. Wenn ich einen David kennen lerne, weiß ich sofort, dass dieser Mensch eine hohe Selbstmotivation besitzt, hart arbeitet, jemand ist, den man nicht kontrollieren muss – David wird von ganz allein dafür sorgen, dass die Arbeit getan wird. Das liegt daran, dass das A die Schwingung 1 besitzt. Dieses Wissen ersieht man auf den ersten Blick aus dem Vornamen; Sie müssen nicht einmal den Geburtstag des Betreffenden kennen, um diese Einsicht zu gewinnen.

In Bezug auf die Wahl eines Namens bedeutet das, dass Sie immer darauf achten sollten, Ihre Powernamenzahl zu einer Natürlichen Partnerzahl oder Kompatiblen Zahl Ihrer Lebensaufgabenzahl zu machen. Wenn Sie einem Kind einen Namen geben, tragen Sie dazu bei, seinen Charakter zu formen, das sollten Sie niemals vergessen. Im Laufe des Kapitels gehen wir auf Babynamen noch genauer ein.

Die Vokale A, E, I, O, U im Einzelnen

Das A als erster Vokal
Schwingung: 1
Beispiel: Maria
Besonderes Merkmal: Unabhängigkeit
Das A ist ein solider, robuster Mensch, der nach Ehrlichkeit, Wahrheit und Weisheit strebt. Ist der erste Vokal ein A, so wirkt stets die Schwingung 1 – der Betreffende arbeitet schwer. Die Arbeit wird bestens erledigt, aber wenn es auch nur einen einzigen Fehler gibt, hat das A das Gefühl, versagt zu haben. Wenn Sie zu einem A sagen: »Du machst das toll«, wird es dauerhaft Erstklassiges leisten. Wenn Sie jedoch ein A kritisieren, rebel-

liert es. Ich weiß, wenn eine Maria diese Zeilen liest, wird sie jetzt ausrufen: »Oh Gott, das bin ja ich!«

Sollten Sie also jemand kennen lernen, dessen erster Vokal ein A ist, dann wissen Sie, dass Sie es mit einem unabhängigen Menschen zu tun haben.

Mary Tyler Moore
Sandra Bullock
Armand Assante

Das E als erster Vokal
Schwingung: 5
Beispiel: Elaine
Besonderes Merkmal: Bedürfnis nach Freiheit, um das Leben zu feiern
Das E glaubt an Schönheit; es will Magie auf unseren Planeten bringen. In ihm schlummert ein Detektiv, der zu gern Rätsel löst. Häufig ist das E von der Numerologie fasziniert, weil es die Menschen liebt. Wenn das E eine Obdachlose sieht, will es sofort deren Geschichte hören. Leider ähnelt das E einem hellen Licht und zieht oft Ungeziefer an! Elaine könnte sich leicht aufreiben, wenn sie sich um die falschen Menschen kümmert. Das E sieht gern gut aus und möchte, dass auch die Menschen seines Umfelds gut aussehen. Das E hat einen kritischen Blick. Das Ziel des E besteht darin, niemals einen langweiligen Augenblick zu erleben. Das E hasst es, in der Falle zu sitzen oder sich kontrolliert zu fühlen. Der freie Selbstausdruck ist alles für das E.

Ein berühmtes Beispiel ist die Komikerin Ellen DeGeneres. Sie outete sich nicht nur als Lesbe, sondern beschloss auch noch, das während ihrer Show vor 36 Millionen Menschen zu tun. Was für ein Beispiel dafür, das echte Leben in eine Seifenoper zu verwandeln, die jedermann sehen will!

Drew Barrymore
Elvis Presley
Eva Péron

Das I als erster Vokal
Schwingung: 9
Beispiel: Bill
Besonderes Merkmal: Führungspersönlichkeit mit schwieriger Familiengeschichte
Das I ist eine 9 und hat daher offene Angelegenheiten in seiner Familie. Das kann bedeuten, dass sich das I ungeliebt oder verlassen fühlt oder ein außergewöhnlich großes Verantwortungsgefühl für seine Eltern empfindet. Manchmal wurden Menschen mit der I-Energie adoptiert, körperlich misshandelt oder haben schon in jungen Jahren ein Elternteil verloren.

Ein Beispiel hierfür ist Bill Clinton, dessen Vater kurz vor seiner Geburt starb. Bill hat noch nie mit der Geschichte hinter den Berg gehalten, wie er seine Mutter vor einem Angriff seines Stiefvaters beschützte; genau das würde ich auch tun. Das I kann nicht einfach danebenstehen und zusehen.

Die I-Schwingung ist eine geborene Führungspersönlichkeit. Die Menschen gehen automatisch davon aus, dass das I das Sagen hat, auch wenn das gar nicht der Fall ist. Das I ist jemand, zu dem wir aufsehen wollen.

Ivana Trump
Billie Jean King
Rita Hayworth

Das O als erster Vokal
Schwingung: 6
Beispiel: Donna
Besonderes Merkmal: Sollte das Sagen haben
Das O hat die Energie der 6. Das O hat für gewöhnlich Kinder und wenn es keine Kinder hat, dann Schoßtiere, die es wie Babys verhätschelt. Das O arbeitet nicht gern für andere und sollte immer eine Autoritätsstellung einnehmen. Das O erträgt es nicht, kontrolliert oder allzu genau überwacht zu werden. Im Zweifelsfall entscheidet das O immer zu Ihren Gunsten, aber wenn Sie es hintergehen, wird es Ihnen das niemals verzeihen. Für das O ist es ein inneres Bedürfnis, die Menschen in seinem Leben zu beschützen, aber manchmal hält es das auch für eine undankbare Aufgabe. Der Spruch »Wenn Mama nicht glücklich ist, ist niemand glücklich« trifft hier zu. Das O stellt eine magnetische Persönlichkeit dar und wenn es nicht glücklich ist, wird es im ganzen Raum gleich ein wenig kälter.

Ein berühmtes Beispiel ist Oprah Winfrey. Sie ist das größte O von allen – die Mutter von wem? Von ganz Amerika! Sie hat keine Kinder, aber sie ist unser aller Mutter, und sie macht das wirklich gut. Sie besitzt die unglaublich Kompetenz, die für ein O typisch ist, und sie führt ihr Unternehmen Harpo Productions, wie es nur ein O kann.

Rosie O'Donnell
Johannes Paul II.
John F. Kennedy

Das U als erster Vokal
Schwingung: 3
Beispiel: Judith
Besonderes Merkmal: Geschichtenerzähler mit buntem Leben
Das U ist sehr kommunikativ; es kann umwerfende Geschichten erfinden. Kleinkinder mit der U-Energie sind oft ganz atemlos angesichts der Geschichten, die es Ihnen zu erzählen hat. Selbst ein erwachsenes U steht noch in Kontakt mit seinem inneren Kind und gibt großartige Komiker und Komödianten ab. Es ist agil und begeisterungsfähig; oft völlig außer Atem, weil es einfach nicht erwarten kann, seine Neuigkeiten mit Ihnen zu teilen. Wenn ein U aufstrahlt und lächelt, ist es wunderschön, nicht einfach nur attraktiv. Wenn das U Trübsinn bläst, beispielsweise an einem Regentag, kann es die Stimmung im ganzen Raum beeinflussen. Das U ist für das Komödienfach besonders geeignet, weil es ununterbrochen in Kontakt mit seinem inneren Kind steht.

Das U ist eine äußerst extreme Energie. Es ist spontan und denkt nicht lange nach; es wird einfach aktiv und befasst sich erst später mit den Folgen seines Handelns. Das U lebt eindeutig für den Augenblick. Es versucht stets, seine Tage abwechslungsreich zu gestalten. Wenn das U diese Energie nicht auf kreative Weise auslebt, übertreibt es gern die Wahrheit, nur um interessanter zu klingen.

Die Schauspielerin Julie Andrews offenbarte einmal, dass sie als Kind ein Tagebuch geführt hatte. Weil jedoch ihr wahres Familienleben so unschön war, füllte sie die Seiten ihres Tagebuchs stattdessen mit den Geschichten eines zauberhaften Lebens, mit knisterndem Kaminfeuer und fröhlichen Feiertagsszenen. Sie sagte, sie habe diese fiktiven Berichte geschrieben, damit jeder, der ihr Tagebuch fand, es für die Wahrheit halten würde.

Sie können kein U als ersten Vokal haben und darauf verzichten, anderen Ratschläge zu erteilen – das U ist der Buchstabe der Therapeuten. Kommunikation ist wesentlich.

Justin Timberlake
Julia Roberts
Lucille Ball

Das Y als erster Vokal
Schwingung: 7
Beispiel: Gwyneth
Besonderes Merkmal: Weiser als ihr Alter mit spirituellen Neigungen
Die Y-Energie ist eigensinnig; wenn sie einmal eine Entscheidung gefällt hat, ist es unmöglich, sie davon abzubringen. Die Y-Energie will nicht, dass Sie genau wissen, was in ihr vorgeht: Sie weiß, wie man ein Geheimnis bewahrt, und wenn sie denkt, man habe ihr wirklich wehgetan, zeigt sie sich von ihrer nachtragenden Seite.

Die Y-Energie muss viel in der Natur sein; der Ozean übt eine beruhigende Wirkung auf sie aus. Ein Y ist intelligent und verfügt über intellektuelle und spirituelle Kraft. Es ist eine unglaublich starke Energie, solange sie korrekt eingesetzt wird; falls nicht, kann sie destruktiv werden. Im Positiven ist das Y optimistisch, aber die Kehrseite ist sein Zynismus. Das Y hat eine todbringende Zunge. Wenn das Y Sie niedermachen will, werden Sie sich hinterher in der Tat ganz klein fühlen.

Ich glaube jedoch, das gilt für alle, die eine heilende Energie haben. Jede heilende Energie hat auch ihre Kehrseite. (Schließlich hat der Teufel ja ursprünglich auch als Engel angefangen, nicht wahr?) Pythagoras fügte seinem Namen ein Y hinzu, um die Energie und Spiritualität des Y (7) zu spüren. Er wollte herausfinden, welchen Unterschied es in seinem Leben machen würde.

Tyra Banks
Gypsy Rose Lee
Tyrone Power

Babynamen

Wenn ich schwanger wäre und mir einen Namen für mein Baby ausdenken müsste, wie würde ich die Numerologie nutzen, um das neue Familienmitglied angemessen zu begrüßen? Es liegt auf der Hand, dass man den Tag der Geburt nicht genau vorhersehen kann. (Außer man entscheidet sich dafür, die Geburt künstlich einzuleiten oder einen Kaiserschnitt vornehmen zu lassen ... ich sage immer gern im Scherz, dass ich lieber einen Kaiserschnitt hätte, als eine toxische Zahl zur Welt zu bringen!) In Wahrheit kommt es gar nicht sosehr darauf an, welches Geburtsdatum Ihr Kind hat. Selbst wenn das Kleine eine Lebensaufgabenzahl bekommt, die nicht mit der Ihren kompatibel ist, bleibt die Tatsache bestehen, dass Sie sich nun mit der Numerologie auskennen und verstehen, wie die Beweggründe der einzelnen Zahlen aussehen. Sie werden sich etwaige Unterschiede also nicht sosehr zu Herzen nehmen.

Andererseits üben Sie mit der Namensgebung Ihres Kindes auch eine gewisse Kontrolle aus, es liegt daher in Ihrem Interesse, einen Namen zu wählen, der so viele Ihrer eigenen Zahlen wie möglich widerspiegelt. Auf diese Weise ist die Chance größer, dass Sie drei von fünf Primärzahlen gemeinsam haben –

und somit eine Seelengefährtenverbindung zu Ihrem Kind schaffen. Bei der Wahl des Namens sollten Sie nach Zahlen Ausschau halten, die Natürliche Partnerzahlen oder Kompatible Zahlen zu Ihren eigenen Zahlen darstellen. Vermeiden Sie einen Namen, der sich als Problemzahl für Sie herausstellt. Wenn Sie eine Vergleichsübersicht erstellen, sollten Sie *den Namen, den Sie zum jetzigen Zeitpunkt tragen,* und *alle Namen des Kindes, wie sie auf der Geburtsurkunde stehen,* als Grundlage verwenden. Es folgt eine Vergleichsübersicht für Leeza Gibbons und ihr Baby Nathan Daniel Meadows, aus der Sie ersehen können, was ich meine.

Vergleichsübersicht von Leeza und Nathan

Erklärung der Zahlen	Leeza	Nathan	Vergleich
Seelenzahl Was man im Innern fühlt. Nicht unbedingt das, was die Menschen sehen.	8	2	Natürliche Partnerzahlen
Persönlichkeitszahl Das Gesicht, das man der Welt zeigt.	1	1	Natürliche Partnerzahlen
Powernamenzahl Diese Zahl repräsentiert die Kraft Ihres Namens; es ist Ihre wichtigste Namenszahl.	9	3	Natürliche Partnerzahlen

Geburtstagszahl Das Bild, das die Menschen von Ihnen haben.	8	3	Problemzahlen
Lebensaufgabenzahl Die Zahl, die Sie leben müssen, um glücklich zu sein. Die wichtigste Zahl in Ihrer persönlichen Numerologie.	6	3	Natürliche Partnerzahlen
Einstellungszahl Der erste Eindruck, den andere von Ihnen erhalten.	2	4	Natürliche Partnerzahlen

Achtung: Im Kapitel »Entdecken Sie Ihre Zahlen« (Seite 21) können Sie noch einmal nachschlagen, wie man die einzelnen Zahlen errechnet.

Leeza und Nathan

Als Leeza Gibbons mit ihrem dritten Kind schwanger war, wurde ich gebeten, in ihrer Talkshow aufzutreten. Die Sendung hieß »The Baby Shower Show«. Ich sollte Leeza helfen, anhand der Numerologie einen Namen für ihr Baby auszuwählen. Leeza wusste, dass sie einen Jungen bekommen würde, und nannte mir die drei Namen, die sie und ihr Ehemann Steve ausgesucht hatten. Beim ersten Namen meinte ich, dass das Kind kein Pro-

blem damit haben würde, ihr Geld auszugeben; der Kleine
würde immer von allem nur das Beste wollen und seine persönlichen Bedürfnisse sehr hartnäckig verfolgen. Außerdem waren
die Zahlen des Namens Problemzahlen für Leezas Namenszahlen und das Kind würde mit diesem Namen nicht nur ihr Konto,
sondern auch sie selbst als Person schröpfen! Der zweite Name
hätte ein sehr energiegeladenes Kind zur Folge gehabt, das ständig Stimulation bräuchte. Da Leezas Terminkalender ohnehin
schon übervoll war, hätte sich diese spezielle Namenszahlkombination möglicherweise als allzu belastend für sie erwiesen.

Dann zeigte mir Leeza den Namen Nathan Daniel Meadows.
Die Schönheit dieses Namens nahm mich sofort gefangen, und
ich stellte fest, dass er und Leezas Zahlen sich hervorragend ergänzten! Genau das erhofft man sich bei der Namenswahl für
ein Kind.

Ich erklärte Leeza, dass alle drei Zahlen im Namen des Babys
Natürliche Partnerzahlen für sie wären – eine überaus gute
Nachricht! Ich zeigte ihr auf, dass das Kind eine 1–2–3 in seiner
Tabelle haben würde. Wenn das Kind auf der positiven Seite seiner Zahlen lebt, dann bedeutet es, dass sein Leben – 1, 2, 3 – federleicht sein wird. Die 1 steht für Ehrgeiz, die 2 für seine Fähigkeit zur Liebe und die 3 für seine Fertigkeiten als charismatischer
Redner. Leeza war begeistert von dieser Aufzählung. Als ich das
nächste Mal mit ihr sprach, stand ihre echte Babyparty an. Auf
dieser Party sagte ich ihr, wenn das Baby an einem Tag zur Welt
käme, der sich auf die Lebensaufgabenzahl 3 reduzieren ließe,
dann wäre es ein Natürlicher Partner für Leezas Lebensaufgabenzahl 6. Sie lachte und meinte, sie wolle sich das merken.

Ungefähr einen Monat später kam Leeza ins Krankenhaus
und lag weit über dreißig Stunden in den Wehen. Schließlich
kam Nathan per Kaiserschnitt am 3. Oktober 1997 zur Welt –

das Baby wurde nicht nur an einem Dritten geboren, es hatte auch die Lebensaufgabenzahl 3!

Im Laufe der Jahre ergaben sich für mich aus den unterschiedlichsten Gründen Gespräche mit Leeza und jedes Mal meinte sie: »Weißt du, Glynis, alles, was du über Nathans Persönlichkeit gesagt hast, ist haargenau eingetroffen.« Genau das ist so machtvoll an der Namensgebung mit Hilfe von Zahlen – man hat tatsächlich einen positiven Einfluss auf die Persönlichkeit des Kindes.

Mit diesem Wissen können Sie Harmonie und gegenseitiges Verstehen fördern – und mehr kann eine Mutter nicht erhoffen. Sie müssen dennoch an der Beziehung zu Ihrem Kind arbeiten und zweifellos wird es viele Probleme geben. Aber dank der numerologischen Bewusstheit hat Leeza nur eine einzige Problemzahl mit Nathan. Wie ich in diesem Buch schon mehrmals erläutert habe, gibt es kein Problem, das nicht überwunden werden könnte, wenn man nur ein oder zwei Problemzahlen teilt. Gelegentlich stößt man aneinander, aber im Großen und Ganzen herrschen Harmonie und Freude.

Leeza hat zufällig die Lebensaufgabenzahl 6, die Mutterzahl, und das sagt mir, dass es ihr extrem wichtig ist, Mutter zu sein. Trotz ihrer anspruchsvollen Karriere hat sie es dennoch geschafft, drei Kindern das Leben zu schenken. Sie hat ein gutes Herz, das sich aus ihrer Einstellungszahl 2 ergibt. Sie ist bekannt für ihr Einfühlungsvermögen, weswegen sie auch eine so großartige Talkshowmoderatorin abgibt. Doch gleichgültig, wie sehr sie sich beruflich engagiert, ihre Zahlen zeigen, dass die Familie für sie oberste Priorität hat.

Für Nathan lautet meine Vorhersage, dass er auf irgendeine Weise mit der Unterhaltungsindustrie zu tun haben wird – vielleicht sogar vor der Kamera, in einer Talkshow, als Schauspieler oder Bühnenkünstler. Angesichts der vielen Dreien in seiner Tabelle ist er diesbezüglich ein Naturtalent. Dank seiner Geburtszahlen hat er ein ungeheures Charisma. Er ist ganz eindeutig ein Kind, auf dem die Augen aller ruhen werden. Nathan könnte sich auch als Standup-Komiker versuchen, denn die 3 ergibt die besten Komödianten. Ich bin sicher, dass er stets über große geistige Fähigkeiten verfügen wird. Gleichgültig, was die Zukunft für Nathan bereithält, angesichts der vielen Natürlichen Partnerzahlen in ihrer Tabelle haben Leeza und er großes Glück, Mutter und Sohn zu sein. Wenn Sie Ihre eigene Tabelle mit der Ihrer Eltern vergleichen, werden Sie für gewöhnlich ein paar Kompatible Zahlen, ein paar Problemzahlen und ein oder zwei Natürliche Partnerzahlen finden. Leeza und Nathan haben erstaunliche fünf Natürliche Partnerzahlen. Das ist, als hätte man den Jackpot in der Numerologie geknackt! Diese numerologische Verbindung zeugt von einem Band zwischen Mutter und Sohn, das sehr stark und irgendwie magisch ist.

Der richtige Name für Ihr Kind

Nehmen wir an, Sie und Ihr Ehemann haben beide eine 2 in Ihren Tabellen. Da die 2 für Friedfertigkeit und Liebe steht, möchten Sie, dass Ihr Kind die Schicksalszahl 2 bekommt (die wichtigste Zahl, die sich aus dem Namen auf der Geburtsurkunde ergibt). Wenn Sie beide jedoch eine 6 teilen, dann sollten Sie nach einer Ergänzung suchen und Ihrem Kind die Schicksalszahl 3 mit auf den Weg geben – eine Zahl, die Humor ins Haus bringt. Sie sollten auch alle Zahlen vermeiden, die höchstwahrscheinlich nur zu Konflikten führen werden. Wenn ich eine 1 in meiner Tabelle habe, dann weiß ich, dass eine weitere 1 nur in Konkurrenz zu mir treten wird. Wenn ich eine 8 hätte, würde ich kein Baby mit einer 8 im Namen wollen, weil mir Unbeschwertheit am wichtigsten ist und eine 8 für die andere toxisch sein kann. Wenn ich ein Kind mit hohem Energiepegel wollte, würde ich mir einen Namen aussuchen, der eine 5 ergibt. Schauen Sie im Kapitel »Die Powernamenzahl« (Seite 116) nach, wenn Sie die Beschreibung der Schicksalszahl und ihrer Eigenschaften noch einmal nachlesen wollen.

Ich habe einen Klienten, der ein unglaublich enges Band zu seinem Neffen hat, denn die beiden haben vier von fünf Zahlen gemeinsam. Die Mutter war ein wenig eifersüchtig auf dieses enge Verhältnis, aber Mutter und Sohn teilen nur eine einzige Zahl, nämlich die 9. Onkel und Kind, mit einer Übereinstimmung von vier aus fünf Zahlen, liegen auf derselben Wellenlänge und amüsieren sich großartig miteinander. Als ich der Mutter das erklärte, fühlte sie sich von der engen Beziehung des Onkels zu ihrem Sohn weniger bedroht.

Wenn Sie keine drei von fünf Zahlen mit Ihrem Kind gemeinsam haben, dann regen Sie sich deswegen nicht auf. Studieren Sie einfach nur die Eigenschaften der Zahlen Ihres Kindes und ermutigen Sie Ihren Nachwuchs, auf der positiven Seite seiner Zahlen zu leben. Am Ende des Buches empfehle ich ausgewählte Bücher, die Ihnen helfen, besser zu kommunizieren und von Ihren Kindern und Ihrer Familie das zu erhalten, was Sie wollen.

Der richtige Name für Ihr Haustier

Ich hatte einmal eine Klientin, die mir einen Streich spielen wollte. Sie bat mich, basierend auf Geburtstag und Namen die Persönlichkeit von jemandem zu beschreiben, der ihr nahe stand.

Ich dachte, wir würden über ein Kind sprechen, also erwähnte ich seinen Eigensinn, sein Bedürfnis nach materiellen Besitztümern und seine Pedanterie. Ich erklärte, das Kind sei halsstarrig und würde nur das tun, was es wollte. Plötzlich lachte meine Klientin, bis ihr die Tränen kamen – wie sich herausstellte, hatte sie mich gebeten, ihr Pferd zu analysieren! Und alles, was ich gesagt hatte, stimmte hundertprozentig. Meine Reaktion darauf: »Sie scherzen wohl.« Aber sie fuhr fort, dass ihr Pferd in der Tat sehr pedantisch sei, nach Lust und Laune aus den Stallungen galoppiere und sich zu Beginn eines Ausritts immer störrisch verhielte. Auch wenn es mich wie ein Schock traf – die Genauigkeit der Persönlichkeitsbeschreibung war ebenso groß wie bei einem Menschen. (Übrigens hatte die Besitzerin des Pferdes die Lebensaufgabenzahl 6. Erinnern Sie sich, was ich über die 6 sagte? Wenn sie keine Kinder hat, fragen Sie sie nach ihren Haustieren und sie wird voller Elternstolz aufstrahlen!)

Wir lernen daraus, dass die Persönlichkeit eines Haustieres von dem Namen beeinflusst werden kann, den Sie ihm geben. Mit dem Namen eignen Sie Ihrem Tier gleichzeitig die Eigenschaften zu, die diesem Namen innewohnen. Das Tier übernimmt die jeweilige Energie.

Eine meiner Klientinnen hatte einen Hund namens Poochie. Ich analysierte die Zahlen des Hundes und sie ergaben 8–9–8. Ich erklärte ihr, dass die 8 Qualität zu schätzen weiß und sich immer für ein Markenprodukt entscheiden würde, wenn es die Wahl hätte. Da musste sie lachen. »Wann immer ich billiges Hundefutter kaufe, stößt Poochie den Napf um und weigert sich, etwas zu fressen.« Poochie fand auch, dass seine Hundehütte heruntergekommen aussah, und lehnte sich so lange dagegen auf, dort zu schlafen, bis sie die Hütte repariert hatte.

Die Menschen fühlen sich ihren Haustieren sehr verbunden –

Namensgebung nach Zahlen

das liegt an der bedingungslosen Liebe, die Tiere uns schenken. Ich glaube, das ist auch der Energie ihrer Namen zuzuschreiben, nicht nur ihrem Geburtsdatum. Für gewöhnlich kann man sich den Tag der Geburt nicht aussuchen, aber man kann einen Namen auswählen, dessen Zahlen Natürliche Partnerzahlen oder zumindest Kompatible Zahlen zur eigenen Lebensaufgabenzahl darstellen. Wenn Sie ein Haustier haben, das Sie unglücklich macht, kann eine Namensänderung Erstaunliches bewirken.

Lassen Sie uns ein paar Beispiele betrachten. Würden Sie glauben, dass die Fernsehikonen Lassie und Barney beide die 6–5–2 haben? Die 6 als Seelenzahl deutet auf Elternqualitäten hin, auf Fürsorge für andere, auf das Bedürfnis, Nachwuchs zu zeugen. Sie wissen, dass Barney es getan hat und Lassie auch. Die 5 drückt Freiheit und Abenteuer aus – weiter und immer weiter: die Energie der 5 verkörpert Nervenkitzel. Sowohl bei Lassie als auch bei Barney gab es niemals einen Augenblick der Langeweile. Wissen Sie, was bei der 5 komisch ist? Die 5 gilt als geborener Entertainer und in so gut wie jedem Haustiernamen findet sich eine 5. Wenn Sie ein Haustier besitzen, das Sie für einen Schmierenkomödianten halten, dann prüfen Sie seine Zahlen und suchen Sie nach der 5.

Früher liebten alle Lassie, so wie heute alle Kinder Barney lieben. Ich finde es interessant, dass sie dieselben Zahlen haben. Die Namen Barney und Lassie ergeben rechnerisch jeweils eine 2 und die 2 will Liebe – wurde Lassie nicht in jeder Episode geherzt und geküsst? Auch Barney möchte ständig umarmt werden. Wenn Barney einen Raum betritt, flippen die Kinder fast aus. Sein Erkennungslied lautet: »Barney ist ein toller Kerl und überall zu Hause.« Tja, wer könnte diese Botschaft besser übermitteln als eine 2?

Flipper ist ein weiteres Fernsehtier, das mich zum Lachen

bringt. Er ist eine 5-5-1, eine doppelte 5. Die Seelenzahl 5 weist auf große Energie hin. Es ist schwer, mit einer 5 Schritt zu halten. Eine 5 ist ständig in Bewegung. Wie könnte man einen Delfin besser beschreiben? Flipper lebte im Meer und hatte immer genug unerforschte Gebiete zum Erkunden. Sein Name ergab rechnerisch eine 1, was auf Unabhängigkeit und Selbstmotivation hinweist. Flipper versuchte stets, den Menschen an Land zu helfen, obwohl er selbst nicht an Land konnte. Dieser Delfin besaß Charisma und die doppelte Energie der 5 unterstrich diese Eigenschaft noch.

Nehmen wir uns weitere Beispiele vor. Mr Ed, Benji und Felix der Kater haben alle eine 4. Die 4 steht für Sachverstand. Sie bringen uns bei, was wir wissen müssen.

Wann immer Felix etwas zu reparieren hatte, konnte er in seine »Zaubertasche« greifen. Eine 4 besitzt zweifelsohne immer eine Zaubertasche, denn sie ist der große Reparaturkünstler dieser Welt. Eine 4 bewältigt jedes Problem. Und Felix war überaus intellektuell.

Sehen wir uns Benji an. Wenn Räuber hinter ihm her waren oder er anderweitig in Schwierigkeiten steckte, trickste er alle aus. Er machte stets Gebrauch von seinem Verstand.

Ich persönlich hatte einmal eine wunderschöne Katze namens Jade – eine 6-5-2. Ebenso wie Lassie und Barney steckte diese Katze voller Liebe. Wir versuchten, sie zu einer Hauskatze zu machen, aber es gelang uns nicht, weil sie die freie Natur so sehr liebte. Sie wollte nichts weiter als hinaus und die Welt erforschen. Eines Nachts ging sie fort und verschwand. Später fanden wir sie schwer verletzt. Es gab keine Möglichkeit, ihr zu helfen, darum musste sie eingeschläfert werden. Jeder, der ein Haustier besitzt, kann nachvollziehen, wie furchtbar das für mich war. Ich liebte diese Katze.

Namensgebung nach Zahlen

Daraufhin suchte ich eine neue Katze und fand einen Kater in einem Tierheim. Ich musste mir einen Namen für den Kater ausdenken und weil ich eine Katze wollte, die zu Hause blieb und Liebe brauchte, nannte ich ihn Boe. Er war eine 2–2–4 und brauchte Liebe, jede Menge Zuneigung und Sicherheit. Boe schenkt mir in der Tat viel Liebe und Zuneigung. Boe kann auf eine Weise schnurren, die unglaublich ist. Wenn man diesen Kater streichelt, schnurrt er so herrlich, dass man es im ganzen Haus hört.

Eines Tages gelangte Boe irgendwie nach draußen. Interessanterweise rührte sich Boe nicht von den Verandastufen weg, bis ich nach Hause kam. Aus seinem Gesichtsausdruck ließ sich schließen, dass es ihn entsetzte, im Freien zu sein. Boe fühlte sich absolut nicht wohl damit, seine gewohnte Umgebung zu verlassen. Wenn ich so zurückdenke, hatte Jade die Persönlichkeitszahl 5. Sie konnte es gar nicht erwarten, sämtliche Wege auszukundschaften, die aus dem Haus hinausführten.

Doch nun zurück zu Felix, Benji und Mr Ed, die jeweils die 4 als Schwingung haben. Sie alle hatten ein Heim. Mr Ed fühlte sich in seinem Stall sicher, Benji in seiner Familie und Felix in seiner Spezialhütte, in der er seine magische Zaubertasche aufbewahrte.

Wenn Sie die Zahlen Ihrer Tiere analysieren, werden Sie verstehen, was ich meine. Die Numerologie ist eine Wissenschaft und gleichgültig, wen Sie analysieren – sei es ein Haustier, ein Baby oder ein potenzieller Liebespartner –, Sie werden in Ihrem Leben immer wieder auf numerische Muster stoßen. Da die Powernamenzahl die Kraft des Namens widerspiegelt, habe ich im Folgenden die Powernamen gebräuchlicher Haustiernamen aufgelistet. Ich rate Ihnen darüber hinaus, nicht nur die Powernamenzahl Ihres Haustieres zu errechnen, sondern auch die Seelenzahl und die Persönlichkeitszahl.

Powernamen für Haustiere – Definitionen und Beispiele

Haustier-Powername 1
Die 1 ist unabhängig und tut gern, was sie will. Ein solcher Name eignet sich gut, wenn Sie Ihr Haustier vorzeigen wollen in Leistungsshows oder Zuchtausstellungen. Die 1 hat den Drang, ihre Familie zu beschützen, und weiß intuitiv, wenn etwas nicht stimmt. Ein hervorragender Powername für einen Wachhund.

Bono, Coconut, Bubba, Jelly, Rox, Jinxy, Chewy, Chips, Chuck, Chunky, Copper, Frankie, Aloha, Amadeus, Anton, Bazel, Bobby, Fuji, Flash, Jewel, Joey, Butterscotch, Leon, Mina, Whiskey, Sissy, Crosby, Lancelot, Woody, Milla, Bello.

Haustier-Powername 2
Liebevoll, zärtlich und überaus loyal. Dieses Tier kann buchstäblich Ihr bester Freund werden. Es weiß außerdem instinktiv, wann Sie unglücklich sind, und will Sie trösten.

Max, Buddy, Sassy, Cäsar, Candy, Charlie, Jade, Cody, Yappy, Comet, Cougar, Donut, Cosmo, Ozzy, Cappuccino, Chopin, Nemo, Yogi, Watson, Sadie, Tilo, Winnie, Aristotle, Nugget, Chandler, Forrest, Kirby, Prince, Cinnamon, Bärchen, Prinz, Rex.

Haustier-Powername 3
Die 3 ist immer gern in der Nähe ihres Besitzers. Sie ist äußerst unterhaltsam und Sie werden über ihre Mätzchen herzlich lachen können. Die 3 weiß, was sie tun muss, um Ihre Aufmerksamkeit zu wecken.

Patch, Amos, Dag, Sasha, Zac, Ella, Lulu, Pickles, Martini,

Tai, Liza, Xina, Allie, Suzi, Jemmy, Lace, Rey, Yin, Uri, Jasmin, Duncan, Bree, Tyson, Pagan, Pluto, Ellis, Gard, Angel, Maxine.

Haustier-Powername 4
Diese Tiere wollen sich sicher fühlen. Ihr Heim ist für sie enorm wichtig und sie beschützen es ebenso wachsam, wie sie ihre Besitzer schützen.

Kitty, Princess, Buster, Whiskers, Blue, Budd, Lola, Chewbacca, Coca, Cisco, Cookie, Daddles, Daisy, Dexter, Barnard, Farley, Fraser, Honey, Percy, Pepper, Sox, Chardonnay, Sushi, Alvin, Elvis, Kiki, Queenie, Trixie, Velvet, Star.

Haustier-Powername 5
Die 5 braucht viel Freiheit für ihren Forscherdrang und ist schwer zu bändigen. Sie hat eine spielerische Energie und immer Lust auf einen Spaziergang oder ein Spielchen.

Bebe, Gigi, Whoopi, Tramp, Shasta, Bandit, Leo, Mango, Champ, Cherry, Choo, Dash, Bella, Aldo, Bessie, Tippy, Dolly, Edie, Walden, Jelly Bean, Bing, Blossom, Dewi, Duke, Voodoo, Misty, Tiger, Kippy, Lion, Waddles, Moppel.

Haustier-Powername 6
Dieses Tier ist fürsorglich und hat einen ausgeprägten Beschützerinstinkt. Es will zu Hause das Sagen haben und verhält sich wie ein richtiges Familienmitglied.

Tilly, Lady, Dino, Chester, Coolio, Cricket, Bangles, Dixie, Millie, Apple, Ruffles, Winston, Fanny, Ginger, Jasper, Lili, Pepe, Peach, Rio, Shorty, Scarlet, Skye, Spike, Topaz, Tulip, Tudor, Chester, Clinton, Peggy, Wilbur, Hansi.

Haustier-Powername 7
Die 7 ist für gewöhnlich friedliebend und liebevoll und braucht viel Platz. Manchmal neigt sie zu Launenhaftigkeit.

Pebbles, Chance, Chancie, Lucy, Amore, Chubby, Chops, Coors, Crankie, Basil, Ellie, Jiggs, Lester, Weenie, Clifton, Connor, Kasper, Kipp, Merry, Nixie, Poppy, Ryder, Tails, Burt, Dru, Yale, Otto, Dibble, Fitz, Hazel, Bubi, Schnucki.

Haustier-Powername 8
Dieses Haustier will stets das Beste, was Sie ihm bieten können. Es genießt gutes Futter, einen bequemen Schlafplatz und sieht häufig, auf seine Weise, außergewöhnlich gut aus.

Oreo, Casper, Caramel, Boots, Chilli, Cosmic, Desert, Dante, Dobie, Dusty, Snow, Titus, Zeus, Milly, Mimi, Nili, Polly, Bongo, Gobbles, Roxie, Skipp, Ross, Crystal, Dewey, Elmer, Jasmine, Stinky, Smoochy, Scarlett, Sheba, Hasso.

Haustier-Powername 9
Dieses Haustier ist sehr liebevoll und beschützt seine Familie. Es ist besser, das Tier auf Reisen mitzunehmen als es zu Hause zu lassen. Die 9 ist nicht gern allein. Wenn Sie das Tier nicht mitnehmen können, dann schlage ich vor, mehr als ein Tier anzuschaffen, damit die 9 immer Gesellschaft hat.

Lucky, Bambi, Butch, Bubbles, Cheerio, Bud, Chip, Coco, Cliff, Congo, Bagel, Buttercup, Dibbs, Fox, Red, Shamus, Tully, Kahlua, Bowie, Chilla, Shakespeare, Hattie, Vegas, Paris, Pokey, Pixie, Bully, Ajax, Mausi.

Der richtige Name für Ihr Unternehmen

Als ich mich selbständig machte (und ich bin eine Lebensaufgabenzahl 3), achtete ich darauf, dass mein Geschäftsname eine Natürliche Partnerzahl beziehungsweise eine Kompatible Zahl zu meiner Lebensaufgabenzahl darstellte. Ich entschied mich für folgenden Geschäftsnamen:

```
 7+3+7+5+9+1  +  8+1+1  +  7+6+3+9  +  5+3+4+2+5+9
 | | | | | |     | | |     | | | |     | | | | | |
 G L Y N I S     H A S     Y O U R     N U M B E R
= 95 = 9 + 5 = 14 = 1 + 4 = 5
```

Mein Geschäftsname ergibt eine 5 und ist eine Kompatible Zahl zu meiner Lebensaufgabenzahl 3. Die 5 ist auch der Detektiv. Ich suche ständig in den Leben der Menschen nach numerischen Mustern.

Analysieren Sie Ihren künftigen Unternehmensnamen und wenn die resultierende Zahl eine Problemzahl für Ihre Lebensaufgabenzahl darstellt, dann *verwenden Sie diesen Geschäftsnamen nicht.* Sie verurteilen sich damit nur zum Scheitern. Wenn Sie nach einer neuen Arbeitsstelle Ausschau halten, analysieren Sie den Namen der potenziellen Arbeitgeberfirma und achten Sie darauf, dass es eine Natürliche Partnerzahl oder eine Kompatible Zahl für Ihre Lebensaufgabenzahl ist. Wenn Sie die Wahl aus drei Stellenangeboten haben, dann entscheiden Sie sich für die Stelle, deren Zahl mit Ihrer Zahl am verträglichsten ist. Zahlen erleichtern Entscheidungen ungemein. Lesen Sie im Kapitel »Die Lebensaufgabenzahl« (Seite 30) nach, zu welchen Zahlen Ihre Lebensaufgabenzahl passt.

Wenn Sie einen Firmennamen analysieren, dann verwenden Sie nur den Rufnamen der Firma – eliminieren Sie Anhänge wie GmbH oder KG (außer, diese gehören fest zum üblicherweise verwendeten Firmennamen).

Der richtige Name für ein kreatives Projekt

Wenn Sie einer Sache einen Namen geben wollen, die für Sie wie ein »Baby« ist – beispielsweise einem Buch, an dem Sie schreiben, einem Filmprojekt oder einem Geschäft –, dann wählen Sie einen Namen, der eine Natürliche Partnerzahl oder Kompatible Zahl zu Ihrer Lebensaufgabenzahl ist. Wenn Sie eine geschäftliche Unternehmung planen oder bestimmte Termine zu dessen Planung suchen, dann wählen Sie einen Tag, der eine Natürliche Partnerzahl oder Kompatible Zahl zu Ihrer Lebensaufgabenzahl darstellt.

Lassen Sie uns das an einem Beispiel verdeutlichen, das die Macht der Zahlen beweist: Mel Gibsons Film »Die Passion Christi«. Dieser Blockbuster untermauert die Wissenschaft der Numerologie. Der Originaltitel des Filmes – »The Passion of the Christ« reduziert sich auf eine 5, eine Natürliche Partnerzahl zu der Lebensaufgabenzahl 7 von Mel Gibson. Wenn ich mit Klienten aus der Filmindustrie spreche, rate ich Ihnen immer, einen Filmtitel zu wählen, der eine Natürliche Partnerzahl oder Kompatible Zahl zu ihrer Lebensaufgabenzahl ist, um auf diese Weise ihren persönlichen Triumph zu sichern.

Ich las einen Artikel über Mel Gibson in *Entertainment Weekly* und erkannte allmählich das Muster. Mel Gibson hat die Lebensaufgabenzahl 7. Mir fiel auf, dass der Artikel am

16. Februar erschien (1 + 6 = 7). Die erste große Pressemitteilung wurde am 7. Februar veröffentlicht (wieder die 7). Sein Interview mit Diane Sawyer lief am 16. Februar im Fernsehen (1 + 6 = 7). *Newsweek* brachte einen Artikel über ihn und das Datum auf dem Cover war wieder der 16. Februar – erneut eine 7. Am 25. Februar kam der Film von Mel Gibson in die Kinos (2 + 5 = 7). Und er wendete 25 Millionen Dollar für die Produktion des Filmes auf (2 + 5 = 7). Anscheinend hat Mel Gibson – möglicherweise intuitiv – grundlegende Prinzipien der Numerologie zum Einsatz gebracht.

Ich halte es auch für wichtig, dass die Zahl 7 als überaus spirituelle Zahl gilt. Manche Menschen bezeichnen sie als »Gottes Lieblingszahl«. Wenn man sich die Geschichte der Christenheit ansieht, so erkennt man, dass die Zahl 7 eine wichtige Rolle gespielt hat. Denken Sie nur an folgende biblische Fakten:

- Die Zahl 7 kommt über 700-mal in der Bibel vor.
- In der Offenbarung des Johannes wird die 7 insgesamt 54-mal verwendet. Es gibt 7 Gemeinden, 7 Sendschreiben, 7 Sterne, 7 Siegel, 7 Posaunen, 7 Schalen, 7 Engel, 7 Plagen und 7 neue Dinge. Gott ließ auf eine 7-jährige Hungersnot 7 gute Jahre folgen.
- Am Anfang schuf Gott alle Dinge. Für seine Schöpfung nahm er sich sechs Tage Zeit und ruhte am 7. Tag (Genesis 2, 1–3).
- Salomo baute 7 Jahre lang am Tempel und feierte anschließend 7 Tage lang.
- Hiob hatte 7 Söhne. Als seine Freunde ihn besuchten, saßen sie 7 Tage und 7 Nächte stumm beieinander; am Ende mussten sie ein Brandopfer von 7 jungen Stieren und 7 Widdern bringen.
- In den Tagen von Josef gab es 7 fette Jahre und 7 Hungerjahre in Ägypten.

Kein Zweifel, die Zahl 7 ist im religiösen Bereich von großer Bedeutung. Ein Mensch mit der Lebensaufgabenzahl 7 ist hier, um seinen Glauben zu finden. Mel Gibson hat das zweifelsohne getan. Er wurde mit den Worten zitiert, dass der Heilige Geist durch ihn gearbeitet habe und er bei der Herstellung des Filmes nichts weiter als das Medium war.

Ich habe beobachtet, dass die Lebensaufgabenzahl eines Menschen den Betreffenden förmlich verfolgt (im Kapitel »Sich wiederholende Zahlen« auf Seite 147 steht mehr zu diesem Phänomen) und das scheint auch bei Mel Gibson der Fall zu sein. Es heißt, Mel Gibsons Film halte den siebtbesten Platz aller Eröffnungswochenenden inne; es wurde auch geschrieben, dass der Film in amerikanischen Kinos durchschnittlich 25 000 Dollar einspielte (2 + 5 = 7).

Im Vorfeld wurde viel spekuliert, ob der Film aufgrund seiner umstrittenen Thematik durchfallen würde. Man glaubte, er könne keinen Erfolg haben, weil die Schauspieler in den toten Sprachen Aramäisch und Latein redeten. Doch nichts davon beeinträchtigte den Erfolg des Filmes. Meiner Meinung nach liegt das daran, dass Mel Gibson seiner Lebensaufgabenzahl 7 treu blieb, das bedeutet, er arbeitete voller Aufrichtigkeit an etwas, was für ihn die Wahrheit verkörpert.

Wie Sie den richtigen Wohnort wählen und nach Zahlen reisen

Seit Jahren werde ich immer wieder gefragt: »Kommt es denn wirklich darauf an, wo ich wohne? Macht das numerologisch einen Unterschied?« Die Antwort lautet: *Ja!* Es ist wichtig, dass Sie die Schwingung Ihrer Anschrift kennen – dazu gehören die Stadt, das Bundesland und die Nation, in der Sie leben. Für mich gleicht die Numerologie einer Zwiebel, denn wie das Leben selbst gibt es viele Schichten, die man nacheinander abschälen kann. Die Nation und das Bundesland sind die äußeren Schalen der Zwiebel und man muss sich bis zur Stadt hinunterschälen.

Das Verhältnis zwischen Bundesland und Stadt entspricht dem Verhältnis zwischen Hausnummer (Bundesland) und Wohnungsnummer (Stadt). Nehmen wir an, Sie wohnen in der Oak Street 700 (7 + 0 + 0 = 7), Apartment 2. Möglicherweise ist die 7 der Hausnummer nicht gut für Sie, die Wohnungsnummer 2 aber schon. Die Wohnungsnummer ist die Zahl, deren Schwingung in Ihr Privates hineinreicht.

Dasselbe gilt auch für Ihren Wohnort. Nehmen wir weiterhin an, Sie ziehen in ein Bundesland, dessen Zahl nicht besonders gut für Sie ist. Die Stadt ist – wie die Wohnung – der Ort, an dem Sie tatsächlich *leben*. Sie hat einen viel größeren Einfluss. Glücklicherweise gibt es mehr Städte, aus denen Sie wählen können, als Bundesländer, darum ist die Chance groß, dass Sie einen kompatiblen Wohnort finden.

Meine Klientin Barbara musste nach Kalifornien ziehen, ein Bundesland, das in der Originalschreibweise – California – für die Zahl 7 steht. Barbara hat die Lebensaufgabenzahl 3, darum stellte die 7 eine Problemzahl für sie dar. Zuvor wohnte sie in New York, einem Bundesland mit der Zahl 3 – eine Natürliche Partnerzahl für sie. Glücklicherweise konnte sie nach Hollywood ziehen, das sich ebenfalls auf die 3 reduzieren lässt. Fast sofort nach ihrer Ankunft bekam sie eine großartige Stelle als Drehbuchautorin für eine Sitcom. Da die Stadt eine Natürliche Partnerzahl zu ihrer Lebensaufgabenzahl aufwies, war es kein Zufall, dass für Barbara alles reibungslos ablief. Wäre sie in eine Stadt mit einer Problemzahl gezogen – in ihrem Fall die 4, die 7 und die 8 –, dann wäre der Übergang zweifelsohne sehr viel schwieriger verlaufen.

Und ist es nicht herrlich, dass Hollywood – das Zentrum der Kreativität – sich auf eine 3 reduzieren lässt, die Zahl der kreativen Selbstverwirklichung?

Manchmal werden Sie den starken Drang verspüren, an einen bestimmten Ort zu gehen, mit dem Sie sich innig verbunden fühlen. Mich persönlich beherrschte immer schon die Sehnsucht, nach Griechenland zu reisen. Das ist etwas merkwürdig, denn um ganz ehrlich zu sein, reise ich überhaupt nicht gern. Aber so war es nun einmal. Ich dachte immer, es müsse daran liegen, dass Pythagoras dort geboren worden war und Griechenland folglich ein Ort heiliger spiritueller Erfahrung für mich werden könnte. Meine Studien der Numerologie bestätigten meine intuitiven Gefühle. Griechenland heißt für mich als Amerikanerin *Greece* und reduziert sich folglich auf die 7 – eine Zahl, der eine spirituelle Schwingung innewohnt.

Trotzdem ist Griechenland für mich auch eine Problemzahl. Es ist daher in Ordnung, wenn ich das Land einmal besuche, aber leben könnte ich dort nicht. Ich würde nie absichtlich an einen Ort ziehen, der für meine Lebensaufgabenzahl eine Problemzahl verkörpert.

Jetzt sind Sie an der Reihe. Schwebt Ihnen ein bestimmtes Land vor? Ein Bundesland? Eine Stadt? Frischen Sie Ihre Erinnerung an Natürliche Partnerzahlen und Kompatible Zahlen für Ihre Lebensaufgabenzahl mit Hilfe des Kapitels »Die Lebensaufgabenzahl« (Seite 30) auf und sehen Sie dann in der nachfolgenden Liste nach, ob Ihr Traumland oder Ihre Traumstadt wirklich gut für Sie ist. Und wenn Ihr Zielort nicht auf meiner Liste zu finden ist? Errechnen Sie sich die entsprechende Zahl selbst, indem Sie jedem Buchstaben anhand der pythagoreischen Tabelle (Seite 23) einen Zahlenwert zuordnen, die Zahlen anschließend addieren und auf eine einstellige Zahl reduzieren. Hier ein Beispiel:

$$3+6+5+4+6+5 = 29 = 2 + 9 = 11 = 1 + 1 = 2$$
$$L\ O\ N\ D\ O\ N$$

Länder und Städte nach Zahlen

Orte mit der Schwingung 1
Staaten: Afghanistan, Chile, Connecticut, El Salvador, Indien, Israel, Michigan, Neuseeland, North Dakota, Niederlande, Pakistan
Bundesländer: Baden-Württemberg
Städte: Brüssel, Chicago, Hongkong, Kiel, Lissabon, Los Angeles, Seattle, Tel Aviv, Wiesbaden

Orte mit der Schwingung 2
Staaten: Colorado, Finnland, Florida, Jamaica, Kansas, Louisiana, Nevada, Norwegen, Oregon, Portugal, Uganda
Bundesländer: Bayern, Rheinland-Pfalz
Städte: Ankara, Dubai, Düsseldorf, Honolulu, London, München, Philadelphia, Rom, Stuttgart, Sydney

Orte mit der Schwingung 3
Staaten: Ägypten, Arizona, Arkansas, Australien, Äthiopien, Deutschland, Frankreich, Irak, Kolumbien, Marokko, New Mexico, Schweiz, Ungarn, Venezuela, Vietnam
Bundesländer: Bremen, Nordrhein-Westfalen
Städte: Athen, Basel, Bern, Hollywood, Jena, Leipzig, Köln, Nashville, New York, Salt Lake City, Santa Fe, Venedig

Orte mit der Schwingung 4
Staaten: Alabama, Ghana, Großbritannien, Irland, Kenia, Kuwait, Mississippi, Oklahoma, Sri Lanka, Virgin Islands
Bundesländer: Thüringen
Städte: Amsterdam, Boston, Dallas, Houston, Kassel, Las Palmas, Madrid, Warschau, Washington

Orte mit der Schwingung 5
Staaten: Angola, Belize, Island, Kanada, Mexiko, Puerto Rico, Südafrika, Taiwan, Tessin, Utah, Vatikan-Stadt, Vereinigte Staaten
Bundesländer: Interessanterweise gibt es kein deutsches Bundesland mit der Schwingung 5!
Städte: Albuquerque, Baltimore, Chicago, Freiburg, Genf, Jerusalem, Las Vegas, Nürnberg, Pensacola, San Francisco

Orte mit der Schwingung 6
Staaten: Guam, Iran, Japan, Kambodscha, Luxemburg, Maine, Massachusetts, Montana, Palau, Peru, Spanien, Tasmanien, Texas, Thailand
Bundesländer: Berlin, Sachsen
Städte: Atlanta, Bridgeport, Cincinnati, Dresden, Indianapolis, Kopenhagen, Lausanne, Magdeburg, Prag, Tampa, Wien

Orte mit der Schwingung 7
Staaten: Armenien, Bolivien, Indiana, Italien, Kasachstan, Maryland, Monaco, New Jersey, Tennessee, Ukraine, Wyoming
Bundesländer: Brandenburg, Hamburg, Hessen, Saarland, Niedersachsen
Städte: Baden-Baden, Bangkok, Budapest, Chicago, Graz, Hannover, Lissabon, Los Angeles, Orlando, Oslo, Pasadena, Potsdam, Reno, Saarbrücken, Salzburg, Seattle, Tokio, Wiesbaden

Orte mit der Schwingung 8
Staaten: Andorra, Argentinien, Barbados, Brasilien, China, Costa Rica, Georgia, Kuba, Liechtenstein, Nebraska, Österreich, Polen, Schottland, Tunesien, Türkei, Vermont, Wisconsin
Bundesländer: Sachsen-Anhalt, Mecklenburg-Vorpommern
Städte: Chemnitz, Dublin, Essen, Frankfurt/Main, Interlaken, Istanbul, Little Rock, Maui, Montreal, Peking, Rostock, Santa Barbara, Schwerin, Stockholm

Orte mit der Schwingung 9
Staaten: Alaska, Bahamas, Belgien, Dänemark, Grönland, Guatemala, Illinois, Jordanien, Mongolei, Russland, Schweden

Bundesländer: Schleswig-Holstein
Städte: Bonn, Buffalo, Kairo, Mailand, Mexico City, Miami, New Orleans, Paris, Spokane, Toronto

Lokale Schwingungen: wenn Ihr Traumziel eine Problemzahl ist

Was ist, wenn Sie auf eine Reise gehen und feststellen, dass sich Ihr Ziel auf eine Zahl reduziert, die für Ihre Lebensaufgabenzahl eine Problemzahl darstellt? Dann müssen Sie sich auf die positive Seite der Energie Ihres Urlaubszieles konzentrieren. Denken Sie daran, dass der Ort zwar die Schwingung einer Problemzahl haben mag, aber jede einzelne Zahl auch ihre positive Seite hat. Es folgt eine kurze Zusammenfassung, was Sie von den einzelnen lokalen Schwingungen zu erwarten haben:

Zusammenfassung der Ortsschwingung 1
Ein guter Ort, um Ihre Unabhängigkeit zu etablieren und das Gefühl zu bekommen, dass Sie das Steuerruder fest in der Hand haben. Achten Sie darauf, nicht allzu kritisch zu werden.

Zusammenfassung der Ortsschwingung 2
Ein guter Ort, um inneren Frieden und vielleicht sogar Liebe zu finden. Achten Sie darauf, nicht allzu sensibel zu werden.

Zusammenfassung der Ortsschwingung 3
Ein guter Ort, um zu lachen und zu kommunizieren. Achten Sie darauf, nicht zu viel zu reden und dabei vielleicht etwas zu sagen, was Sie später bereuen. Hören Sie auch einmal auf das, was andere zu sagen haben.

Zusammenfassung der Ortsschwingung 4
Ein guter Ort, um sich weiterzubilden und Wissen zu sammeln. Achten Sie darauf, in Gesprächen nicht allzu plump zu sein. Versuchen Sie, spontaner zu werden.

Zusammenfassung der Ortsschwingung 5
Ein guter Ort für Schönheit, Abenteuer, Nervenkitzel. Achten Sie darauf, nicht allzu sehr ins Schwelgen zu geraten.

Zusammenfassung der Ortsschwingung 6
Ein guter Ort, um sich umsorgen und beschützen zu lassen. Achten Sie darauf, Ihre Bedürfnisse auch in Worte zu fassen und nicht allzu kontrolliert zu wirken.

Zusammenfassung der Ortsschwingung 7
Ein guter Ort, um Zeit für sich zu verbringen und in Kontakt mit Ihrer inneren Stimme zu treten. Achten Sie darauf, nicht ungesellig zu werden – Sie werden in anderen Menschen echte Weisheit finden.

Zusammenfassung der Ortsschwingung 8
Ein guter Platz für die ästhetische Schönheit eines Ortes und vielleicht auch für berufliche Projekte. Achten Sie darauf, auf banale Probleme nicht allzu heftig zu reagieren. Vertrauen Sie darauf, dass alles gut wird.

Zusammenfassung der Ortsschwingung 9
Ein guter Ort für wohltätige Aktionen. Hier können Sie sich auch menschlich weiterentwickeln. Achten Sie darauf, sich nicht verloren oder verwirrt zu fühlen. Haben Sie keine Angst, um Hilfe zu bitten.

Ihre Adresse

Meine Hausnummer reduziert sich auf die 7, eine intellektuelle Zahl mit einer Schwingung, die besinnlichen Gedanken förderlich ist. Da meine Wohnung gleichzeitig auch mein Büro ist, war es mir wichtig, eine Atmosphäre zu schaffen, die reibungslose Teamarbeit unterstützt. Aus diesem Grund habe ich eine 3 und eine 1 an der Innenseite meiner Haustür angebracht. Das verwandelte mein Haus mit der Schwingung 7 in eine Energie 2 (7 + 1 + 3 = 11 = 1 + 1 = 2). Ich konnte daraufhin feststellen, dass all meine Angestellten entgegenkommend und verständnisvoll reagierten, wenn ich ihnen Anweisungen erteilte.

Doch vor kurzem veränderte sich mein Umfeld radikal. Wo früher eine kollegiale Atmosphäre herrschte, stritten sich meine Angestellten auf einen Schlag über die unwichtigsten Kleinigkeiten. Alle reagierten plötzlich trotzig. Es war mir ein Rätsel. Als ich merkte, was sich da abspielte, überprüfte ich meine Tür. Und tatsächlich: die 1 war abgefallen. Plötzlich lebte ich in einem Haus mit einer Schwingung 1! Die 1 fördert Konkurrenzsucht und das Bedürfnis, Recht zu behalten. Aus diesem Grund waren einfache Gespräche in hitzige Debatten ausgeartet und wir konnten uns auf gar nichts mehr einigen.

Sofort befestigte ich die 1 wieder an der Tür. Die Wirkung trat augenblicklich ein: Die Energie des Hauses vibrierte wieder in dem beruhigenden Einfluss der 2. Obwohl die Leute, die für mich arbeiten, immer noch einen starken eigenen Willen haben, respektieren sie sich untereinander wieder.

Die Hausnummer kann einen gewaltigen Unterschied machen. Wie errechnet man die Schwingung einer Adresse? Die tatsächliche Hausnummer ist von größter Wichtigkeit. Wenn

Sie in einem Apartmentblock wohnen, dann nimmt diesen Platz Ihre Apartmentnummer ein.

Lassen Sie uns annehmen, Sie wohnen im Maple Drive 100, dann ist die 1 entscheidend (denn 1 + 0 + 0 = 1). Wenn Sie jedoch in einem Apartmentblock wohnen und Ihre Apartmentnummer 320-B lautet, dann leben Sie in einer Schwingung 5 (3 + 2 = 5). Dazu addieren Sie den Zahlenwert für den Buchstaben B laut der pythagoreischen Tabelle (Seite 23). Gemäß Pythagoras entspricht B dem Wert 2, daraus ergibt sich folgende Rechnung: 5 + 2 = 7. Die Schwingung der 7 beeinflusst also Ihr Apartment. Wenn Sie in einer ländlichen Gegend leben, in der es keine Hausnummern gibt, sondern nur einen Straßennamen, dann errechnen Sie den Zahlenwert des Straßennamens.

Nehmen wir uns nun zwei andere Beispiele vor. Sie leben in der Park Street 1000, Apartment 8. Die 1000 reduziert sich auf eine 1 und diese Schwingung herrscht in dem Haus vor, in dem Sie wohnen – sie steht für Ehrgeiz, Entschlossenheit, den Wunsch, der Beste sein zu wollen. Die Apartmentnummer hat jedoch einen größeren Einfluss auf das, was in der Wohnung vor sich geht. In diesem Beispiel ist es eine 8, also ermutigt die Energie Sie, nach finanzieller Freiheit zu streben und Dinge zu tun, die in großem Maßstab etwas bewirken. Eine solche Adresse unterstützt berufliche Erfolge und fördert den Ehrgeiz.

Nehmen wir an, Sie wohnen in der Oak Street und Ihr Haus ist das einzige Haus, daher gibt es keine Hausnummer. Mit Hilfe des pythagoreischen Systems errechnen Sie aus den Buchstaben (Konsonanten und Vokalen) den Zahlenwert:

```
6+ 1+ 2+ 1+2+9+5+5+2   = 33
| | | | | | | | | |
O A K  S T R E E T
3 + 3 = 6
```

Das Haus vibriert mit der Schwingung 6. Die 6 verkörpert Familiensinn. Ein gutes Haus, wenn Sie bereits eine Familie haben oder hoffen, bald eine zu gründen. Es ist auch eine ideale Adresse, wenn Sie nach einem behaglichen und sicheren Zufluchtsort suchen.

Es folgt eine Zusammenfassung der verschiedenen Hausnummern von 1 bis 9 und im Anschluss daran eine ausführliche Beschreibung. Sehen Sie in diesen Definitionen nach, wenn Sie nach einer neuen Wohnung suchen oder wenn Sie die Energie in Ihrem Haus in eine Zahl ändern wollen, die Ihrem Leben angemessener ist. (Bitte beachten Sie, dass ich mit dem Begriff »Haus« auch Apartments und Wohnungen meine.)

Wohnungsenergien im Einzelnen

Hausnummer 1: Ein Ort, um Unabhängigkeit zu etablieren.
Hausnummer 2: Ein Ort für Liebe und Partnerschaft.
Hausnummer 3: Ein Ort zum Lachen und Reden.
Hausnummer 4: Ein Ort der Sicherheit und der Zuflucht.
Hausnummer 5: Ein großartiger Ort für Partys, Unterhaltung und Dramatik.
Hausnummer 6: Ein Ort der Schönheit und Wärme, ein Magnet für Kinder.
Hausnummer 7: Ein Ort des Studiums und der intellektuellen Entwicklung.

Hausnummer 8: Ein Ort, der finanziellen Erfolgen förderlich ist.

Hausnummer 9: Ein Ort für Extrovertierte – jeder ist willkommen.

Ein Haus mit der Schwingung 1

Ein Haus, das mit der Schwingung 1 vibriert, wird Sie motivieren. Nehmen wir an, Sie leben jetzt an einem Ort, an dem sich keiner Ihrer Träume zu verwirklichen scheint. Tja, dann ist es an der Zeit, in ein Haus mit der Schwingung 1 zu ziehen, denn dort werden Sie ganz bestimmt Ihr Bestes geben und folglich Ihren Weg machen. Sie brauchen nicht unbedingt Hilfe; Sie haben eine Vision und Sie können sie erreichen. An diesem Ort sind Sie sich Ihrer Entscheidungen sicher. Wenn Sie in einem Haus mit der Schwingung 1 leben, können Sie Höchstleistungen erbringen.

Es ist jedoch kein Heim, das Sie mit jemand anderem teilen sollten. Nehmen wir an, Sie führen keine glückliche Ehe und wollen ausziehen und unabhängig werden. Dann ist ein Haus mit der Schwingung 1 genau das Richtige. Wenn Sie allerdings nach Liebe suchen, sollten Sie nicht in ein solches Haus ziehen, denn es begünstigt keine Partnerschaft.

Ein Haus mit der Schwingung 2

Ein solches Haus fördert die Liebe. Nehmen wir an, Sie wollen demnächst heiraten. Damit die Beziehung stabil und dauerhaft wird, kann es nicht schaden, in ein Haus mit der Schwingung 2 zu ziehen, denn die Energie dieses Hauses unterstützt Liebe, Harmonie und Partnerschaft. Es ist auch das richtige Heim für jemand, der nach Frieden sucht; in diesem Haus wird es nicht viele Konflikte geben, denn die Energie des Hauses lässt das nicht zu.

Nehmen wir an, jemand kommt völlig durcheinander in dieses Haus. In Nullkommanichts wird er sich besser fühlen, denn das Haus strahlt eine Schönheit und einen Frieden aus, die sagen: »Es ist in Ordnung; entspanne dich einfach.« Sie sollten Musik, Kerzen, Pflanzen, Blumen und die ganze Schönheit der Natur in dieses Haus tragen. Es ist ein Ort, um Ihre medialen Fähigkeiten anzuzapfen und Ihrer inneren Stimme zu vertrauen, denn in einem Haus mit der Schwingung 2 findet sich mehr Spiritualität als üblich. Dieses Haus hegt Beziehungen.

Ein Haus mit der Schwingung 2 hat ein weiteres Merkmal: Es scheint immer mehr als genug zu geben. Wenn Sie dort eine Party veranstalten, gibt es immer mehr als genug zu essen und mehr als genug Leute, und es herrscht das große Bedürfnis, dass sich jeder wohl fühlt. Die Kehrseite eines solchen Hauses besteht darin, dass Sie darauf achten müssen, nicht zu sehr in die Probleme Ihres Partners verstrickt zu werden. Wenn Ihr Partner voller Kummer nach Hause kommt, dürfen Sie sich diesen Kummer nicht zu eigen machen. Sie sollten einen Schritt zurücktreten und sagen: »Es tut mir Leid, was da passiert ist, aber gemeinsam finden wir eine Lösung.« Hören Sie voller Mitgefühl zu, aber wahren Sie Ihre Distanz. Ich warne Paare in einem solchen Haus immer, dass die Beziehung so allumfassend werden kann, dass sich andere Menschen nicht willkommen fühlen; sie bekommen das Gefühl, Eindringlinge in einem sicheren, kleinen Hafen zu sein. Wir leben auf einem Planeten mit Millionen von Menschen, und Sie müssen einige davon in Ihr Heim lassen, damit sie eine Ahnung davon bekommen, welch zauberhaften Frieden Sie in Ihrem Haus mit der Schwingung 2 gefunden haben.

Ein Haus mit der Schwingung 3

Bei einem Haus mit der Schwingung 3 dreht sich alles um Kommunikation und Selbstverwirklichung. Dort wird viel gelacht und die Menschen darin sind fröhlich. Wer immer in dieses Haus kommt, egal wie exzentrisch, fühlt sich dort willkommen. Es ist ein Haus, in dem gefeiert wird, in dem bedingungslose Liebe herrscht, ein Haus, das sagt: »Wer immer du bist, es ist okay.« Ein großartiger Ort, um Partys zu feiern und Gäste zu bewirten. Sie finden dort auch viel Leidenschaft.

Allerdings müssen Sie in finanziellen Dingen vorsichtig sein, denn typischerweise denkt die 3: »Spiele jetzt, zahle später.« Eh Sie sich versehen, stecken Sie bis über beide Ohren in Schulden. In einem Haus mit der Schwingung 3 finden Sie so viel Energie, dass Sie das Gefühl bekommen, alles tun zu können. Sprechen Sie daher täglich folgende Affirmation: »Aus dem Meer der Fülle fließt mir ständig Geld zu.« Wiederholen Sie diese Affirmation fünfzehn bis zwanzig Minuten täglich, dann ist Geld für Sie kein Problem mehr.

Ein Haus mit der Schwingung 4

Ein Haus mit der Schwingung 4 verkörpert Sicherheit. Nehmen wir an, Sie wohnen derzeit an einem Ort, an dem Sie sich nicht sicher fühlen. Sie haben das Gefühl, dass Sie nichts bewegen können und nichts von Dauer ist. Ziehen Sie baldmöglichst in ein Haus mit der Schwingung 4, denn dort finden Sie Seelenfrieden und das Gefühl: *Ich bin okay.* Dieses Haus ist geerdet, und alles dreht sich um die Erde. Es sollte einen Garten oder wenigstens ein Blumenbeet im Hof geben. In diesem Haus müssen Sie einfach viele Pflanzen haben. Das Haus mit der Schwingung 4 ist solide und liefert ein gutes Fundament, um sich darin beschützt zu fühlen.

In diesem Heim sollten Sie nach Wissen streben und sich in Ihrem erwählten Beruf verbessern. Es ist auch ein Haus der Dienstleistung, wenn Sie also für eine wohltätige Organisation arbeiten, sollten Sie sich an einem Ort mit der Schwingung 4 treffen. Tatsächlich gibt es ein Pfadfinderinnenhaus in meinem Viertel, das die Schwingung 4 hat. Die Mädchen bewirken wirklich Großes. Sie spenden an Wohltätigkeitsorganisationen und machen viele Menschen glücklich. Genau darum geht es in einem Haus mit der Schwingung 4. Es herrscht eine Atmosphäre der Arbeit. Wenn Sie eine Universität besuchen und viel studieren müssen, dann ist die 4 ein idealer Ort für Sie, aber vergessen Sie nicht, sich von Zeit zu Zeit auch einmal etwas Erholung zu gönnen. Hin und wieder muss man einfach seine verrückte Seite ausleben, also suchen Sie nach einer Möglichkeit, sich zu amüsieren. Wenn Sie in einem Haus mit der Schwingung 4 nicht ab und an locker werden, kann es zu intensiv werden.

Ein Haus mit der Schwingung 5
Wenn Sie in einem Haus mit der Schwingung 5 wohnen, führen Sie ein Leben auf der Überholspur. Alles vibriert, ist lebendig. Die Menschen im Haus engagieren sich auf vielfältigste Weise. Das kann mit Lokalpolitik zu tun haben oder mit wohltätigen Organisationen. Kinder nehmen an außerschulischen Aktivitäten teil – Sport, Drill Team, Cheerleading. In einem Haus mit der Schwingung 5 werden Festtage besonders gefeiert; es ist ein guter Ort für Partys.

Ein solches Heim muss schön und bezaubernd sein. Man fühlt sich dort voller Leidenschaft und sehr lebendig. Sie sollten jedoch darauf achten, in keinen Skandal verwickelt zu werden – beispielsweise in eine Affäre mit dem Nachbarn. Wenn

Sie verheiratet sind, müssen beide Partner über ihre Gefühle sprechen, damit ihre Bedürfnisse innerhalb der Partnerschaft auch erfüllt werden. In einem Haus mit der Schwingung 5 weiß man immer genau, was einem fehlt. Es dreht sich alles um die fünf Sinne und man ist sich seiner Umgebung besonders intensiv bewusst.

Wenn Sie deprimiert sind und einen Freund haben, der in einem Haus mit der Schwingung 5 wohnt, dann sollten Sie ihn unbedingt besuchen, denn Sie werden sich dort sofort lebenslustiger fühlen. Diese Wirkung hat ein Haus mit der Schwingung 5. Treffen Sie jedoch keine übereilten Entscheidungen mit weit reichenden Folgen. Wenn Sie in diesem Haus mit Ihrer Ehe nicht zufrieden sind, dann trennen Sie sich nicht sofort von Ihrem Partner, denn die Wahrscheinlichkeit ist hoch, dass Sie das später bereuen. Es wäre besser, zur Paarberatung zu gehen oder vielleicht eine gemeinsame Reise anzutreten, das Ganze noch einmal objektiv zu betrachten und erst dann zurückzukehren. In einem Haus mit der Schwingung 5 sind Ihre Instinkte letztendlich besonders scharf ausgeprägt, aber gehen Sie dennoch nicht übereilt vor. Überlegen Sie sich Ihre Entscheidungen gut, bevor Sie aktiv werden.

Ein Haus mit der Schwingung 6

Ein Haus mit der Schwingung 6 ist ein bemerkenswertes Heim und wenn Sie dort eine Familie gründen wollen, eignet es sich erstklassig zum Großziehen von Kindern. Es ist auch ein Ort, an dem Sie von Ihrer Wohnung aus sehr effizient arbeiten können: sei es ein therapeutischer Beruf, Aromatherapie, Massage oder eine andere Tätigkeit, bei der Sie Menschen helfen, sich besser zu fühlen. Wenn man ein Haus mit der Schwingung 6 betritt, hat man sofort das Gefühl, gut aufgehoben zu sein. Sollte ich eine Warnung aussprechen, dann die, dass Sie sich nicht allzu sehr verausgaben sollten, sonst sind Sie am Ende leer und ausgebrannt und haben das Gefühl, dass Ihnen niemand etwas zurückgibt. Wenn in einem Haus mit der Schwingung 6 alles gut läuft, dann denken Sie ja nicht, es sei zu gut, um wahr zu sein. Akzeptieren Sie freudig die Friedlichkeit und Harmonie des Hauses. Die Energie der 6 neigt zu übergroßer Häuslichkeit, also sorgen Sie dafür, dass Sie nicht immer nur nach Hause flüchten und gar nicht mehr unter Leute kommen. Laden Sie andere Menschen zu sich ein.

Es ist ein idealer Ort, um Kinder zu erziehen, denn sie fühlen sich umsorgt und sind bereit, zuzuhören und von Ihnen zu lernen. Wir suchen alle einen Ort, den wir Heim nennen können, und in einem Haus mit der Schwingung 6 werden wir fündig. Andere zu akzeptieren fällt in einem solchen Haus besonders leicht. Es herrscht großes Verständnis füreinander. Ein ideales Haus für einen Therapeuten oder Berater.

Ein Haus mit der Schwingung 7
Ein Haus mit der Schwingung 7 ist ein Ort, an dem Sie über das Leben nachdenken und tief in sich hineinschauen sollten. Das Abenteuer liegt in Ihnen. Sie werden dort das Bedürfnis verspüren, das Leben zu erforschen und völlig andere Bücher zu lesen. Sie erfahren mehr über sich und was Sie tun. Die Energie der 7 muss Glauben finden. Ich denke, in einem Haus mit der Schwingung 7 werden Sie in dieser Beziehung auf die Probe gestellt.

Sie sollten darauf achten, nicht in Sex, Drogen, Alkohol oder übermäßige Nahrungszufuhr zu flüchten. Jetzt ist eine gute Zeit, Innenschau zu betreiben und vielleicht Ihre Gedanken schriftlich festzuhalten (in einem solchen Haus sollten Sie unbedingt Tagebuch führen). Es ist ein großartiges Heim für Ärzte, Wissenschaftler oder Studenten, die sich auf ein bestimmtes Fachgebiet konzentrieren wollen. Es ist auch ein guter Ort, um Ihre Träume und Visionen zu erforschen. In einem Haus mit der Schwingung 7 ist die Intuition stärker ausgeprägt als anderswo. Möglicherweise haben Sie dort nächtliche Träume, die wahr werden, oder Sie stellen fest, dass Geister dieses Haus aufsuchen, weil sie sich dort willkommen fühlen.

Es ist jedoch kein Haus für Menschen, die materiell ausgerichtet sind. Wenn Sie in einem Haus oder einem Apartment mit der Schwingung 7 wohnen und das Gefühl haben, »Meine Güte, das ist nicht fair«, dann können Sie dieser Energie bedenkenlos noch einen Buchstaben anhängen – beispielsweise ein A an Ihrer Wohnungstür befestigen. Das A steht für die 1 und verwandelt die Schwingung Ihres Heims in eine 8 – das wird Ihnen in finanzieller Hinsicht hilfreich sein. Ich glaube fest daran, dass wir die Energie, in der wir leben, stets verändern können.

In einem Haus mit der Schwingung 7 fühlt man sich oft als Einzelgänger. Die Energie der 7 ermutigt uns, allein mit der Natur und unseren Gedanken zu sein. Wenn Sie in einer Beziehung sind, sollten Sie sich besonders anstrengen, um die Kommunikation mit Ihrem Partner nicht abreißen zu lassen.

Ein Haus mit der Schwingung 8

Ein Haus mit der Schwingung 8 repräsentiert die Fülle in allen Bereichen Ihres Lebens. Sie haben viele Freunde, verdienen viel Geld, sind materiell wohlhabend und verfügen über ein Gefühl der Macht; aber solange Sie dort wohnen, empfinden manche Menschen Sie als skrupellos, vor allem in beruflicher Hinsicht. Sie müssen sorgfältig darauf achten, was Sie zu Menschen außerhalb Ihres Hauses sagen, denn sonst nähren Sie die Eifersucht.

Dieses Haus ist machtvoll. Es ist ein Heim für einen Politiker oder für jeden, der mit Menschen zu tun hat und der darauf Wert legt, dass man seine Worte respektiert. Es ist ein Haus für alle, die organisatorisch begabt sind und Führungsqualitäten haben. In einem Haus mit der Schwingung 8 blühen diese Menschen besonders auf.

Es ist auch ein Haus, das für gewöhnlich sehr schön dekoriert ist oder eine Aura der Eleganz ausstrahlt. Wenn Sie Kinder haben, dann achten Sie darauf, dass sich Ihre Kleinen auch ernst genommen fühlen. Wenn Sie eine Frau haben, schicken Sie ihr regelmäßig Blumen mit einer Grußkarte, sonst wird sie es Ihnen übel nehmen. In einem Haus mit der Schwingung 8 fühlen sich die Bewohner von demjenigen, der die Brötchen verdient, oft nicht ausreichend geliebt. Denken Sie immer daran, wenn Sie in einem solchen Haus wohnen.

Ein Haus mit der Schwingung 9

In einem Haus mit der Schwingung 9 wohnen Menschenfreunde. Wenn Sie dazu gehören, suchen andere Ihren Rat, weil das Haus eine sehr entwickelte Aura ausstrahlt. Menschen, die darin leben, sollten sich gesegnet fühlen und in ihrer Dankbarkeit Gutes tun.

Ein Haus mit der Schwingung 9 ist selbstlos und wer dort lebt, fühlt sich berufen, anderen etwas abzugeben. Dieses Haus bringt Sie in Kontakt mit universellen Wahrheiten. Machen Sie sich klar, dass alles, was Sie geben, zu Ihnen zurückkehrt. Es ist ein wohltätiges Heim, und man fühlt sich magisch zu diesem Ort hingezogen. Vielleicht besuchen Sie sogar Menschen aus Ihrer Vergangenheit. Wenn Sie Probleme mit Ihren Eltern hatten, ist jetzt vielleicht die Zeit, in Briefen um Vergebung zu bitten, die Vergangenheit loszulassen, lose Enden zu verknüpfen und bestimmte Dinge zu klären.

In diesem Haus sollte man kein Gerümpel horten, sondern ausmisten und Platz schaffen für neue Dinge. Es geht um die Fülle des Universums und um das Vertrauen, dass Sie letzten Endes auf großartige Weise davon berührt werden. Sie stehen in Kontakt mit dem Heiligen Geist oder Ihrer höheren Macht und infolgedessen können Sie die Welt zum Besseren verändern. Die Wahrscheinlichkeit ist hoch, dass Sie in diesem Haus das Gute in anderen Menschen erkennen können, denn wir alle haben gute und schlechte Seiten. Kahlil Gibran hat es in »Der Prophet« so ausgedrückt: »Vom Guten kann ich euch sprechen, aber nicht vom Bösen. Wahrhaftig, wenn das Gute hungrig ist, sucht es Nahrung sogar in dunklen Höhlen, und wenn es durstig ist, trinkt es sogar aus toten Gewässern.«

Das bedeutet nichts weiter, als dass wir alle nur Menschen sind. Wir versuchen alle, unseren Weg zu finden. In einem Haus mit der Schwingung 9 spüren Sie möglicherweise Ihre Sorge um die Menschen, die in Ihr Leben treten, aber achten Sie darauf, dass nicht Ihre gesamten Energievorräte erschöpft werden.

Häuser mit der Schwingung 11 und 22

Wenn Sie in einem Haus mit der Masterschwingung 11 wohnen, dann machen Sie sich klar, wie machtvoll dieses Haus für Ihre Intuition ist. Es eignet sich für alles rund um spirituelle Heilung. (Denken Sie an meine Worte, dass Masterzahlen Menschen heilen können.) Sie werden Ihre Leistungen zunehmend verbessern; suchen Sie sich ein Ziel und machen Sie sich konsequent an dessen Verwirklichung.

Ein Haus mit der Schwingung 22 fördert intellektuelle Leistungen. Sie werden viel lernen und Ihr Wissen anschließend einsetzen können. Wenn Sie Schriftsteller sind und in diesem Haus ein Buch schreiben, ist die Chance groß, dass das Buch auch veröffentlicht wird. In einem Haus mit der 22 vervollkommnen Sie Ihre körperliche, emotionale und mentale Gesundheit.

Achtung: Lesen Sie im Abschnitt »Ihre Adresse« (Seite 285) dieses Kapitels nach, wie Sie die Schwingung verändern können, wenn Sie das Gefühl haben, dass Ihr Haus nicht das Richtige für Sie ist. Aber denken Sie immer daran: Gleichgültig, wohin Sie ziehen oder wo Sie gerade wohnen, regen Sie sich nur nicht auf. »Meine Güte, ich lebe in einem Haus mit der Schwingung 3. Hier will ich nicht bleiben.« *Dieses Haus ist genau der Ort, an den Sie in diesem Augenblick gehören.* Das ist die Lektion, die Sie lernen müssen. Sobald Sie die Lektion gelernt haben, werden Sie instinktiv wissen, wann die Zeit gekommen ist, weiterzuziehen.

Wichtige Zahlen im Leben

Es gibt so viele Zahlen in unserem Leben – für manche entscheiden wir uns bewusst und freiwillig, andere werden uns zugewiesen. Wie auch immer, wenn Sie wissen, welche Schwingungen von den Zahlen ausgehen, die Sie umgeben, dann bekommen Sie eine ungeheure Menge an Informationen, mit der Sie arbeiten können. Hier einige Beispiele:

Telefonnummern

Je nachdem, wo Sie wohnen, haben Sie möglicherweise ein Mitspracherecht bei Ihrer Telefonnummer. Wenn sich Ihnen diese Gelegenheit bietet, achten Sie darauf, eine Zahl zu wählen, deren Einfluss für Sie sinnvoll ist.

Die Nummer, für die Sie sich entscheiden, sollte dem Zweck entsprechen, den das Telefon in Ihrem Leben erfüllt. Lassen Sie uns der Einfachheit halber annehmen, dass Sie von zu Hause aus arbeiten. Wenn es um Computer geht, versuchen Sie, eine Telefonnummer zu bekommen, die sich auf eine 4 oder eine 7 reduzieren lässt. Wenn Sie Künstler sind, versuchen Sie es mit einer 3 oder einer 5. Herrscht in Ihrem Gewerbe ein knallharter Konkurrenzkampf, sollte sich Ihre Telefonnummer auf eine 1 reduzieren lassen. Wenn Sie im weitesten Sinn in einem Pflegeberuf tätig sind – vielleicht als Hebamme –, dann sollte sich Ihre Telefonnummer auf eine 2 reduzieren lassen. Trifft nichts von alldem auf Sie zu, versuchen Sie es mit einer 6. Die Energie der 6 wird dafür sorgen, dass Ihre Geschäfte laufen. Achten Sie darauf, dass Sie die Vorwahl nicht in Ihre Berechnungen integrieren.

Ein Beispiel: (07 92) 4 97 25 98 = 4 + 9 + 7 + 2 + 5 + 9 + 8 = 44 = 4 + 4 = 8

Es folgt eine Liste mit Definitionen von 1 bis 9 für die Suche nach der richtigen Telefonnummer:

Wenn die Telefonnummer eine 1 ergibt

Fördert die Unabhängigkeit. Gut für einen Menschen, der die Nummer eins werden will. Die perfekte Telefonnummer für jemand, der Leistungssport treibt, der für eine Wohltätigkeitsorganisation Spenden sammelt oder für jemand, der im Verkauf tätig ist.

Wenn die Telefonnummer eine 2 ergibt

Fördert Liebe, Frieden und Harmonie. Das könnte eine großartige Nummer für ein Krankenhaus sein oder für Ihren Familienanschluss, wenn nichts als Liebe durch die Leitung kommen soll.

Wenn die Telefonnummer eine 3 ergibt

Fördert die Kommunikation. Eine perfekte Telefonnummer für eine Firma, die viele Direktverkäufe tätigen will, oder für Ihr Handy, wenn Sie wollen, dass Sie viele Menschen anrufen.

Wenn die Telefonnummer eine 4 ergibt

Fördert alles Geschäftliche. Eine Telefonnummer für alle Orte, an denen es um Wissen geht, beispielsweise eine Schule oder eine Bibliothek.

Wenn die Telefonnummer eine 5 ergibt
Fördert Spaß und Vergnügen. Eine gute Zahl, um ständig eine aufregende, umtriebige Atmosphäre zu stimulieren. Eine großartige Telefonnummer für eine Firma, die Partys plant, für einen Nachtclub oder vielleicht eine Reiseagentur.

Wenn die Telefonnummer eine 6 ergibt
Eine magnetische Telefonnummer, die unbewusst Respekt verlangt und sich ideal für den Besitzer eines Unternehmens eignet.

Wenn die Telefonnummer eine 7 ergibt
Fördert die Privatsphäre. Ideal für eine Privatdetektei oder einen Ort, an dem nur autorisierte Menschen Zugang zur Telefonnummer haben. Eignet sich perfekt für jede Privatnummer oder Notrufnummer.

Wenn die Telefonnummer eine 8 ergibt
Fördert Geschäfte, in denen es um viel Geld geht, beispielsweise ein Wettbüro, eine Börse, eine internationale Niederlassung oder einen Ort, an dem die Möglichkeit besteht, dass Sie Ihr Einkommen erhöhen können.

Wenn die Telefonnummer eine 9 ergibt
Eignet sich für Ehrenamtseinrichtungen oder Dienstleistungsunternehmen, die sich um viele Menschen kümmern. Das Rote Kreuz sollte diese Telefonnummer haben. Auch hervorragend als private Telefonnummer, weil sich bei ihr alles um die Familie dreht.

Hotelzimmer

Je nachdem, aus welchem Grund Sie auf Reisen sind, sollten Sie eine Zahl wählen, die mit Ihrem Ziel kompatibel ist. Wenn Sie beispielsweise aus romantischen Gründen verreisen und das Abenteuer suchen, dann halten Sie nach einer 5 Ausschau. Wenn Sie sich Liebe und Harmonie wünschen, versuchen Sie es mit einer 2. Wenn Sie auf Geschäftsreise sind und sich einen Vorteil vor Ihrer Konkurrenz verschaffen wollen, nehmen Sie eine 1. Wenn Sie in Klausur gehen wollen, um zu lesen oder zu schreiben, bitten Sie um ein Zimmer, dessen Zahl sich auf eine 4 oder eine 7 reduzieren lässt. Die 8 ist eine gute Zahl für eine Reise, bei der es um Geld geht, wohingegen die 9 oder die 6 die richtige Energie aussendet, wenn Sie Ihre Familie besuchen oder an einer Beerdigung teilnehmen. Die 3 – die Zahl, die für Humor und Lachen steht – wäre angemessen, wenn Sie in diesem Zimmer eine Party veranstalten wollen, sei es ein Junggesellenabschied oder ein Geburtstag. Denken Sie immer daran, dass die Nummer, die auf der Tür Ihres Hotelzimmers steht, auf eine einstellige Zahl reduziert werden muss.

Beispiel: Hotelzimmer 562, 5 + 6 + 2 = 13 = 1 + 3 = 4. Das Hotelzimmer 562 ist ein Raum mit der Schwingung 4.

Lottozahlen

Die Frage, die mir immer wieder gestellt wird, lautet: »Was sind meine Glückszahlen?« Alle wollen wissen, mit welchen Zahlen sie im Lotto gewinnen können oder bei anderen Glücksspielen, bei denen Zahlen eine Rolle spielen. Aus diesem Grund habe ich eine Liste mit den Glückszahlen der einzelnen Lebensaufgabenzahlen erstellt. Sie beinhaltet Tage, Monate und Zahlen, die besonders viel versprechend sind.

Doch zuvor habe ich noch eine faszinierende Nachricht für alle Menschen mit der Lebensaufgabenzahl 5. In meinem Beruf ist das Erstellen von Glückszahlen ein besonders heißes Eisen, und ich beschloss, zu Recherchezwecken nach Las Vegas zu reisen. Ich sprach 100 Personen an, die im Casino gewonnen hatten, und stellte fest, dass 80 von ihnen eine 5 in ihren Geburtszahlen aufweisen konnten. Dann wirkte ich an einer Fernsehsendung mit, in der ich die Geburtszahlen einiger Menschen analysierte, die jeweils mehrere Millionen Dollar gewonnen hatten, um ein Muster zu finden. *Die vier Gewinner, um die es ging, hatten alle die Lebensaufgabenzahl 5.*

An alle Menschen mit der 5: Das Schicksal scheint Ihnen wohl gesonnen zu sein! Aber setzen Sie Ihren gesunden Menschenverstand ein – zocken Sie nicht mit Geld, wenn Sie sich den Verlust nicht leisten können, beispielsweise mit dem Geld für Ihre Miete oder eine Ratenzahlung. Wenn Ihre Lebensaufgabenzahl nicht die 5 ist und Sie es trotzdem mit einem Glücksspiel versuchen wollen, bitten Sie einen Freund mit der Lebensaufgabenzahl 5, für Sie zu setzen.

Die Lebensaufgaben und ihre Glückszahlen

Glückszahlen für die Lebensaufgabenzahl 1
Beste Monate: Januar und Oktober
Beste Tage: 1., 10., 19. und 28. eines Monats
Bester Wochentag: Sonntag
Glückszahlen: 1, 10, 19, 28, 37, 46, 55, 64, 73, 82, 91 und 100

Glückszahlen für die Lebensaufgabenzahl 2
Beste Monate: Februar und November
Beste Tage: 2., 11., 20. und 29. eines Monats
Bester Wochentag: Dienstag
Glückszahlen: 2, 11, 29, 38, 47, 56, 65, 74, 83, 92 und 101

Glückszahlen für die Lebensaufgabenzahl 3
Beste Monate: März und Dezember
Beste Tage: 3., 12., 21. und 30. eines Monats
Bester Wochentag: Mittwoch
Glückszahlen: 3, 12, 21, 39, 48, 57, 66, 75, 84, 93 und 102

Glückszahlen für die Lebensaufgabenzahl 4
Bester Monat: April
Beste Tage: 4., 13., 22. und 31. eines Monats
Bester Wochentag: Donnerstag
Glückszahlen: 4, 13, 22, 31, 40, 49, 58, 67, 76, 85, 94 und 103

Glückszahlen für die Lebensaufgabenzahl 5
Bester Monat: Mai
Beste Tage: 5., 14. und 23. eines Monats
Bester Wochentag: Dienstag
Glückszahlen: 5, 14, 23, 32, 41, 50, 59, 68, 77, 86, 95 und 104

Glückszahlen für die Lebensaufgabenzahl 6
Bester Monat: Juni
Beste Tage: 6., 15. und 24. eines Monats
Beste Wochentage: Sonntag, Montag und Freitag
Glückszahlen: 6, 15, 24, 33, 42, 51, 60, 69, 78, 87, 96 und 105

Glückszahlen für die Lebensaufgabenzahl 7
Bester Monat: Juli
Beste Tage: 16. und 25. eines Monats
Beste Wochentage: Samstags kommen Sie gut mit anderen Menschen zurecht; sonntags sollten Sie allein sein oder sich mit Menschen umgeben, die Ihre Wellenlänge haben
Glückszahlen: 7, 16, 25, 34, 52, 61, 70, 79, 88, 97 und 106

Glückszahlen für die Lebensaufgabenzahl 8
Bester Monat: August
Beste Tage: 8., 17. und 26. eines Monats
Bester Wochentag: Donnerstag
Glückszahlen: 8, 17, 26, 35, 44, 53, 62, 71, 80, 89, 98 und 107

Glückszahlen für die Lebensaufgabenzahl 9
Bester Monat: September
Beste Tage: 9., 18. und 27. eines Monats
Beste Wochentage: Montag fürs Alleinsein; Freitag für Gesellschaft
Glückszahlen: 9, 18, 27, 36, 45, 54, 63, 72, 81, 90, 99 und 108

Wenn Zahlen uns verfolgen

Im Laufe der Jahre haben mir viele Menschen geschrieben, weil sie mehr über bestimmte Zahlenmuster erfahren wollten. Häufig erwähnten sie, dass sie von diesen Zahlenkombinationen regelrecht verfolgt würden! Es stimmt, sobald man erkennt, wie viel Macht die Zahlen haben, fällt einem auf, dass gewisse Zahlen immer wieder auftauchen. Ich selbst habe bemerkt, dass mich Klienten mit der Lebensaufgabenzahl 3 oft um 13 Uhr 17 anrufen, wenn sie mich brauchen, was sich auf eine 3 reduzieren lässt. Eine Lebensaufgabenzahl 7 ruft mich dagegen um 14 Uhr 02 an, was eine 7 ergibt. Während ich gerade an diesem Buch tippe, hat mir eine gute Freundin, die die Lebensaufgabenzahl 9 hat, eine Nachricht auf meinen Anrufbeantworter gesprochen – um 21 Uhr 15. Natürlich war es ein Augenblick mit der Schwingung 9! Sobald Ihnen die Zahlen vertraut sind, werden Sie erkennen, dass sich diese Muster in Ihrem Leben ständig wiederholen.

11:11

Mein Lieblingsbeispiel für wiederkehrende Zahlen ist 11 Uhr 11. Wenn Sie die 11:11 sehen, dann bedeutet das, dass sich das Universum geöffnet hat, um das zu manifestieren, was Sie wollen. Ich habe einmal gelesen, dass das Universum eine einzige

Antwort kennt und diese Antwort lautet »JA«. Wenn Sie also sagen, »Ich schaffe das, ich kann meinen Traum verwirklichen«, dann lautet die Antwort »Ja, das kannst du. Du kannst deinen Traum verwirklichen.« Wenn Sie jedoch sagen, »Das schaffe ich niemals, es wird mir nie gelingen«, dann lautet die Antwort, »Ja genau, du schaffst es nicht und es wird dir nie gelingen.« Um 11 Uhr 11 ist das Universum offen für das, was Sie wollen, darum verbringe ich buchstäblich die ganze Minute mit Affirmationen wie »In meinem Leben gibt es finanzielle Sicherheit. Ich kann es mir leisten, das neue Haus zu kaufen, das ich mir wünsche. Ich segne meine Partnerschaft und bekräftige, dass es nur besser werden kann.« Was immer Sie sich wünschen, sprechen Sie es in dieser einen Minute aus, und es wird eine Wirkung auf Ihr Leben tätigen. Viele Menschen haben mir in ihren Briefen berichtet, was sich allein durch diese Methode für sie verändert hat. Ein Klient namens Greg schrieb mir, dass seine Freundin mit ihm Schluss gemacht hätte, er aber nicht wollte, dass ihre Beziehung endete. Also nahm er sich vor, jeden Morgen und jeden Abend auf 11 Uhr 11 zu warten und dann affirmativ zu bekräftigen, dass sie als Paar einen Kompromiss finden würden und seine Freundin erkennen könnte, dass sie doch zusammengehörten. Und tatsächlich kehrte sie einen Monat später zu ihm zurück. Nun arbeiten beide an der Beziehung. Er meinte, am meisten habe ihn erstaunt, dass sie die Worte »Wir gehören zusammen« verwendete, genau die hatte er immer wieder laut ausgesprochen, wenn die Uhr 11:11 zeigte. Greg schrieb diese segensreiche Entwicklung in seinem Leben dem Einfluss der 11:11 zu. Wenn Sie also das nächste Mal die 11:11 sehen, dann machen Sie sich klar, was für ein wichtiger Augenblick gerade herrscht, und nehmen Sie die Chance wahr, um das zu bitten, was Sie sich wirklich wünschen.

Besondere Zahlenreihen

Manchen Menschen sehen bestimmte Zahlen oft in einer besonderen Reihenfolge, beispielsweise 3, 3, 3. Man schaut zufällig gerade in dem Moment auf die Digitaluhr, wenn diese Zahlen erscheinen, oder es ist der Preis eines Lebensmittels, das man gerade gekauft hat. Ich werde dann immer gefragt: »Was bedeutet das bloß?« Wenn sich eine Zahlenreihe wiederholt, dann sehe ich mir zuerst die einzelnen Zahlen an, um ihre Bedeutung zu verstehen. Die 3 steht für Kommunikation. Wenn ich die Abfolge 3, 3, 3 sehe, dann ist das eine Botschaft an Sie, zur Abwechslung einmal das Wort zu ergreifen oder auszusprechen, was Sie wirklich fühlen. Möglicherweise halten Sie Ihre wahren Gefühle unter Verschluss und die 3, 3, 3, fordert Sie auf: »Sag, was du denkst!« Wenn Sie die einzelnen Zahlen zusammenzählen (3 + 3+ 3) wird daraus eine 9. Das könnte eine Erinnerung an die mangelnde Kommunikation mit Ihrer Familie sein oder ein Hinweis auf ungelöste Dinge, die Sie endlich loslassen müssen. Halten Sie sich bei der Analyse der Zahl an die Grunddefinitionen der Zahlen 1 bis 9, dann finden Sie die Antwort, die für Sie einen Sinn ergibt. Wenn Sie immer wieder die 2, 2, 2 sehen, weist das auf Liebe und Gelassenheit hin. Warum? Weil die Zahl 2 die Liebe verkörpert. Wenn man die Abfolge auf eine einstellige Zahl reduziert (2 + 2 + 2) bekommt man eine 6. Die 6 fordert Sie auf, Liebe, Frieden und Harmonie in der Familie zu fördern. Wenn Sie die 4, 4, 4 sehen, dann steht das symbolhaft für die Botschaft, nach mehr Wissen zu streben, alles zu tun, was nötig ist, um mehr zu lernen und sich weiterzubilden. Warum? Weil es bei der 4 ums Lernen geht. Wenn man die Abfolge auf eine einstellige Zahl reduziert (4 + 4 + 4) ergibt das eine 3. Das bedeutet, Sie sollten anderen mitteilen, was Sie gelernt haben; behalten Sie Ihr Wissen nicht für sich. Berücksichtigen Sie immer die Grunddefinition der einzelnen Zahl, die sich wiederholt, und reduzieren Sie dann die Zahlenfolge auf eine einstellige Zahl, dann werden Sie die Bedeutung dieser Sequenz auf Ihr Leben verstehen.

Wenn Sie Ihre natürlichen Partnerzahlen sehen

Das Zahlenmuster, das mir immer wieder begegnet, ist die Abfolge meiner Natürlichen Partnerzahlen 3, 6 und 9. Für gewöhnlich entdecke ich diese Zahlenkombination auf einem Nummernschild, aber ich sehe sie auch auf Preisschildern im Supermarkt oder wenn ich auf die Uhr schaue. Jedes Mal, wenn ich diese Zahlen sehe, habe ich das Gefühl, dass sie eine Botschaft nur für mich aussenden. Sehen wir uns die Zahlen im Einzelnen an. Die 3 steht für Lachen und Verspieltheit, die 6 für eine magnetische Schwingung und die 9 ist die höchste Zahl und symbolisiert ein großes Herz. Anhand dieser Grunddefinitionen erkenne ich sofort, was die Zahlen für mich repräsentieren. Wenn ich die 3, 6, 9 sehe, erinnert mich das daran, dass ich auf dem rechten Weg bin und dass alles gut wird. Wenn Sie Ihre Natürlichen Partnerzahlen sehen – das können auch die 1, 5, 7 oder die 2, 4, 8 sein –, dann betrachten Sie das als positive Botschaft des Universums an Sie.

Ein besonderes Beispiel: 11.9.

Ein weiteres Beispiel für eine Zahlenfolge, die mir oft begegnet und die auch viele Klienten von mir regelmäßig sehen, ist 11.09. Vier- oder fünfmal die Woche sehe ich die 11:09 auf der Uhr und ich glaube, diese Zahlen wollen mir sagen: »Vergiss es niemals.« Vergiss niemals, was wir am 11. September 2001 durchgemacht haben. Es war eine Tragödie und ein Ereignis von großer Tragweite für uns alle. Die Botschaft lautet, dass Sie das Beste aus Ihrem Tag herausholen sollten, denn Sie wissen nie, ob es nicht vielleicht Ihr letzter Tag sein wird. Es geht darum, das Leben auszukosten und dankbar zu sein, dass Sie noch hier sein dürfen, um der Welt Ihren Stempel aufzudrücken und Wege zu finden, um glücklich zu sein. Die bedauernswerten Opfer des 11. September haben ihr Leben verloren, ohne es vorher kommen zu sehen. Wenn ich die 11.09. sehe, dann muss ich genau daran denken.

Sonderzahlen und Zahlenmuster

Nachdem ich mich schon so viele Jahre mit der Numerologie beschäftige, habe ich einige Zahlen beziehungsweise Zahlenmuster entdeckt, die ganz besondere Attribute aufweisen. Ich möchte diese Erkenntnis mit Ihnen teilen, falls Sie genau diese Zahlen in Ihrer Tabelle haben oder sie sich in der Tabelle von Menschen finden, die Ihnen nahe stehen. Sie bieten zusätzliche Einblicke und helfen Ihnen, Ihre eigene Motivation noch besser zu verstehen! Es handelt sich um die Zahlenabfolge 1–8–9, die Kombination aus Lebensaufgabenzahl 7 und Geburtstagszahl 3, die Buchstabenfolge A/J/S, die missverstandene 8 und die Suche nach Ihren fehlenden Zahlen.

Das 1–8–9-Zahlenmuster

Wenn ich eine Tabelle sehe, in deren Namenszahlen die Zahlenfolge aus 1, 8 und 9 zu finden ist, weiß ich, dass der Betreffende alles hat, was nötig ist, um extrem erfolgreich zu werden. Es gibt allein in der Unterhaltungsindustrie so viele Beispiele dafür, dass ich sie unmöglich alle auflisten kann. Hier also nur eine kleine Auswahl.

Dick Clark ist eine 1–8–9 und eine alterslose Ikone. Er begann seine Fernsehkarriere im Jahr 1945 und arbeitete sich von der Poststelle ganz nach oben. Schon früh in seiner Laufbahn erwies er sich als wahrer Menschenfreund mit großem geschäftlichem Kalkül. Er änderte *Bandstand* in *American Bandstand,* beendete die Personalpolitik, nach der nur Weiße eingestellt wurden, und führte afroamerikanische Künstler ein. 1957 gründete er die Dick Clark Productions, die er 2002 für 140 Millionen Dollar verkaufte. Sein übervoller Terminkalender hat sich bis heute nicht geändert. Er zählt immer noch zu *America's Top 40* und moderiert alljährlich den Silvestercountdown auf dem Times Square in New York. Die meisten Altersgenossen von Dick Clark genießen ihren Ruhestand, aber er macht so erfolgreich weiter wie eh und je.

Gwyneth Paltrows Name lässt sich ebenfalls auf die 1–8–9 reduzieren. Sie ist eine Schauspielerin, die den Oscar gewonnen hat und sich ihre Rollen selbst aussuchen kann. Als Tochter einer recht bekannten Schauspielerin und eines Regisseurs schoss Gwyneth direkt auf die A-Liste von Hollywood und gehört mittlerweile zum Schauspieleradel.

Brad Pitt ist ebenfalls eine 1–8–9. Er ist Mitglied des exklusiven Clubs jener, die zwanzig Millionen Dollar pro Film bekommen, und die Frauen sind ganz verrückt nach ihm. Die Tatsache, dass er mit einer der beliebtesten Schauspielerinnen Hollywoods verheiratet ist, scheint seine Fans nicht zu kümmern – und auch nicht das *People Magazine*, das ihn seit seiner Hochzeit zweimal zum Sexiest Man Alive kürte.

Auch Catherine Zeta-Jones ist eine 1–8–9. Sie hat nicht nur einen Oscar gewonnen, sie hat auch lukrative Werbeverträge mit T-Mobile und Red Door abgeschlossen. Man könnte sagen, sie hat ihre eigene Version des 20-Millionen-Dollar-Clubs gegründet: Diese Summe hat sie nämlich an ihrem Hochzeitstag als Bestandteil des Ehevertrages von Michael Douglas erhalten. Diese Frau weiß, wie man sich ins Rampenlicht rückt.

Und die Liste geht endlos weiter!

Was bedeutet also die 1–8–9? Tja, die 1 ist die Seelenzahl. Eine 1 als Seelenzahl weist auf Ehrgeiz hin – man strebt danach, der oder die Beste zu sein. Die 8 ist die Persönlichkeitszahl und weist auf Geschäftssinn hin. Wenn man ans Showgeschäft denkt, dann ist die Show nur ein kleiner Teil davon, im Grunde geht es ums *Geschäft*. Die 9 als Powernamenszahl ist die höchste Zahl der Numerologie – eine Zahl, zu der wir unbewusst aufschauen und die wir als Führer akzeptieren. Es ist kein Zufall, dass unzählige erfolgreiche Menschen im Showgeschäft – einem Bereich, in dem so viele von uns ihre Rollenvorbilder finden – eine 1–8–9 verkörpern.

Wenn Sie also die 1–8–9 in Ihren Namenszahlen wiederfinden und Sie sich fragen, ob Sie aus dem Holz geschnitzt sind, das es im Showgeschäft braucht, dann kann ich nur sagen: »Ja, das sind Sie!« Warum? Es steht in Ihren Zahlen geschrieben!

Geburtstagszahl 3, Lebensaufgabenzahl 7

Ein weiteres Muster, das ich gefunden habe, sind Menschen mit der Geburtstagszahl 3 und der Lebensaufgabenzahl 7. Diese Leute verwirren ihr Umfeld ohne Ende! Wenn Sie an einem Tag mit der 3 geboren wurden, wirken Sie wie jemand, zu dem man leicht Zugang findet – jemand, der offen spricht und seine innersten Gedanken preisgibt. Aber angesichts Ihrer Lebensaufgabenzahl 7 ist Ihnen Ihre Privatsphäre heilig und Sie gestatten es nicht, dass jemand seine Nase in Ihr Privatleben steckt. Wenn also jemand dieser »offenen und mitteilsamen« Geburtstagszahl 3 eine Frage stellt, fühlt er sich sogleich unwohl. Denn die

Lebensaufgabenzahl 7 springt umgehend auf und ruft: »Warum fragen Sie mich das? Warum wollen Sie das wissen?« Diese Kombination ist eindeutig ein Fall von »Was man sieht, ist nicht das, was man kriegt«. Wenn Sie diese Kombination in Ihrer Tabelle vorfinden, sorgen Sie dafür, dass Sie den Menschen von Anfang an mitteilen, wie sehr Sie Ihre Privatsphäre schätzen. Damit vermeiden Sie von vornherein Missverständnisse.

Das A/J/S-Muster

Ein anderes Muster habe ich im Laufe der Jahre nicht in Zahlen, sondern in einer Buchstabenkombination gefunden. Ich meine die Buchstaben A, J und S, die jeweils die Zahl 1 verkörpern. Ich nenne es das A/J/S-Muster. Es findet immer dann Anwendung, wenn zwei dieser drei Buchstaben in einem Namen enthalten sind. Wenn Sie sich noch einmal die pythagoreische Tabelle (Seite 23) vornehmen, dann sehen Sie, dass die einzigen Buchstaben, die für die 1 stehen, A, J und S sind. Wenn man also zwei dieser Buchstaben in einem Namen findet – beispielsweise in Namen wie Jason, Jasmin, Saskia, Sam, Jasper oder Sarah –, dann manifestiert sich dieses Muster. Menschen mit der doppelten 1 im Namen teilen zwei Eigenschaften: Sie sind normalerweise außergewöhnlich talentiert, und sie wissen gar nicht, wie gut sie sind. Es erfordert viel Arbeit, ein Kind mit einem solchen Namen zu erziehen, denn es braucht ungeheuer viel Feedback und wenn es älter wird, kann es Sie auf eine emotionale Achterbahnfahrt mitnehmen. Da in dem Namen die 1 gleich zweimal zu finden ist, können die Betreffenden die schreckliche Seite der 2 ausleben, wenn sie sich aufregen oder sich bedroht fühlen, und einen entsetzlichen Wutanfall bekommen.

Ein berühmtes Beispiel ist Sally Field – SA. Sally gewann zweimal den Oscar und beim zweiten Mal sagte sie: »Sie mögen mich, Sie mögen mich wirklich.« Wie viel doch nötig war, um sie davon zu überzeugen, dass wir sie liebten! Die meisten Schauspielerinnen wären schon begeistert, auch nur nominiert zu werden. Sie musste dagegen zweimal gewinnen, um glauben zu können, dass ihr Publikum sie liebte – so gering war ihr Selbstwertgefühl.

Dann ist da noch Jane Fonda, JA, deren Fitnessimperium zu den Massen sagte: »Nehmen Sie sich Ihren Körper vor und formen Sie ihn zum Besten, das Ihnen möglich ist. Seien Sie so perfekt wie möglich in dem, was Sie haben.« Doch ehe man sich versah, hatte sie Brustimplantate, was dem komplett widersprach, was sie andere lehrte. Zwischen den Zeilen lautete ihre Botschaft: »Egal, wie gut Sie sind, Sie sind nie gut genug.« Und das meine ich mit einer doppelten 1, die leidet.

Einer solchen doppelten 1 würde ich raten, sich zehn bis fünfzehn Minuten täglich vor einem Spiegel fest in die Augen zu schauen und folgende Affirmation zu sprechen: »Ich erkenne das Wunder meiner Person an. Ich bin genug.« Anfangs werden Ihre Augen Sie ansehen, als wären Sie verrückt. »Mein Gott, du bist vielleicht ein Narzisst. Du hältst dich wohl für was ganz Tolles.« Aber wenn Sie kontinuierlich weitermachen, wird letzten Endes Wärme und Liebe in Ihrem Blick auftauchen und weil Sie das auch ausstrahlen, werden andere Menschen weniger mit Ihnen konkurrieren und erkennen, dass Sie tatsächlich nur Gutes im Sinn haben. Die Energie der doppelten 1 scheint oft selbstgefällig und blasiert und das liegt meiner Meinung nach daran, dass es der 1 wirklich gefällt, wenn sie gewinnt; sie ist gern die Beste und denkt doch nie, dass sie wirklich gut ist. Das ist das ultimative Paradoxon.

Als Sally Field ihre berühmte Dankesrede hielt, »Sie mögen

mich – Sie mögen mich wirklich«, waren die Zuschauer beleidigt. Was hätte offensichtlicher sein können? Und doch war etwas absolut Verletzliches an ihr, als sie das sagte. Sie weinte, sie meinte es ehrlich, aber das hörten die Menschen nicht aus ihren Worten heraus. Ich habe eine Videoaufnahme, wie sie den Oscar annahm und weinte. Nur wenige Menschen konnten ihren aufrichtigen Schmerz nachvollziehen. Die meisten dachten: »Wofür hält die sich? Gewinnt zwei Oscars und will auch noch, dass wir ihr gut zureden.« Ein solches Verhalten gesteht die Gesellschaft uns nicht zu und doch war es für Sally Field eine absolut ehrliche Reaktion. Bei der nächsten Oscar-Verleihung parodierte sie sich selbst und sagte: »Sie mochten es – Sie mochten es wirklich.«

Was ich einer Mutter raten würde, die diese Zeilen liest und denkt: »Genauso heißt mein Kind auch?« Machen Sie sich klar, dass Ihr Kind viel Zuspruch brauchen wird und seien Sie wachsam. Weisen Sie immer erst auf das Positive hin, bevor Sie etwas Negatives vorbringen. Wie ich schon an anderer Stelle erklärte, sollten Sie zu einem Kind, das seine Hausaufgaben nicht gemacht hat, dessen Zimmer aber wunderbar aufgeräumt ist, sagen: »Dein Zimmer bereitet mir wirklich große Freude. Ich kann gar nicht glauben, wie schön du aufgeräumt hast. Und heute Abend machst du dann noch deine Hausaufgaben, okay?« Wenn ein solches Kind ein wenig Ermutigung erhält, kann es darauf sein Selbstvertrauen aufbauen. Das macht den Unterschied aus.

Wenn Sie also Ihrem Kind einen Namen mit einer doppelten 1 gegeben haben, dann machen Sie sich klar, dass Sie bei der seelischen Erziehung Ihres Kindes besonders wachsam sein müssen. Unterstreichen Sie stets zuerst die positiven Punkte, bevor Sie etwas kritisieren. Ein wenig Ermutigung und Zuspruch bedeuten der doppelten 1 alles.

Die missverstandene 8

In den neunzehn Jahren, die ich nun schon als Numerologin arbeite, gab es eine Zahl, die mir häufig verärgert oder verletzt geschrieben hat oder das Opfer zu sein scheint. Es geht um die Zahl 8. Vor kurzem habe ich *sieben Briefe in Folge* von Männern und Frauen mit der Lebensaufgabenzahl 8 bekommen, die furchtbar gelitten haben, und das nehme ich zum Anlass, jetzt etwas ausführlicher darüber zu schreiben.

Drei Briefe will ich kurz umreißen. Der erste Brief stammte von einer 8, die mich um Hilfe bat. Sie wollte ihre Tochter enterben. Die zweite 8 schrieb, dass sie und ihr Ehemann kein Geld hätten und ihre Ehe ganz allgemein nicht funktionierte. Die dritte 8, ein Mann, ließ mich wissen, er sei weder in der Liebe noch im Beruf jemals erfolgreich gewesen. Bei jedem dieser drei Briefe war mir das Muster der 8 klar, noch bevor ich die Daten überprüft hatte. Alle drei Briefschreiber hatten entweder die Lebensaufgabenzahl 8, waren an einem 8. geboren oder hatten die Einstellungszahl 8.

Wenn Sie eine 8 in Ihren Geburtszahlen haben, spielt sie in Ihrem Leben eine bedeutende Rolle und Sie müssen einen Weg finden, diese Schwingung zu meistern. Einer 8 würde ich raten, ein Blatt Papier zur Hand zu nehmen und die Zahl 8 aufzumalen. Drehen Sie das Blatt dann zur Seite. Machen Sie sich klar, dass Sie im Leben oft das tun, was die Zahl auf dem Papier tut. Die Zahl 8 sieht nämlich wie das Symbol für die Unendlichkeit aus, das immer und ewig seine Kreise zieht. Manchmal hat die 8 das Gefühl, verrückt zu werden, weil sie meint, im Kreis zu gehen und das für immer und ewig. Das darf die 8 nie vergessen.

Martha Stewart: Eine Fallstudie der 8

Martha Stewart hat die Lebensaufgabenzahl 8. In ihrer Kindheit hatte ihre Familie kein Geld. Ein Mangel an Geld ist für eine 8 immer unerträglich, auch als Kind. Schon früh zeigte Martha Anzeichen für ihren künftigen Geschäftssinn. Sie buk Kuchen und Torten und entwickelte einen großen Respekt vor der Kunst des Kochens.

Nach einer schwierigen Scheidung vergrub sich Martha ganz in ihr Catering-Unternehmen. Nach vielen Jahren harter Arbeit wurde daraus Martha Stewart Omnimedia. Dank ihrer unvergleichlichen Dynamik, Intelligenz und Geschäftstüchtigkeit wurde Martha Stewart eine Berühmtheit.

Doch gleichgültig, wie erfolgreich sie auch wurde, die Erinnerungen aus ihrer frühen Kindheit suchten sie heim und vermittelten ihr das Gefühl, nie genug zu haben. Marthas Aktienvermögen belief sich auf eine Milliarde Dollar, aber innerlich hatte das sie das Gefühl, das reiche nicht aus. In Kahlil Gibrans »Der Prophet« werden wir gefragt: »Ist nicht Angst vor Durst, wenn der Brunnen voll ist, der Durst, der unlöschbar ist?« Genauso geschah es Martha Stewart. Gleichgültig, wie erfolgreich sie war, sie fürchtete dennoch, sie könne nicht genug haben. Es handelte sich dabei nicht um Gier, wie viele vermuteten, sondern um Angst. Als Martha Stewart die Entscheidung traf, annähernd 4000 Anteile ihres ImClone-Pakets zu verkaufen – nur ein Tropfen auf dem heißen Stein ihres Multimillionen-Dollar-Imperiums – handelte sie nach dem Impuls der 8, die finanzielle Kontrolle zu behalten. Dieses Vorgehen zeitigte katastrophale Folgen für ihr Leben. Ihre Aktienpreise fielen; sie musste als Aufsichtsratsvorsitzende der Firma, die ihren Namen trug, zurücktreten und Kabarettisten im ganzen Land witzelten: »Wie wird sie wohl ihre Gefängniszelle dekorieren?« Ich konnte darüber nicht lachen, denn ich sah in Martha Stewarts Zahlen, wie all dies geschehen konnte, und ich fühlte mit ihr. Ich hoffe wirklich, dass sie auf ihren Weg zurückfinden wird.

Ich würde einer 8 raten, hinsichtlich der Definition der Lebensaufgabenzahl 8 offener zu sein. Die 8 ist hier, um finanzielle Sicherheit zu schaffen, aber das muss nicht heißen, dass sie materialistisch und gierig ist. Es bedeutet nur, dass sie mehr als andere Zahlen darunter leidet, wenn sie ihre Rechnungen nicht begleichen oder ihren Lebensunterhalt nicht allein bestreiten kann und wenn sie wirtschaftlich nicht abgesichert ist. Geld gehört zum Leben. Wenn Sie Ihre natürlichen Gaben einsetzen, folgt automatisch ein ausreichendes Einkommen.

Es gibt übrigens zwei Spielarten der 8. Für einige von ihnen ist Geld gleichbedeutend mit Sicherheit und sie horten jeden Cent auf der Bank. Anderen gleitet jeder Cent durch die Finger, weil sie ihr Geld in großem Stil ausgeben. Eine 8 muss ein Gleichgewicht zwischen Knauserigkeit und törichter Prasserei finden. Die Numerologie will Ihnen helfen, die Herausforderungen Ihrer persönlichen Energie beziehungsweise Schwingung zu meistern. Nichts von dem, was ich hier gesagt habe, sollte einer 8 das Gefühl geben, weniger wert zu sein als eine andere Zahl, denn das stimmt nicht.

Es gibt viele enorm erfolgreiche und angesehene Menschen mit der Lebensaufgabenzahl 8. Einer von ihnen ist Paul Newman, der gesunde, organische Lebensmittel anbietet und den Gewinn aus deren Verkauf wohltätigen Einrichtungen zukommen lässt. Newman ist eine doppelte 8 – er ist an einem 8. geboren und hat die Lebensaufgabenzahl 8. Andere Erfolgsmenschen mit der Lebensaufgabenzahl 8 sind Barbra Streisand, Diane Sawyer, Matt Damon und Sandra Bullock.

Wenn Sie eine 8 sind, dann verfolgen Sie bitte weiterhin konsequent Ihre Ziele – sowohl finanziell als auch persönlich. Lernen Sie, sorgsam auf Ihre Worte zu achten, damit Sie die Menschen in Ihrem Leben nicht unabsichtlich vor den Kopf stoßen. Wenn Sie im Lauf der Jahre die Rolle des Opfers angenommen haben, dann setzen Sie dem sofort ein Ende. Sprechen Sie die Affirmationen für Ihre Lebensaufgabenzahl (Sie finden sie im Kapitel »Heilen mit Zahlen« auf der Seite 88). Sprechen Sie die Worte so lange aus, bis sie ein Teil von Ihnen werden. Sollte sich eine negative Situation ergeben, übernehmen Sie die Verantwortung. Prüfen Sie, welche Rolle Sie gespielt haben. Sobald wir versuchen, anderen die Schuld für unser Leben zu geben, verlieren wir unsere Macht.

Wenn Sie in Armut aufgewachsen sind und Ihre Gedanken noch nicht neu programmiert haben, dann quält Sie stets das

---

Das böse Geld?

Klienten mit Geldproblemen rechtfertigen ihre Erfahrungen oft mit diesem Zitat: »Geld ist die Wurzel allen Übels.« Aber wussten Sie, dass es sich hierbei gar nicht um das echte Zitat handelt? Korrekt lautet die entsprechende Bibelstelle: »Geld*gier* ist eine Wurzel alles Übels.« Wenn ein Mensch mit der Lebensaufgabenzahl 8 auf der positiven Seite seiner Energie lebt, dann liebt oder hasst er das Geld nicht – er übt die Kontrolle über seine Finanzen aus und hat daher nicht das Bedürfnis, Geld mit Gefühlen zu verknüpfen.

Gefühl, kein Geld zu haben. Als Numerologin und Lebensberaterin weiß ich, dass Sie immer wieder ohne Geld dastehen werden, wenn Sie die Art und Weise, wie Sie über Geld denken, nicht verändern.

Gott brachte uns auf einen Planeten, auf dem alles Geld kostet, also glaube ich, dass Gott auch einen Plan entworfen hat, um uns zu helfen, Geld zu *verdienen*. Ich kenne mehrere Menschen, die sich irgendwie schuldig fühlen, weil sie mehr Geld wollen – ungeachtet ihrer Lebensaufgabenzahl. Ich sage ihnen immer Folgendes: »Wenn du ein Millionär wärst, würdest du dich dann nicht um die Menschen kümmern, die dein Leben teilen? Geld gibt dir die Macht, dir selbst, aber auch anderen zu helfen.« Und da begreifen sie es.

Ob wir eine 8 in unserer Tabelle haben oder nicht, häufig wurden uns unsere Ansichten über das Geld schon in unserer Kindheit eingeimpft. Aus diesem Grund sind viele Menschen, die im Lotto gewonnen haben, nach wenigen Jahren wieder pleite. Tief in ihrem Innern glauben sie, das Geld gar nicht verdient zu haben und deswegen haben sie Probleme, es zu halten. Wir müssen uns alle neu programmieren, damit wir erkennen, dass Geld nur das Mittel zum Zweck ist – nicht der Zweck selbst.

Menschen mit Geldproblemen rate ich, sich strikt an ein Programm mit Affirmationen der Fülle zu halten. Es folgen zwei hervorragende Affirmationen für Menschen mit der Lebensaufgabenzahl 8 – und für jeden mit finanziellen Problemen:

Affirmation 1:
Ich glaube an die unendliche Fülle – Geld ist immer für mich da.

Affirmation 2:
Ich bin jetzt offen, die Gaben dieses großzügigen Universums anzunehmen. Je mehr ich gebe, desto mehr empfange ich.

Es sind nur fünfzehn bis zwanzig Minuten am Tag nötig, um die inneren negativen Bänder zu löschen, die wir so oft in uns abspielen. Der einzig wahre Grund, warum wir hier auf diesem Planeten sind, besteht darin, inneren Frieden zu finden, anderen Liebe zu schenken und diese Welt zu einem besseren Ort zu machen. Das sollte unser höchstes Ziel sein.

Die fehlenden Zahlen

Häufig bekomme ich die Frage gestellt: »Was sind meine besten Zahlen – diejenigen, mit denen ich zurechtkomme? Und mit welchen komme ich nicht zurecht?« In Wahrheit steckt jede einzelne Zahl in uns – oder sollte es zumindest. Wenn Sie den Namen auf Ihrer Geburtsurkunde sowie Ihr Geburtsdatum analysieren, sollten Sie hier eine 1, da eine 2 und dort eine 4 finden. Fehlt eine Zahl, dann studieren Sie die Eigenschaften dieser Zahl und machen Sie sich klar, dass diese Aspekte in Ihnen fehlen. Wenn Sie keine 2 haben, dann sollten Sie vielleicht mehr Gefühle für andere aufbringen. Wenn Sie keine 3 haben, dann müssen Sie womöglich mehr kommunizieren.

Wenn Sie wahrhaft glücklich werden wollen, dann sollten Sie laut der Numerologie jede einzelne Zahl akzeptieren. Nur auf diese Weise können wir friedlich koexistieren. Sie sollten die positive und die negative Seite jeder Zahl verstehen – fangen Sie bei Ihrer eigenen Tabelle damit an.

Sonderzahlen und Zahlenmuster

Die Stellung der Zahlen in Ihrer Tabelle ist wichtig. Ihre Lebensaufgabenzahl ist die wichtigste Zahl. Bei Ihrer Schicksalszahl geht es um die Erfüllung Ihres Schicksals. Ihre Geburtstagszahl vermittelt den ersten Eindruck, den andere Menschen von Ihnen haben. Ihre Einstellungszahl spiegelt Ihre Ziele wider. Darum sollten Sie jede Zahl von 1 bis 9 studieren.

Achtung: Wenn Sie feststellen, dass in Ihrer Tabelle eine Zahl gänzlich fehlt, lesen Sie im Kapitel »Die Lebensaufgabenzahl« (Seite 30) alles über diese Zahl nach. Versuchen Sie, die Eigenschaften, für die diese Zahl steht, mit ihren positiven Attributen in Ihrem Leben zu integrieren.

Wie man mit Hilfe von Zahlen positive Energien anzieht

Wie bereits im Kapitel »Heilen mit Zahlen (Seite 81) erwähnt reicht bisweilen schon eine winzige Anstrengung Ihrerseits aus, um neue positivere Energien in Ihr Leben zu ziehen. Das gilt auch für Zahlen. Wenn Sie sich mit den Zahlen umgeben, die jene Schwingungen anziehen, die in Ihrem Leben fehlen, können Sie normalerweise Ihre Umstände ganz real zum Besseren verändern. Was immer Sie sich wünschen – sei es Geld, Liebe oder Sicherheit –, es kann Ihnen gehören.

Am besten locken Sie eine bestimmte Energie zu sich, indem Sie die entsprechenden Zahlen in Ihr Haus holen. Hängen Sie die Zahlen, deren Energie Sie in Ihr Leben integrieren wollen, in das Zimmer, in das diese Energie gehört. Eine Schlafzimmertür ist ein guter Ort für eine 2, denn sie fördert die Liebe. Seien Sie kreativ und haben Sie Ihren Spaß dabei! Meine Klienten erzählen mir immer wieder, wie die Zahlen, die sie in ihr Heim geholt haben, Ihre Lebensumstände zum Besseren veränderten. Hier meine beiden Lieblingsbeispiele:

Die freundliche 3

Vor kurzem erhielt ich den Brief einer Frau namens Peggy, die mir mitteilte, wie der Einsatz von Zahlen das Leben ihrer Schwester verändert hatte. Ihre Schwester Lisa hatte ihr Studium aufgenommen und wohnte im Studentenwohnheim. Sie fühlte sich allein und hatte noch keine neuen Freunde gewonnen. Nachdem sie mich im Radio gehört und mein Buch gekauft hatte, befestigte sie die Zahl 3 an der Tür ihres Wohnheimzimmers. Innerhalb weniger Wochen freundete sie sich mit den Leuten links und rechts von ihr an. In der Zwischenzeit ist ihr Zimmer im Wohnheim der Ort, an dem alle abhängen wollen. Sie muss sich tatsächlich Wege überlegen, um die Leute wieder auf ihre eigenen Zimmer zu verfrachten! Peggy dankte mir, dass ich die Numerologie so sehr vereinfacht hatte, dass Lisa mit ihrer Hilfe ihre Universitätserfahrung so viel angenehmer gestalten konnte. Dadurch dass Lisa die Zahl 3 an ihre Tür im Studentenwohnheim geheftet hatte, konnte sie das Problem ihrer Einsamkeit lösen.

Zeig mir, wo das Geld ist

Cindy, eine meiner Klientinnen, teilte mir schriftlich mit, dass sie ihre Adresse verändert habe. Sie wohnte in einem Haus mit der Schwingung 7, einem Hort des Wissens. Aber sie brauchte mehr Geld, also befestigte sie an der Innenseite ihrer Haustür eine 1 (7 + 1 = 8), um die Schwingung 8 zu erzeugen. Innerhalb eines Jahres konnte ihr Ehemann sein Einkommen verdreifachen!

Durch das Studium der Zahlen wurde ihr klar, dass sie ihre kreativen Energien einsetzen wollte. Sie meldete sich auf eine Anzeige, in der Sprecher für Radiowerbespots gesucht wurden, und der örtliche Radiosender stellte sie prompt ein. Jetzt fühlt sie sich nicht nur kreativ erfüllt, sie bringt selbst ebenfalls Geld nach Hause.

Zeig mir, wo das Geld ist

Cindy ist nicht die Einzige, die dank der Zahl 8 zu finanziellem Erfolg gelangte. Mark und Jo Anne beschlossen, ein Experiment zu wagen. Mark besaß eine Baufirma, aber die Geschäfte liefen in letzter Zeit schlecht. In dem Bemühen, mehr Wohlstand in ihr Leben zu bringen, befestigten sie die Zahl 8 an der Wand des Büros in ihrem Haus, in dem sie all ihre Rechnungen bezahlten. Innerhalb einer Woche bekam Mark drei neue Aufträge!

Ein weiterer Klient von mir stellte fest, dass er immer schon Tage, bevor der nächste Gehaltsscheck eintraf, pleite war. Er beschloss, der Geldzahl eine Chance zu geben, und klebte ein Blatt Papier mit der 8 darauf in seinen Geldbeutel. Er schrieb mir, dass er seitdem immer noch extra Geld in seiner Geldbörse hat, wenn der neue Gehaltsscheck eintrifft.

Ich liebe diese Geschichten, wie Menschen mit Hilfe der Zahl 8 den Samen für Wohlstand in ihrem Leben pflanzen können. Die 3 wird mehr Menschen in Ihr Leben locken, wenn Sie sich einsam fühlen. Und die Liebe wird an Ihre Tür klopfen, nur wegen der 2. Das ist die Macht der Zahlen! Sie erstaunt mich bis heute immer wieder.

Die Lebensphilosophie einer Numerologin

Für mich ist die Numerologie mehr als nur ein Beruf – sie ist meine Lebensweise. Als spiritueller Mensch habe ich immer schon an Gott geglaubt, und ich sah jeden Tag aufs Neue einen Sinn in dieser Welt. Aber erst als ich die Wissenschaft der Zahlen entdeckte, fand ich eine Möglichkeit, meine Vision konkret mit anderen zu teilen. Ich glaube, Gott brachte die Numerologie in mein Leben, damit ich anderen einen Weg durch diese Welt zeigen und ihnen helfen kann, die Wunden zu heilen, die zum Leben dazugehören.

Es bestärkt mich nur in meinem Glauben an die Macht der Zahlen, wenn ich sehe, wie viele Menschen dadurch Hoffnung und Erkenntnis finden. Ich hoffe, mit Hilfe dieses Buches konnte ich Ihnen einen ersten Einblick in die erstaunlichen Begebenheiten vermitteln, die ich in meinen numerologischen Sitzungen Tag für Tag erlebe. Ich möchte nun ein paar Geschichten mit Ihnen teilen, die mich an den Spruch erinnern: »Das Heute ist alles, was wir haben. Das Morgen kommt vielleicht nie.«

John F. Kennedy Jr.
59577, Einstellungszahl 9

John F. Kennedy Jr. sah besser aus, war gesünder und wohlhabender, als es sich die meisten Menschen auch nur erträumen

Die Lebensphilosophie einer Numerologin

können. Sein Leben war jedoch nicht leicht. Im nationalen Bewusstsein Amerikas blieb er stets der tapfere Dreijährige, der am Sarg seines Vaters salutierte. Trotz seines weltweiten Bekanntheitsgrades und seines Engagements war er immer der kleine Junge, der seinen Vater verloren hatte. Sein heiß geliebter Onkel Robert übernahm die Vaterrolle, aber bald musste auch er sein Leben lassen – auch er völlig überraschend durch eine Gewalttat.

Johns Mutter heiratete Aristoteles Onassis, unter anderem auch, um ihre Kinder vor der Gewalt in Amerika zu schützen. John wurde später mit den Worten zitiert, dass Onassis ihm ein echter Vater gewesen sei. Seine Mutter konnte Onassis nicht so tief in ihr Herz schließen und so wurde die Ehe bald schon aufgelöst. Wieder verlor John einen Menschen, der für ihn wichtig war. Er hatte eine Reihe von Affären, die Schlagzeilen machten, doch schien er am Ende seine wahre Liebe in Carolyn Bessette gefunden zu haben. Sein Magazin *George* hatte wirtschaftliche Probleme, aber es bestand die Absicht, den jungen Kennedy in die Politik zu holen. Er schien sich für die Idee erwärmen zu können. Nur wenige zweifelten daran, dass er ein viel versprechender Kandidat für jedes Amt gewesen wäre, hätte er sich dazu entschlossen – selbst für das Amt des Präsidenten. Man sah in ihm Amerikas Kronprinzen.

John hat mehrmals die Zahlen 5 und 7 in seiner Tabelle. Diese Zahlen fordern von ihm, immer umtriebig zu sein und in Bewegung zu bleiben. Johns Leidenschaft für Inline-Skating, Radfahren, Joggen im Central Park und das Fliegen mit seinem Flugzeug bestätigt, dass er eindeutig gemäß seinen Zahlen lebte. Auch in jener nebligen Nacht, als er nach Martha's Vineyard flog, am selben Tag, als der Gips von seinem gebrochenen Knöchel entfernt worden war, nachdem er sechs Wochen zuvor bei einem Fallschirmsprung eine unglückliche Landung hingelegt hatte. Die doppelte 5 und die doppelte 7 in seiner Tabelle förderten dieses Verhalten, »niemals einen Augenblick der Langeweile« zu haben.

Plötzlich und ohne Vorwarnung ist er von uns gegangen. Jugend, Gesundheit, Ruhm waren mit ihm verloren. John hatte bestimmt keine Ahnung, dass seine Zeit auf diesem Planeten abgelaufen war. Sein vorzeitiger Tod ruft uns in Erinnerung, dass das einzige wahre Geschenk, das wir in diesem Leben haben, das Geschenk des Lebens selbst ist.

Sarahs Geschichte

Sarah war eine Klientin von mir. Nach der ersten Sitzung meinte sie, sie habe in einer Stunde mit der Numerologie mehr gelernt, als in drei Jahren Therapie.

Wir arbeiteten noch mehrere Tage zusammen. Unter ihren männlichen Verehrern fand ich jemanden, der alle fünf Primärzahlen mit ihr gemeinsam hatte, darum wollte sie die Beziehung zu ihm vertiefen.

Sarah war eine treibende Kraft in ihrer Gemeinde und hatte eine angesehene Stellung im öffentlichen Dienst inne. Sie war allerdings schwanger von einem Mann, der sie verlassen hatte, und war bereits Mutter eines zweijährigen Mädchens und eines vierjährigen Jungen. Dank der Einsichten aus den numerologischen Sitzungen beschloss sie, das Kind zur Welt zu bringen, auch wenn sein Vater sie verlassen hatte, weil sie die Kraft dazu besaß.

In den nächsten Tagen bekam ich Anrufe von Sarahs Freunden, die einen Termin für eine Sitzung festlegen wollten. Ich habe noch nie einen Menschen gekannt, nicht einmal eine Berühmtheit, die so viele Anhänger wie Sarah hatte. Auch Sarah rief mich noch einmal an und erzählte mir, wie erstaunlich das alles für sie war und dass die Numerologie sie endlich in allem einen Sinn sehen ließ. Sie las die Bücher, die ich ihr empfohlen hatte, und war äußerst glücklich.

Zwei Wochen nach dem ersten Gespräch mit Sarah erhielt ich einen weiteren Anruf – von einem Mann, der sie liebte. Er fing an zu weinen und erzählte mir, sie sei bei einem Autounfall ums Leben gekommen. Ich konnte es einfach nicht glauben. Ich rief in ihrem Büro an, es stimmte tatsächlich. Sarah war am Abend zuvor bei einem Autounfall gestorben.

Nur wenige Dinge in meinem Leben haben mich so sehr erschüttert. »Wie konnte dieses helle Licht so früh ausgelöscht werden?«, stellte ich Gott weinend zur Rede. »Warum konnte das geschehen?« Die Botschaft erhielt ich mit klarer Stimme: »Das Heute ist alles, was du hast. Wenn du deinen Job nicht gern ausübst, gib ihn auf. Wenn du schlecht behandelt wirst, geh weg. Das Heute ist deine Zukunft. Wenn du dir über die ferne Zukunft Gedanken machst, dann lebst du nicht wirklich im Heute.« Ich war froh, dass Sarah ihr Schicksal in den Griff bekommen hatte, bevor ihr Leben endete. Und ich möchte Sie ermutigen, die Informationen, die Sie in diesem Buch erhalten haben, gleich heute dazu einzusetzen, Ihr Leben zu verbessern. Schließlich ist das Heute alles, was Sie haben.

»Du bist der Herr über jeden Augenblick deines Lebens.«
Yogananda

Schlussgedanken

Das Geschenk der Numerologie: Niemand ist uns fremd
Wenn Sie sich mit der Wissenschaft der Numerologie beschäftigen, werden Sie in allem und jedem ein Muster erkennen – sogar in Menschen, die Ihnen völlig fremd sind. Eines Morgens war ich auf der Post, als eine bemerkenswert gut aussehende, ältere Dame in einem metallicblauen Pulli mit leuchtend blauen Pailletten eintrat. Sie trug passende blaue Hosen, blaue Schuhe, eine elegante Kurzhaarfrisur und ein perfektes Make-up und hatte ein wirklich ansteckendes Lächeln. Die Frau sah wie die personifizierte Lebensfreude aus – eine typische 5 in jeder Beziehung. Ich dachte mir gleich, dass sie an einem 5. geboren sein musste.

Sie setzte sich neben mich. Wir unterhielten uns über die Menschenmenge im Postgebäude. Als ich in ihre sanften blauen Augen sah, erkannte ich ihre Güte, und ich war mir sicher, dass sie auch eine 2 in ihrer Tabelle haben musste. Schließlich erzählte ich ihr, dass ich Numerologin sei und zu gern ihr Geburtsdatum erfahren würde. Sie war am 5.6.1922 zur Welt gekommen. Lassen Sie uns kurz ihre Geburtszahlen analysieren. Sie war an einem 5. geboren, deshalb hatte sie die Geburtstagszahl 5. Ihre Einstellungszahl war die 2 – sie ergibt sich, wenn man Monat und Tag addiert ($5 + 6 = 11 = 1 + 1 = 2$). Um ihre Lebensaufgabenzahl in Erfahrung zu bringen, addierte ich all ihre Geburtszahlen ($5 + 6 + 1 + 9 + 2 + 2 = 16 = 1 + 6 = 7$) – sie hatte die Lebensaufgabenzahl 7. Ich hatte also Recht! Sie sah wie eine 5 aus, weil ihre Geburtstagszahl die 5 war. Das erklärte ihr fröhliches Erscheinungsbild. Die Güte, die sie ausstrahlte, war auf ihre Einstellungszahl 2 zurückzuführen. Ich erklärte ihr die Bedeutung ihrer Zahlen, und sie strahlte regelrecht auf.

Sie bestätigte mein Urteil noch, als sie mir erzählte, dass sie sich ihre Jugendlichkeit bewahrte, indem sie jeden Werktag Tanzunterricht nahm. Was für ein perfektes körperliches und emotionales Ventil für eine 5. Sie fügte noch hinzu, dass ihre Familie ihr den Spitznamen Pollyanna gegeben hatte, weil sie immer optimistisch war.

»Optimistisch« ist sicher ein passender Begriff für einen Menschen mit der Einstellungszahl 2. Die Genauigkeit meines Urteils entzückte sie. Da sie die Lebensaufgabenzahl 7 hatte, erkundigte ich mich nach ihrer spirituellen Seite. Sie meinte, sie habe ihr Leben lang nach Antworten auf die ewigen Fragen gesucht. Ich sagte, wenn sie mir ihre Telefonnummer geben würde, könnte ich sie informieren, wenn ich einen Vortrag in ihrer Nähe hielt. Sie sah mich plötzlich ziemlich verunsichert an und meinte: »Ich gebe meine Telefonnummer nicht weiter. Wer, sagten Sie, sind Sie doch gleich wieder?« Ich hätte laut auflachen können. Das Bedürfnis der 7 nach Privatsphäre reckte sein misstrauisches Haupt. Sie gab mir die Nummer ihres Postfachs. Ich versprach, auf diese Weise mit ihr in Kontakt zu bleiben. Eine herrliche numerologische Fallstudie! Ich hatte diese Frau nie zuvor gesehen und doch kannte ich sie, weil ich ihre Zahlen kannte. Ohne die Wissenschaft der Numerologie hätte ich mich verletzt gefühlt, als sie sich plötzlich zurückzog und sich weigerte, mir ihre Telefonnummer zu geben. Stattdessen verstand ich ihre Beweggründe bestens. *Ich sage Ihnen, niemand ist Ihnen fremd, sobald Sie seine Zahlen kennen.* Diese wunderbare Frau erinnerte mich daran, wie zutreffend diese Aussage ist. Spielen Sie mit den Zahlen und halten Sie die Augen offen. Je besser Sie einen Menschen kennen lernen, desto besser verstehen Sie auch, was ihn umtreibt – auch wenn seine Zahlen Problemzahlen für Sie sind. Sie werden nichts mehr persönlich nehmen. Die Einblicke in jede Schwingung bringen mehr Frieden in unser Leben und genau danach suchen wir doch alle. Verinnerlichen Sie die Informationen dieses Buches – und das Leben wird nie mehr so sein wie früher. Die Numerologie ist ein Geschenk an uns alle. Wir müssen dieses bemerkenswerte Wissen nur in unser Alltagsleben einbauen.

Anhang

Die Lebensaufgabenzahlen berühmter Menschen

Name	Geburtsdatum	Lebensaufgabenzahl
Buster Keaton	4.10.1895	1
David Letterman	12.4.1947	1
Drew Barrymore	22.2.1975	1
Jack Nicholson	22.4.1937	1
James Taylor	12.3.1948	1
Jerry Lewis	16.3.1926	1
Lou Diamond Phillips	17.2.1962	1
Nicolas Cage	7.1.1964	1
Ralph Lauren	14.10.1939	1
Raquel Welch	5.9.1940	1
Rita Hayworth	17.10.1918	1
Sammy Davis Jr.	8.12.1925	1
Steve Guttenberg	24.8.1958	1
Sting	2.10.1951	1
Suzanne Somers	16.10.1946	1
Billy Crystal	14.3.1947	2
Diana Ross	26.3.1944	2
Frank Zappa	21.12.1940	2
Henry Kissinger	27.5.1923	2

Anhang

Jack Benny	14.2.1894	2
Jane Wyman	4.1.1914	2
Jay Leno	28.4.1950	2
Kim Basinger	8.12.1953	2
Madonna	16.8.1958	2
Marie Osmond	13.10.1959	2
Sidney Poitier	20.2.1924	2
Alan Alda	28.1.1936	3
Ann Landers	4.7.1918	3
Barbara Walters	25.9.1931	3
Bert Parks	30.12.1914	3
Charlton Heston	4.10.1924	3
Connie Chung	20.8.1946	3
David Bowie	8.1.1947	3
Faye Dunaway	14.1.1941	3
Gore Vidal	3.10.1925	3
Groucho Marx	2.10.1890	3
Kevin Costner	18.1.1955	3
Lloyd Bridges	15.1.1913	3
Michele Lee	24.6.1942	3
River Phoenix	23.8.1970	3
Tracey Ullman	30.12.1959	3
Arnold Schwarzenegger	30.7.1947	4
Brad Pitt	18.12.1963	4
Dolly Parton	19.1.1946	4
Elton John	25.3.1947	4
J. D. Salinger	1.1.1919	4
James A. Michener	3.2.1907	4
Julia Louis-Dreyfus	13.1.1961	4

Karl Lagerfeld	10.9.1938	4
Keanu Reeves	2.9.1964	4
Kim Novak	13.2.1933	4
LeVar Burton	16.2.1957	4
Luciano Pavarotti	12.10.1935	4
Maury Povich	17.1.1939	4
Nat »King« Cole	17.3.1919	4
Olympia Dukakis	20.6.1931	4
Sarah Ferguson	15.10.1959	4
Sarah Jessica Parker	25.3.1965	4
Will Smith	25.9.1968	4
Ava Gardner	24.12.1922	5
Bob Mackie	24.3.1940	5
Denzel Washington	28.12.1954	5
Desi Arnaz	2.3.1917	5
Gloria Estefan	1.9.1957	5
Howard Stern	12.1.1954	5
Lee Iacocca	15.10.1924	5
Lily Tomlin	1.9.1939	5
Marlene Dietrich	27.12.1901	5
Meg Tilly	14.2.1960	5
Michael J. Fox	9.6.1961	5
Ron Howard	1.3.1954	5
Sigourney Weaver	8.10.1949	5
Steve Martin	14.8.1945	5
Walter Matthau	1.10.1920	5
Charlie Sheen	3.9.1965	6
Christopher Reeve	25.9.1952	6
Danny Kaye	18.1.1913	6

Fred Astaire	10.5.1899	6
Heather Locklear	25.9.1961	6
Howard Hughes	24.12.1905	6
Humphrey Bogart	23.1.1899	6
Ira Gershwin	6.12.1896	6
J. R. R. Tolkien	3.1.1892	6
Jimmy Durante	10.2.1893	6
John Lennon	9.10.1940	6
Matthew Broderick	21.3.1962	6
Michael Jackson	29.8.1958	6
Phil Donahue	21.12.1935	6
Rosie O'Donnell	21.3.1962	6
Stephen King	21.9.1947	6
Ted Koppel	8.2.1940	6
T. S. Eliot	26.9.1888	6
Angela Lansbury	16.10.1925	7
Cesar Romero	15.2.1907	7
Donna Karan	2.10.1948	7
Donny Osmond	9.12.1957	7
Emily Dickinson	10.12.1830	7
Harry Connick Jr.	11.9.1967	7
Helen Gurley Brown	18.2.1922	7
Hugh Grant	9.9.1960	7
Jerry Seinfeld	29.4.1954	7
Joseph Wambaugh	22.1.1937	7
Kiefer Sutherland	18.12.1966	7
Michael Keaton	9.9.1951	7
Muhammad Ali	17.1.1942	7
Roger Moore	14.10.1927	7
Susan Sarandon	4.10.1946	7

Andy Rooney	14.1.1919	8
Aretha Franklin	25.3.1942	8
Cindy Crawford	20.2.1966	8
Corbin Bernsen	7.9.1954	8
Diane Keaton	5.1.1946	8
Diane Sawyer	22.12.1945	8
Geena Davis	21.1.1957	8
Johannes Paul II.	18.5.1920	8
Lucille Ball	6.8.1911	8
Marlee Matlin	24.8.1965	8
Michael Eisner	7.3.1942	8
Tennessee Ernie Ford	13.2.1919	8
Bette Davis	5.4.1908	9
Bill Murray	21.9.1950	9
Elvis Aron Presley	8.1.1935	9
George Burns	20.1.1896	9
Gilda Radner	28.6.1946	9
Jane Curtin	6.9.1947	9
Jim Carrey	17.1.1962	9
Ray Charles	23.9.1930	9
Shelley Long	23.8.1949	9
Tyra Banks	4.12.1973	9

Die Einstellungszahlen berühmter Menschen

Name	Geburtstag und -monat	Einstellungszahl
Aretha Franklin	25.3.	1
Gary Coleman	8.2.	1
Gloria Steinem	25.3.	1
Howard Cosell	25.3.	1
Jack Lemmon	8.2.	1
James Dean	8.2.	1
John Grisham	8.2.	1
Lana Turner	8.2.	1
Mary Steenburgen	8.2.	1
Nick Nolte	8.2.	1
Paul Michael Glaser	25.3.	1
Sarah Jessica Parker	25.3.	1
Ted Koppel	8.2.	1
Alan Alda	28.1.	2
Cybill Shepherd	18.2.	2
Jim Croce	10.1.	2
Joe Pesci	9.2.	2
John Travolta	19.2.	2
Pat Benatar	10.1.	2
Rod Stewart	10.1.	2
Yoko Ono	19.2.	2
Beau Bridges	9.12.	3
Buck Henry	9.12.	3
Cuba Gooding Jr.	2.1.	3
Dick Van Patten	9.12.	3

Die Einstellungszahlen berühmter Menschen

Donny Osmond	9.12.	3
Douglas Fairbanks Jr.	9.12.	3
Jim Bakker	2.1.	3
John Malkovich	9.12.	3
Kirk Douglas	9.12.	3
Naomi Judd	11.1.	3
Redd Foxx	9.12.	3
Carly Simon	25.6.	4
Charlene Tilton	1.12.	4
Dick Martin	30.1.	4
George Michael	25.6.	4
Howard Stern	12.1.	4
Hugh Hefner	9.4.	4
Kirstie Alley	12.1.	4
Mel Gibson	3.1.	4
Richard Pryor	1.12.	4
Victoria Principal	3.1.	4
Billy Idol	30.11.	5
Chris Issak	26.6.	5
Dick Clark	26.6.	5
Dyan Cannon	4.1.	5
Jane Wyman	4.1.	5
Julia Louis-Dreyfus	13.1.	5
Mark Twain	30.11.	5
Mary Martin	30.11.	5
Spike Lee	20.3.	5
Pearl Bailey	29.3.	5

Anhang

Alice Cooper	4.2.	6
Andy Rooney	14.1.	6
Clint Black	4.2.	6
David Brenner	4.2.	6
Diane Keaton	5.1.	6
Faye Dunaway	14.1.	6
Helen Keller	27.6.	6
Kim Novak	13.2.	6
Robert Duvall	5.1.	6
Stockard Channing	13.2.	6
Barbara Hershey	5.2.	7
Bonnie Franklin	6.1.	7
Charo	15.1.	7
Danny Thomas	6.1.	7
Gilda Radner	28.6.	7
John Cusack	28.6.	7
Kathy Bates	28.6.	7
Loretta Young	6.1.	7
Mel Brooks	28.6.	7
Red Buttons	5.2.	7
Cyndi Lauper	20.6.	8
Dan Aykroyd	1.7.	8
Danny Aiello	20.6.	8
Deborah Harry	1.7.	8
Errol Flynn	20.6.	8
Jamie Farr	1.7.	8
John Goodman	20.6.	8
Katie Couric	7.1.	8
Kenny Loggins	7.1.	8

Die Einstellungszahlen berühmter Menschen

Lionel Richie	20.6.	8
Martin Landau	20.6.	8
Nicolas Cage	7.1.	8
Olivia de Havilland	1.7.	8
Olympia Dukakis	20.6.	8
Pamela Anderson	1.7.	8
Prinzessin Diana	1.7.	8
Andy Kaufman	17.1.	9
Elvis Aron Presley	8.1.	9
Evel Knievel	17.10.	9
Jane Russell	21.6.	9
Juliette Lewis	21.6.	9
Lena Horne	30.6.	9
LeVar Burton	16.2.	9
Meredith Baxter	21.6.	9
Rona Barrett	8.10.	9
Soupy Sales	8.1.	9

Danksagung

Ich danke Kathy Giaconia, die als Erste die Bedeutung meiner numerologischen Gabe erkannte und als Produzentin die Idee hatte, mich in *The Leeza Show* auftreten zu lassen. Sie produzierte fünf einstündige Sendungen mit mir als einzigem Gast und hat mich mit ihren bemerkenswerten Fähigkeiten als Produzentin förmlich hochgerissen. Kathy, dein brillanter Verstand und deine klugen Ideen machen dich zu einer vollkommenen Lebensaufgabenzahl 5. Du bist wirklich ein Profi. Ich danke dir sehr.

Ich möchte auch Leeza Gibbons meinen Dank aussprechen, die meiner Meinung nach einer der aufrichtigsten Menschen ist, die mir im Showbusiness jemals untergekommen sind. Du bist eine hervorragende Talkmeisterin, und es ist eine große Freude, mit dir zu arbeiten.

Ich danke auch Charlie St. Denny Youngblood. Ich habe dich mit Hilfe der Numerologie fest in mein Leben eingebaut und nie zuvor durfte ich eine derart bedingungslose Liebe und Unterstützung erfahren. Ich liebe dich, Charly – und ich danke dir.

Lektüreempfehlungen

Dr. Patricia Allen: Getting to »I Do«. Harper Paperback, 1995.
Og Mandino: Die Entscheidung. Oesch, 2000.
Chris Griscom: Die Heilung der Gefühle – Angst ist eine Lüge. Goldmann, 1991.
Mark Victor Hansen und Robert G. Allen: The One Minute Millionaire. Harmony, 2002.
Khalil Gibran: Der Prophet. dtv, 2003.
Paramahana Yogananda: Wo Licht ist. O.W. Barth, 1996.
Barbara Sher: Wishcraft – vom Wunschtraum zum erfüllten Leben. Universitas, 2000.

Bibliographie

Barrat, Rodford: Numerologie. Edition Roter Löwe, Braunschweig 1995.

Bishop, Barbara J.: Numerology. Universal Vibrations of Numbers. Llewellyn Worldwide, 1990.

Connolly, Eileen: The Connolly Book of Numbers. Newcastle Publishing, 1988.

Cooper, D. Jason: Understanding Numerology. IHEA Guarian Press, 1986.

Dodge, Ellin: Numerology Has Your Number. Simon & Schuster, 1988.

Gawain, Shakti: Stell dir vor. Kreativ visualisieren. Sphinx, 1984.

Gendlin, Eugene T.: Focusing. Rowohlt, 1998.

Goodwin, Matthew O.: Numerology. The Complete Guide. Newcastle Publishing, 1981.

Hay, Louise L.: Gesundheit für Körper und Seele. Heyne, 1994.

Line, Julia: Liebe und Schicksal aus den Zahlen gedeutet. Knaur, 1987.

Linn, Denise D.: Die Magie des Wohnens. Goldmann, 1996.

Ruiz, Don Miguel: Die vier Versprechen – Das Weisheitsbuch der Tolteken. Ariston, 2001.

weitere Informationen

Wenn Sie weitere Informationen zu persönlichen Sitzungen mit Glynis McCants, ihren Büchern und Hörkassetten oder Termine für Workshops wünschen, schreiben Sie an folgende Adresse:

Postanschrift:
Glynis Has Your Number
PO Box 81057
San Marino, Ca 91118
USA

E-Mail: glynis@numberslady.com

Telefon: 001-877-686-2373
Telefax: 001-626-614-9292

Website: www.numberslady.com

Anhang

Register

Aase, Lynn 5
Abenteuerlust 156
Absicherung, finanzielle 232
Adoption 61, 150
Adresse 285–297
Affirmation(en) 81–84, 86ff., 91ff., 103f., 174–177, 236, 290, 306, 314, 319ff.
Agassi, Andre 116
Ägypten 11
A/J/S-Muster 313ff.
Akupunktur 36
Alkohol 48, 63, 68, 85, 87, 118, 123, 125, 127, 151, 183, 236, 293
Alkoholiker, Anonyme 183
Allen, Gracy 144
Allen, Woody 143
Alltagstrott 83
Amtsanklage 166
Andrews, Julie 258
Angstgefühle 92
Ann-Margaret 144
Anorexie 103
Antike 137
Arbeitsplatz 56, 108
Arden, Elizabeth 220
Armut 222
Aromatherapie 241, 292
Assante, Armand 255
Astrologie 39
Aufrichtigkeit 113, 125
Aura, charismatische 142
Ausstrahlung, magnetische 159
Autorität 115, 119
Avantgarde 125

Bacall, Lauren 145
Baldwin, Alec 130, 145
Ball, Lucille 259
Banderas, Antonio 116
Banks, Tyra 260
Barr, Roseanne 144
Barrymore, Drew 266
Basinger, Kim 130
Bauchinstinkte 158
Berufsberatung 19
Berufswahl 36
Besitztümer, attraktive 71
Bessette, Carolyn 327
Beständigkeit 114
Bewusstseinszustand 128
Beziehung
–, liebevolle 117
–, fürsorgliche 174
–, platonische 215
–, zerstörerische 151
Beziehungsarbeit 192
Bibel 57, 63
Bindung, langfristige 165
Bono, Sonny 146
Brustkrebs 92f.
Bryant, Cobe 111
Bulimie 68, 103
Bullock, Sandra 255, 319
Bürgerrechtsbewegung 124
Burns, George 122
Bush, George 130

Cage, Nicolas 146
Cagney, James 226
Canie, Michael 148
Capote, Truman 143
Carlin, George 135
Carrey, Jim 146
Carson, Johnny 144
Chaldäer 11
Charakter 13
Charles, Prinz 68f.

Chopra, Deepak 89
Chung, Connie 141
Clark, Dick 310f.
Clift, Montgomery 152
Clinton, Bill 165–169, 266
Clinton, Hillary Rodham 146, 165–169
Comedy 19
Connick, Harry Jr. 142
Cooper, Marion 177–181
Cosby, Bill 43
Crawford, Cindy 75
Croton 11
Crowe, Russell 41
Cruise, Tom 25f., 28
Curtis, Jamie Lee 144

Damon, Matt 319
Dean, James 152
Degeneration 71
DeGeneres, Ellen 255f.
Denver, John, eigentl. Deutschendorf, Henry John 121, 123
Depressionen 48, 52, 125, 197, 213, 226
Deutschendorf, Henry John, alias Denver, John 121, 123
Diana, Lady 67ff., 70, 214
Dichtkunst 9
Dienstleistung 291
Douglas, Michael 211, 311
Dreier-Schwingung 16
Drogen 85f., 118, 123, 127, 293
– -missbrauch 183
Duchovny, David 116

Eastwood, Clint 135
Ehe 30, 55f., 65, 199, 206, 213, 292
– - frau, betrogene 166
– -mann 324
– -probleme 165
Ehrlichkeit 49

Eifersucht 184, 206, 295
Einstein, Albert 62
Einstellungszahl(en) 13ff., 24, 27ff., 67, 93, 123, 139–146, 163, 165, 203, 225, 262, 264, 316, 322, 330f.
Einzelgänger 123
Elternrolle 114
Emotionen 125, 231
Energie 17, 31, 34, 40, 68, 118f., 124, 203, 223, 229, 232, 235, 257, 259, 288, 299, 301
–, elektromagnetische 11
–, kreative 29, 207
–, negative 16
–, persönliche 318
–, positive 16, 323ff.
– -defizit 222
Entertainer 43
Entertainment Weekly 66
Entscheidungsfreude 36
Entschlossenheit 132
Erfolg
–, beruflicher 286
–, finanzieller 159, 288
Erwachsenenleben 19
Erwartungshaltung, festgefahrene 16
Essstörung 87, 102, 123
Estefan, Gloria 141
Existenzminimum 127

Fähigkeit(en) 119
–, kommunikative 125
–, mediale 13, 65, 125
–, organisatorische 127
Fairness 113
Familienprobleme 108
Fantasie 204
Farrow, Mia 142
Fernsehen, 19
Fettleibigkeit, 93
Field, Sally 314f.
Filmproduktion 27

347

Fluchtkünstler 118
Ford, Harrison 130
Ford, Henry 141
Freiheit 30, 51, 157, 179, 223
–, finanzielle 29, 108, 286
–, persönliche 107
–, spirituelle 29
Freizeitbeschäftigung 37, 47
Fresssucht 103
Freundschaft(en) 49, 59, 132, 239, 242
Friede(n) 83, 117, 124, 172, 183, 211, 219, 223, 239, 243, 245f., 288f., 293, 299, 307
–, häuslicher 56
Friedensstifter 112
Führungseigenschaften 71
Führungspersönlichkeit 115, 124, 166, 249, 256
Führungsposition 112, 131, 160
Führungsqualitäten 29f., 295
Fundament, spirituelles 62, 108

Gable, Clark 143
Gates, Bill 46
Garbo, Greta 146
Gawain, Shakti 89
Geburtsdatum 13, 22ff., 33, 67, 134, 203, 321
Geburtsrecht 112
Geburtstagszahl(en) 10, 14ff., 18, 24ff., 80, 129–138, 149f., 152, 163, 168, 172, 174, 178f., 262, 310, 312f., 330
Geheimhaltung, Aura der 65
Gelassenheit 9, 83
Geometrie 11
Geruchssinn 58
Geschäftsbeziehungen 113
Geschäftszahl(en) 32f., 162
Gesellschaft, pythagoreische 11
Gewalt 219
Gibbons, Leeza 142, 261–265

Gibran, Khalil 183, 296, 317
Gibson, Mel 275ff.
Glaube 231
Glaubensrichtung 20
Gleichgewicht
–, inneres 125
–, psychisches 119
Glückszahl(en) 302ff.
Golden-Globe 225
– -Verleihung 54
Gooding, Cuba Jr. 142
Graham, Sheilah 30
Grant, Hugh 37, 141

Haj, Luise L. 89
Harmonie 13, 57, 124, 172, 211, 223, 239, 288, 293, 299, 307
Harpo Productions 257
Harry-Potter-Romane 53
Hawn, Goldie 144
Hayworth, Rita 146, 266
Heilen mit Zahlen 81, 89
Heilung
–, emotionale 9
–, körperliche 9
Hellseherei 13
Herkunftsfamilie 77
Herzinfarkt 93, 102f.
Herzschmerz 17
Heuchelei 126
Hiob 57
Hitchcock, Alfred 143
Hobby, kreatives 109
Höchstleistungen, Streben nach 117
Hochzeitsplaner 53, 74
Hotelzimmer 301
Humor 128, 142, 153, 175, 229, 235, 242, 265, 301
Hurt, William 144

Instinkte, humanitäre 29
Intensitätszahl(en) 156–160

Jahreszahl, persönliche 224–233
James, William 139
Johannes Paul II. 257
John, Elton 142
Johns, Jasper 12
Jolic, Angelina 147, 149
Jones, Shirley 145
Joplin, Iannis 142
Juden, orthodoxe 63

Kalender, 31 Tage 237–231
Kaufmann, David 177–181
Kehlkopfentzündung 91
Kennedy, Johnf. Jr. 69, 257, 326ff.
–, Johnf. Senior 70
–, Robert 69, 327
Kennedy-Clan 69
Kepler, Johannes 12
King, Bullie Jean 266
Klee, Paul 12
Kochkunst 317
Kommunikation 29, 41f., 60, 130, 138, 158, 169, 190, 290, 294, 307
Komödien, romantische 41
Kompatibelität 16, 33, 181
Kompromiss 169, 211, 239, 306
Konkurrenz 82, 226, 301
Kontrollverlust 92
Kreativität 158
Kreativzahl(en) 31f.
Krebs 75, 102
Krieg 219, 222
Krisenzentrum 201
Künstler, darstellende 43

Ländernamen nach Zahlen 280ff.
Leben(s)
– -aufgaben 34, 38, 41, 51, 70, 76
– -zahl(en) 10, 14ff., 19, 24f., 27, 31, 33, 37, 39, 41ff., 46, 48f., 129f., 134, 137, 139f., 147, 151, 157, 161, 163, 165, 168ff., 172, 174, 178f. 181, 184–213, 215f., 220–223, 226, 235, 237f., 262ff., 268, 274f., 277, 279f., 301–305, 310, 312f., 316, 318ff., 322, 330f.
– -beschreibung(en) 33
– -einstellung 109
– -freude 330
– -geschichte 53
– -kategorien 92–102
– -partnerschaft 86
– -qualität, hohe 133
– -umstände 324
– -unterhalt 185
Lee, Gypsy Rose 260
Lehrberuf 125
Lehrsatz, pythagoreischer 11
Leidenschaft 54, 65, 156, 158, 175, 195, 243, 291
Letterman, David 37f.
Lewinsky, Monica 166
Liebe 85, 87, 90, 132, 172, 175ff., 186–189, 191–193, 211, 227, 230, 268, 287f., 299, 307, 314, 323
–, bedingungslose 64
–, dauerhafte 68
–, in Zahlen 177–181
Liebesaffäre 150
Liebesbedürfnis 157
Liebesbeziehung 56, 190, 236
Liebeskummer 68
Los Angeles County Museum 12
Lottozahlen 301
Loyalität 132, 201

Macht 112, 120, 134, 294
–, höhere 219, 296
– der Zahlen 21, 325
Mackie, Bob 54f.
Madonna 116
Magie 194
Martin, Chris 172ff.

Märtyrer 166
– -komplex 52
Marx, Groucho 43
Massagetherapie 36
Masterzahl(en) 134–137
Mathematik 59
McCants, Gwen 5
McDowell, Roddy 152
Meditation 127, 207, 219, 249
Meditationstechnik 37
Midler, Bette 143, 157
Minderwertigkeitsgefühle 82
Model 43, 74
Monat, persönlicher 233–251
Monatszahl(en) 225–243
Monroe, Marilyn 67ff., 70
Montalban, Ricardo 146
Murray, Bill 225ff.

Namensgebung
–: Baby 260–266
–: Haustiere 266–273
–: Projekt 275,
–: Unternehmen 274f.
Namenszahl(en) 216, 263, 260–266, 312
Neigungen, intellektuelle 133
Nervenkitzel 114, 140, 148
Newman, Paul 318f.
Nicholson, Jack 34f.
Nimoy, Leonard 63
Numerologie, Grundlagen der 22

O'Donnell, Rosie 61f., 257
Onassis, Aristoteles 327
Organisationstalent 118
Oskar-Verleihung 45, 54, 220, 315

Paarungskategorien 92
Paltrow, Gwyneth 172 ff, 176, 311
Panik 135
– -attacken 49, 92

Parker Bowles, Camilla 68
Partner, perfekter 161–217
Partnerschaft 132, 176, 183, 185f., 188ff., 193, 196f., 206, 211, 287f., 306
Partnerzahl(en) 31, 33, 37, 40, 45, 50, 54, 61, 66, 75, 779, 129, 140, 161ff., 171, 177, 179, 215f., 221, 237f., 261ff., 265, 274f., 279f., 308
Péron, Eva 266
Persönlichkeit
–, charismatische 114
–, dynamische, 205
–, machtvolle 206
–, magnetische 57, 257
Persönlichkeitszahl(en) 10, 14f., 24, 26f., 80, 111-116, 163, 167, 171, 177, 270, 312
Peter-Pan-Syndrom 65, 142
Pfeiffer, Michelle 144
Picasso, Pablo 55
Pitt, Brad 311
Plato 12
Politik 71
Power, Tyrone 260
Powernamenzahl(en) 10, 14f., 24, 26–29, 80, 105, 116–128, 148, 163, 261, 266, 271ff., 312
Powerzahl 71
Presley, Elvis 266
Primärzahl(en) 24, 27f., 30, 67, 165, 179, 260
Problem
–, gesundheitliches 40
– -lösung 138
– -zahl(en) 33, 37, 40, 45, 50, 54, 61, 66, 75, 79, 121, 129, 152, 163, 167f., 177, 179, 261ff., 265, 274, 279f., 331
Pythagoras 10, 12f., 63, 259, 259, 279

Quaid, Dennis 41

Redgrave, Vanessa 143
Reeve, Christopher 147f.
Reflexzonenbehandlung 36
Regeneration 71
Rehabilitationszentrum 127
Reisen 63, 148, 278–297
Reynolds, Debbie 137
Ritchie, Guy 116
Roberts, Julia 139, 141, 259
Rowling, J. K. 53
Russel, Bertrand 9
Russo, Rene 66
Ryan, Mag 40ff.

Sabbat 63
Sawyer, Diane 319
Schadenskontrolle 119
Schicksal 13, 128
Schicksalsschläge 128
Schicksalszahl(en) 10, 17f., 28, 93, 120ff., 124–128, 163, 322
Schuldgefühle 60
Schuldzuweisung 208
Schutzmechanismen 136
Schwingungszahl(en) 163–165, 170f.
Seele(n) 105
–, verwandte 31
– -frieden 9, 19, 134, 127, 290
– -gefährten 161, 165f., 216
– -zahl(en) 10, 14f., 24ff., 28, 80, 105–110, 116, 148, 163, 167, 171, 179, 261, 268ff., 312
Sehnsucht 19
Selbstfindung 13
Selbsthilferatgeber, ultimativer 10
Selbstlosigkeit 13
Selbstmotivation 29, 36
Selbstvertrauen 133
Selbstverwirklichung 239, 279, 290
Sellers, Peter 146

Sensibilität 122, 148, 156
Sex 54, 63, 87, 111, 123
Shakespeare, William 41
Sicherheit 29, 287, 290, 323
–, finanzielle 30, 127, 306, 318
–, Sehnsucht nach 149
Sinatra, Frank 144
Sinnlichkeit 243
Smith, Will 116
Somers, Suzanne 146
Sonderzahlen 310–322
Spaß 51, 114
Spears, Britney 106
Spelling, Aaron 116
Spielberg, Steven 142
Spiritualität 115, 119, 159, 243, 249, 289
Städtenamen nach Zahlen 280ff.
Stallone, Sylvester 143
Stewart, Martha 72, 317f.
Streisand, Barbra 142, 319
Stress, körperlicher 74
Suchtpersönlichkeit 114

Tabelle, pythagoreische 25
Tablettensucht 68
Tageszahl(en) 225–243
Tagträume 74
Tarot 39
Tatkraft 112, 114
Taylor, Elizabeth 116, 151
Teeblattdeutung 39
Telefonnummer 298ff.
Thomas, Marlo 144
Thornton, Billy Bob 149
Timberlake, Justin 106, 259
Toleranz 242
Träume 47, 74, 188, 294
Trump, Ivana 266
Turner, Kathleen 145
Twain, Mark 38
Moore, Tyler Mary 255

Ullman, Tracey 43
Unabhängigkeit 27, 29, 36, 287
Unterbewusstsein 175
Unterhaltungsindustrie 310
Untreue 59, 73

Vaterzahl(en) 27, 162
Veranlagung, mediale 131
Verantwortung 108, 132
Verantwortungsgefühl 256
Verhältnisse, finanzielle 70
Verletzungen 74
Vermittlerrolle 117
Verstandeszahl(en) 31, 187
Verteidigungshaltung 82, 136
Vertrauensverlust 49
Viererschwingung 130
Vokale 254–258
Voughan, Sarah 143

Wahrheitssuche 11, 29
Walters, Barbara 45
Wellenlängen 11
Weltjahr 219, 222
– -zahl 218
Weltzahl 218, 220–223
Wesenszüge, fürsorgliche 58
Whitewater-Finanzskandal 166
Wilder, Gene 146
Williams, Tennessee 142
Willis, Bruce 143
Wills, Dominic 227
Winfrey, Oprah 257
Winters, Shelley 146
Wirbelsäulenverletzung 149
Wohltätigkeit(s)
– -einrichtungen 319
– -organisationen 237, 246, 291, 299
– -veranstaltungen 201

Wohnortwahl 278ff.
Workaholic 71, 159, 205
Wunden, emotionale 130

Y-Energie 259
Yoga 37, 219
Yogananda, Paramahana 329

Zahlen 28
– berühmter Menschen 333–341
–, einstellige 22
–, fehlende 321f.
–, kompatible 33, 37, 45, 50, 54, 60, 66, 75, 79, 140, 161ff., 172, 177, 261, 268, 274f., 280
–, nicht kompatible 187
–, neutrale 33, 162f., 167, 169, 171
–, primäre 13
–, Energie der 16f.
–, Macht der 90f.
–, toxische 210
–, wichtige 298–304
–, sich wiederholende 147, 153ff. 155, 305–309
– -folge 309
– -kombination 305
– -magie 21
– -muster 305, 310–322
– -reihen, besondere 307f.
– -schwingung 29
– -system, pythagoreisches 10f., 23, 105
– -tabelle 9
– -wert 156
Zeta-Jones, Catherine 220f., 311
Zuflucht 287
Zufriedenheit 136
Zukunftspläne 49, 107
Zynismus 259